AF406336

BIBLIOTECA DE DERECHO ADMINISTRATIVO

Luigi Garofalo
(Director)

Carlos Antonio Agurto Gonzáles
Sonia Lidia Quequejana Mamani
Benigno Choque Cuenca
(Coordinadores Generales)

COLECCIÓN ALLAN R. BREWER-CARÍAS

SPYRIDON FLOGAITIS
Profesor de la Universidad de Atenas

LOS CONTRATOS ADMINISTRATIVOS

Prefacio de
JACQUES MOREAU
Profesor de la Universidad de París II (Panthéon-Assas)

SECRETARÍA DE EDICIÓN DEL TOMO ORIGINAL EN FRANCÉS
Katerina Papanikolaou, Licenciada en Literatura Griega, Universidad Nacional y Capodistriana de Atenas

ISBN: 960-86151-0-0
First edition/Première édition: April 1998/avril 1998

Título: LOS CONTRATOS ADMINISTRATIVOS

Traducción del francés al español: MARIA ELENA PEÑA

© SPYRIDON FLOGAITIS

© Ediciones Olejnik
Huérfanos 611, Santiago - Chile
E-mail: contacto@edicionesolejnik.com
Web site: http://www.edicionesolejnik.com

ISBN: 978-956-407-240-1

Diseño de Carátula: Ena Zuñiga
Diagramación: Luis A. Sierra Cárdenas

La primera edición de Ediciones Olejnik fue impresa en Argentina, 2022

La reimpresión en coedición entre Ediciones Olejnik y Editorial Jurídica Venezolana fue impresa por Lightning Source, an Ingram Company, para Editorial Jurídica International Inc., 2022

ÍNDICE

PRESENTACIÓN

Por Allan R. Brewer-Carías
Profesor emérito, Universidad Central de Venezuela

Esta obra del profesor Spyridon Flogaitis bien puede calificarse como una obra clásica sobre el tema de la teoría de los contratos administrativos, sin duda, una de las piedras angulares del derecho administrativo francés, que tanta influencia ha tenido en la formación y desarrollo del derecho administrativo en Europa y en América Latina.

Todos los países latinoamericanos, en efecto, particularmente en la primera mitad del siglo pasado recibieron las influencias de la doctrina y jurisprudencia francesa, habiéndose recogido la figura del contrato administrativo como una institución propia del derecho administrativo, diferenciada del contrato del derecho privado, aun cuando sin desconocer, por supuesto, sus raíces comunes como acto jurídico bilateral, como forma de actuar de la Administración, diferenciada de su acción unilateral mediante los actos administrativos.

Lo destacable de esta obra es que el autor, al estudiar el tema del contrato administrativo, no se queda en las referencias al derecho francés, sino que también hace referencia a los derechos alemán y griego, con el objeto de hacer más claros los debates jurídicos planteados y enriquecer así la problemática de las soluciones propuestas. El propósito del autor, como se explica en la obra, no fue abarcar todo el ámbito de los contratos administrativos, ni elaborar un tratado sobre los mismos, sino formular un aporte a la teoría general de dichos actos bilaterales del Estado que tanta influencia ha tenido en el derecho administrativo moderno.

Para ello, el profesor Flogaitis analiza en el Capítulo primero de su obra, la figura del contrato administrativo como forma de ejercicio de la actividad regular de la administración pública, estudiando en primer lugar, la relación entre contrato administrativo, e incluso, concesión administrativa, y acto administrativo unilateral; y en segundo lugar, lo que califica como los límites a la acción administrativa que pueden imponerse por la vía contractual, respondiendo para ello dos preguntas claves: ¿Puede la administración utilizar indistintamente la forma contractual en paralelo a la del acto administrativo unilateral?; y ¿Posee la administración la facultad discrecional de elegir libremente los medios de acción? Siendo la conclusión que, en general, no está reconocido el derecho general de la administración a utilizar libremente el procedimiento contractual en la misma medida que el acto administrativo unilateral, para fundamental lo cual el autor hace importantes referencias al tema del principio de legalidad y de primacía de la ley.

En el Capítulo segundo, el autor estudia, en particular, el contrato de servicio público, es decir, la concesión de servicio público, como un contrato celebrado ya sea entre una persona jurídica estatal y un particular, o entre dos personas estatales para la prestación de un servicio público.

En el Capítulo tercero de la obra, el autor analiza los demás contratos públicos o contratos del Estado que en Francia se consideran también como contratos administrativos, como los contratos de obras públicas, de suministro, corrientes o de servicios, de servicios intelectuales o los contratos públicos industriales; dejando precisado el principio de que no todos los contratos públicos son necesariamente contratos administrativos, para lo cual, según la jurisprudencia y doctrina francesa, para ser administrativos es necesario que tengan las características exigidas por la jurisprudencia, excepto si se trata de contratos administrativos por voluntad de la ley. Entre otras, se destaca el análisis que el autor hace en esta materia de las tres sentencias de principios de siglo pasado, *Terrier*, *Thérond* y *Société des granits porphyroïdes des Vosges*, que constituyen, como bien lo afirma, en la memoria o la mitología de los contratos administrativos, los albores y la piedra angular. En esta Capitulo, además, particular importancia se da en el análisis, al tema siempre recurrente de las cláusulas exorbitantes o extraordinarias como nota de los contratos administrativos; e igualmente al tema del contencioso administrativo de plena jurisdicción en materia contractual pública.

Y, por último, en el Capítulo Cuarto el autor aborda el tema de la distinción entre el contrato administrativo y el contrato de derecho privado de la administración, con el objetivo de aclarar los fundamentos de la misma, haciendo referencia entre otros importantes aspectos, a la teoría del Fisco, referida al Estado cuando busca la satisfacción de sus intereses privados, o mejor dicho, al Estado como persona jurídica de derecho privado, según el derecho civil. En este último Capítulo al autor concluye afirmando, en definitiva, que la elección de la administración del contrato de derecho público o del contrato de derecho privado como medio para alcanzar sus objetivos, constituye un caso específico de aplicación de la cuestión más amplia que es la de saber si la administración tiene la libertad de elegir entre el derecho público y el derecho privado en el cumplimiento de sus deberes. En otras palabras, concluye el autor preguntándose si ¿es posible que el Estado elija según su voluntad actuar como poder público o como persona privada *(Fiskus)*?

Como puede apreciarse de esta breve reseña del contenido de este libro, se trata de una obra fundamental, sobre un tema clásico del derecho administrativo como es el de los contratos administrativos, que solo podía haber sido escrita con las referencias a los derechos francés, alemán y griego, por un académico de la talla de Spyridon Flogaitis, quien luego de graduarse suma cum laude en Derecho en la Facultad de Derecho de la Universidad de Atenas en 1973, obtuvo su Diploma de Estudios Superiores en Derecho Público en la Universidad de París II (Panthéon-Assas) en 1974, y, en paralelo, en 1978, un Doctorado en Derecho en la misma Universidad de París II, habiendo tenido como director de tesis al profesor Jean Rivero, y un Doctorado en Historia en la Universidad de París I.

Esta sólida formación académica la ha completado el profesor Flogaitis con una intensa actividad docente en diversas y prestigiosas Universidades, habiendo sido en las últimas décadas Profesor de Derecho Administrativo de la Universidad de Atenas y Profesor Visitante en las Universidades de Cambridge, UK, Toulouse, Paris I, Paris II, Bordeaux I y Heidelberg. Además, ha sido miembro y Presidente del Tribunal Administrativo de las Naciones Unidas, y en su país, Grecia, Ministro del Interior (2007, 2009) y Ministro encargado de Relaciones Exteriores (2015).

Desde 2007 Flogaitis es el Director de la muy importante *European Public Law Organization,* EPLO, la cual agrupa a los más importantes profesores de derecho público europeos, y desde la cual ha realizado una importantísima labor en la difusión del derecho público en Europa.

Me alegró mucho que en alguna de nuestras conversaciones, el profesor Flogaitis hubiera aceptado la sugerencia que le hice para editar su libro sobre contratos administrativo en castellano, para que se diera a conocer al mundo de habla hispana, por parte de Ediciones Olejnik y de la Editorial Jurídica Venezolana.

Por lo demás, es un gran honor el que me ha hecho al pedirme que preparara esta Presentación para esta edición en castellano de su obra, que he asumido con todo afecto y reconocimiento a un viejo amigo del mundo académico.

New York, julio de 2022

PRÓLOGO

La *European Public Law Series / Bibliothèque de Droit Public Européen* creada
por y en el marco de la Revista Europea de Derecho Público *(European Review
of Public Law / Revue Européenne de Droit Publico)*, en la ocasión de su 10.º
aniversario, y en asociación con el Centro Europeo de Derecho Público *(Centre
Européen de Droit Public)*, está integrada por una serie de libros, monografías o
ensayos cuyo objetivo es ayudar, mediante investigaciones o la reflexión que
se derive de ellas, a la creación de un derecho público europeo - en particular,
a través del estudio sistemático de los diferentes aspectos de los sistemas jurídicos nacionales de los países miembros de la Unión Europea y de la propia
Unión Europea, así como de su evolución y convergencias.

GÉRARD TIMSIT
Profesor de la Universidad de París
I (Panthéon-Sorbonne)

SPYRIDON FLOGAITIS
Profesor de la Universidad
Nacional y Capodistríaca
de Atenas

PREFACIO

Por Jaques Moreau
Profesor de la Universidad de París II
(Panthéon-Assas)

La Obra de Spyridon Flogaitis se titula «*Les contrats administratifs*» (*Los Contratos Administrativos*), y la breve y densa introducción que precede a los cuatro capítulos del libro indica claramente el propósito del autor, además de los postulados que sustentan la investigación.

Acerca de este tema especialmente vigente en el derecho administrativo contemporáneo, Spyridon Flogaitis ha realizado un trabajo que encuentra su base material en el derecho francés, el derecho alemán y el derecho griego. Su preocupación primordial no es tanto comparar término a término las soluciones consagradas por los tres sistemas jurídicos que coloca en paralelo, - aproximadamente, sobre la mayoría de las cuestiones analizadas el sistema alemán y el sistema francés son muy diferentes, y muy a menudo el sistema administrativo griego ocupa un lugar intermedio, a veces realizando la síntesis los dos anteriores - que enriquecer los puntos de vista y aclarar las controversias. El lector ha comprendido que la obra que se le ofrece no es en absoluto un tratado, sino más bien un ensayo.

Un ensayo iniciado en la medida en que los postulados del autor, explicitados inmediatamente, son opciones, cuestionables ciertamente, pero pertinentes.

- Los contratos administrativos son una especie de un género más amplio, el convenio o, mejor, el contrato.

- En los contratos administrativos, sobre todo en el sistema francés, la concesión de servicio público ocupa un lugar aparte; con demasiada frecuencia se le presenta como un «modelo»; por consiguiente, los contratos administrativos forman más bien especies, que una sola especie.

- Por último, y tal vez primordialmente, el contrato será estudiado menos como acto jurídico, sino como método de administración, un método singularmente adaptado a nuestros tiempos.

El primer capítulo parte de una problemática bastante común en Francia: la distinción entre el acto administrativo unilateral y el contrato administrativo. A pesar de los matices que ocupan la segunda sección (acto administrativo con la participación del administrado, acto administrativo bajo sumisión) esta oposición debe ser firmemente marcada, ya que la influencia civilista ha sido determinante en la definición del contrato administrativo (convenio generador de obligaciones, coincidencia de declaraciones de voluntad, creación de situaciones subjetivas que serán la ley de las partes…). Se adivina entonces por qué la concesión de servicio público no es un contrato administrativo como los demás, con la doble naturaleza normativa y convencional, con su fundamento que es la organización de un servicio público. Se presiente también la continuación…

El segundo capítulo tiene, por lo tanto, el objeto de presentar el «contrato de servicio público», con sus dos variantes (entre una persona pública y una persona privada, y entre dos colectividades públicas). La concesión de servicio «a la francesa» (el autor no olvida por ello el mandato ni los acuerdos de cooperación/asociación) es, se sabe, una suma sutil de equilibrios parciales y frágiles; por lo tanto, es útil estudiar otros tipos. Tal es el ejemplo alemán: concesiones poco numerosas, naturaleza del acto de derecho público entre partes, pero también la cobertura legislativa necesaria y, a veces, la ausencia de remuneración del concesionario debida a tasas percibidas respecto a los usuarios. En cuanto al derecho griego, bastante cercano al derecho alemán, este ofrece varias particularidades: la utilización bastante frecuente, el debilitamiento del contencioso debido al recurso al arbitraje, la negativa del juez a considerarlo un contrato administrativo, la libre elección del concesionario desechada como contraria al principio de la igualdad.

En lo referente a las convenciones entre personas públicas, señalemos la explicación propuesta por Spyridon Flogaitis para esclarecer su papel muy diferente según los países: discreto, hasta secundario, en un país centralizado, - en Alemania, por el contrario, estrechos vínculos con el federalismo y las relaciones específicas entre las iglesias y el Estado…

El libro continúa con un análisis de contratos que no son de servicio público. En primer lugar, en el derecho francés: reglamentación de los distintos tipos de contratos públicos y contratos administrativos mediante la determinación o predeterminación de la ley (jurisprudencia *Entreprise Peyrot*, oferta de concurso, contratos que contemplan la ocupación del dominio público …); una vez establecido el inventario, S. Flogaitis cita y comenta las grandes sentencias - de *Terrier* a la *Rivière du Sant* – que han definido la línea de demarcación entre los dos tipos de jurisdicción y, por lo tanto, delimitado el campo de aplicación del derecho de los contratos administrativos.

Esta presentación, no exenta de observaciones críticas, ocupa las dos terceras partes de este tercer capítulo y se completa mediante el estudio de las contrataciones públicas en el derecho griego. Durante mucho tiempo este contencioso dependía exclusivamente de la competencia judicial y se regía por el derecho civil. Se perfiló una evolución, por otra parte válida para los contratos de obras y para los contratos de suministro, al final de la cual las teorías francesas del hecho del príncipe y de la imprevisión fueron objeto de aplicaciones que el autor no deja de impugnar, puesto que subraya, tanto en derecho inglés como en derecho alemán o en derecho italiano, que la reglamentación administrativa y técnica de los contratos no debe conducir a poner en tela de juicio la competencia judicial y el carácter de derecho privado de este tipo de contrato. El ejemplo francés es singular, debido a los datos históricos particulares; no debe ser imitado.

Para los contratos de derecho privado de la administración, último capítulo de la obra, se podría intuir una cierta convergencia de las soluciones griegas, alemanas y francesas, pero este acuerdo no debe enmascarar las diferencias irreductibles que distancian los fundamentos establecidos. Así en Alemania, la dicotomía Estado/persona jurídica de derecho público y persona jurídica de derecho privado lleva a «imponer el derecho civil como derecho de la administración pública», y el abandono de la teoría del *Fiskus* en 1918 no ha modificado las soluciones anteriores; el litigio sigue siendo civil por «analogía» o por «tradición». Para el sistema jurídico francés, S. Flogaitis describe el origen y los avatares; habría podido deplorar la ausencia de una verdadera teoría de la «gestión privada». En Grecia, la distinción se ajusta a la del dominio público y del domino privado, de los bienes no comerciales y de los bienes susceptibles de apropiación privada, pero muestra que estos últimos se rigen por una legislación especial, protectora del poder público; el ejemplo del alquiler de terrenos propiedad del Estado es tópico ya que aquí el procedimiento de la multa se utiliza para sancionar los incumplimientos a las obligaciones contractuales.

El capítulo concluye con dos preguntas, cuyo enunciado sencillo permitirá comprender bien el tono del libro: en primer lugar, cuando la administración actúa según los métodos del derecho privado, ¿está obligada a respetar las reglas constitucionales y las relativas a las libertades públicas; y, en segundo lugar, ¿dispone la administración de la facultad de elegir entre procedimientos de derecho público y de «gestión privada»? Se mide el alcance teórico de tales interrogantes, que, por otra parte, reciben respuestas sin duda convergentes en los tres sistemas jurídicos estudiados

*

Al final de este prefacio demasiado largo, que dejará al lector el placer de descubrir por sí mismo los temas de conclusión elegidos por el autor, uno podría sorprenderse de que ¡no se ha dicho nada sobre el perfecto conocimiento de Spyridon Flogaitis sobre los tres sistemas jurídicos que estudia! Hacerlo habría sido faltar a la amistad, ya que esta constatación sería perfectamente superflua.

17

LISTA DE ABREVIATURAS PRINCIPALES

D	I Diki (El procedimiento)
DD	Diikitiki Diki (Procedimiento Administrativo)
EDD	Efarmoges Dimosiou Dikaiou (Aplicaciones de derecho público)
EDDD	Epitheorisi Dimosiou kai Diikitikou Dikaiou (Revista de Derecho Administrativo Público)
EEN	Efimeris Ellinon Nomikon (Diario de Juristas Griegos)
Néon Dikaion	Derecho moderno
NoB	Nomiko Bima (Tribuna Jurídica)
AJDA, AJ	La Acualidad Jurídica – Derecho Administrativo
AöR	Archivo de los öffentlichen Rechts
BGB	Bürgerliches Gesetzbuch
BGH(Z)	Bundesgerichtshof
BHO	Bundeshaushaltsordnung
BVerfG(E)	Bundesverfassungsgericht
BVerwG(E)	Bundesverwaltungsgericht
Cass.	Casación
CE	Consejo de Estado
chr., chron.	crónica
CJEG	Cahiers juridiques de l'électricité et du gaz (Cuadernos jurídicos de electricidad y gas)
concl.	conclusiones
D., Dalloz, Rec. Dalloz	Collección Dalloz de doctrina de jurisprudencia y de legislación
Diss.	Disertación
DöV	Die Öffentliche Verwaltung (La Administración Pública)
DVBl	Deutsches Verwaltungsblatt (revista alemana de derecho administrativo)
Et. et Doc., EDCE	Estudios y Documentos del Consejo de Estado
EvStL	Evangelisches Staatslexikon
GG	Grundgesetz für die Bundesrepublik Deutschland (Constitución de la República Federal Alemana)
GVG	Gerichtsverfassungsgesetz (Ley de Constitución de las Cortes)

HGrG	Gesetz über die Grundsätze des Haushaltsrechts des Bundes und der Länder (Haushaltsgrundsätze gesetz) (Ley de Presupuesto)
JCP	Juris-Classeur Périodique (La Semaine Juridique)
JuS	Juristische Schulung
JZ	Juristen-Zeitung
NJW	Neue Juristische Wochenschrift
OVG	Oberverwaltungsgericht
R.A., RevAdm	Revue Administrative/Revista Administrativa
RDP	Revue du Droit Public et de la science politique en France et à l'étranger/Revista de Derecho Público y de ciencia política en Francia y en el extranjero
REDP/ERPL	Revue Européenne de Droit Public/European Review of Public Law /Revista Europea de Derecho Público
RFDA	Revue Française de Droit Administratif/Revista Francesa de Derecho Administrativo
RG(Z)	Reichsgericht (Corte Suprema de Alemania)
TA	Tribunal Administrativo
TC	Tribunal de Conflictos
VerwArch	Verwaltungsarchiv (Archivos Administrativos)
VOB/A oder B	Verdingungsordnung für Bauleistungen
VVDStRL	Veröffentlichungen der Vereinigung Deutsches Staatsrechtslehrer
VwGO	Verwaltungsgerichtsordnung (Código de Procedimiento Administrativo)
VwVfG	Verwaltungsverfahrensgesetz (Derecho Procesal Administrativo)

INTRODUCCIÓN

EL CONTRATO conocido con el nombre de *contrato administrativo* o *de derecho público*, si se quiere traducir el término alemán *öffentlich-rechtlicher Vertrag*, es una forma conocida de administrar en nuestros tiempos. Fue estudiado por los mejores representantes del pensamiento iuspublicista francés de principios de siglo, para adquirir durante las últimas décadas una importancia y un alcance nuevos. En efecto, la administración contractual sustituye cada vez más a los procedimientos que eran la expresión por excelencia de la soberanía del Estado y que eran actos administrativos unilaterales. Esta sustitución permitió poner de manifiesto una verdad que no había recibido suficiente atención: la coincidencia en cuanto al contenido y al resultado, pero no en cuanto a la forma jurídica, de las dos formas de administrar que son el acto unilateral ejecutorio y el contrato administrativo. El capítulo completo del Código alemán de procedimiento administrativo no contencioso *(Verwaltungsverfahrensgesetz)* que se refiere a los contratos (§ 54 et seq.) refleja esta correspondencia y esta sustitución. Lo mismo puede observarse en el derecho administrativo francés, donde todavía se enseña la antigua distinción de los actos administrativos en unilaterales y bilaterales. Esta distinción indica claramente la medida y el criterio del contrato mediante el cual se ejerce la administración, el contrato administrativo.

El contrato administrativo ha sido objeto de estudio al menos desde principios del siglo. Juristas de la importancia de Duguit, Hauriou, Jèze, Bonnard, de Laubadère, Otto Mayer, Laband, Jellinek, han sentado las bases o expresado opiniones científicas que conservan siempre una validez indiscutible.

El presente estudio, que se ocupa del derecho francés, alemán y griego, no tiene como fin en sí mismo la comparación. El método comparativo solo se utiliza dentro de un esfuerzo por hacer más claros los debates jurídicos y enriquecer la problemática de las soluciones propuestas. Se ha escogido al derecho alemán como segundo sistema jurídico aquí examinado, porque una ley reciente, la ley de la federación, seguida de leyes análogas para los *Länder*, bajo el procedimiento administrativo no contencioso, ha dado un nuevo impulso a un debate científico ya muy rico desde el tiempo de Otto Mayer, en materia de contratos administrativos; los frutos de este debate son de gran utilidad para los objetivos de este trabajo. Si el derecho griego es el tercero en este estudio, ello no se debe solo al hecho de la nacionalidad de su autor. Es por mucho más, porque Grecia presenta a este respecto una singularidad que es útil a su vez. Es solo desde de la implementación de la ley 1406/1983, que regula la competencia de la jurisdicción contencioso-administrativa de plena jurisdicción, que los contratos de administración fueron puestos en conocimiento del juez de lo contencioso administrativo. Para hacerlo, tanto el juez como la doctrina tuvieron que responder a la pregunta de si estos contratos creaban litigios de derecho administrativo y en qué medida. Así que nos vemos obligados a buscar criterios en las dos fuentes del pensamiento jurídico griego, el derecho alemán y el derecho francés. En efecto, como el derecho civil griego está impregnado del alemán, el juez civil, único juez competente para todos los contratos hasta 1984, nunca vio la diferencia de un contrato administrativo a la francesa como evidente.

Este estudio nunca habría tenido éxito lograr sin la ayuda científica y moral de científicos que son conocidos por sus estudios o aportes en la materia y que han aceptado seguir muy de cerca este trabajo. Me refiero al Sr. Jacques Moreau, Profesor de la Universidad de París II, al Sr. Guy Braibant, Presidente Honorario de Sección en el Consejo de Estado, al Sr. E. Schmidt-Aßmann, Profesor de la Universidad de Heidelberg. Además, debo agradecer a la Fundación Alexander von Humbolt que aceptó financiar una larga permanencia en Heidelberg, y al hospitalario Instituto de Derecho Administrativo Alemán y Europeo de la Universidad de Heidelberg, que puso a mi disposición toda su infraestructura material.

Las hipótesis de trabajo son las siguientes:

En primer lugar, que la ciencia jurídica y el ordenamiento jurídico, a pesar de la utilidad de la distinción entre derecho privado y público, son algo unitario, sobre todo cuando se trata de nociones y conceptos jurídicos comunes a todas las ramas del derecho y fundamentales, como lo es el caso del contrato. Evidentemente, el contrato administrativo es una institución del derecho administrativo solamente. Esta es la razón por la que necesita un estudio especial. No obstante, constituye un caso de contrato, es parte de la noción de contrato. De no ser así, no se trataría de un contrato, y la referencia a este concepto sería abusiva.

En segundo lugar, que el contrato administrativo, tal como ha sido enseñado por el derecho administrativo francés, no constituye en absoluto una categoría totalmente unitaria; que, por el contrario, hay que ponerlo aparte, distinguir en su seno un caso muy específico y propiamente francés, el contrato de concesión de un servicio público, al cual se aplican normas muy particulares. Esta hipótesis de trabajo es opuesta a la de los clásicos Duguit, Jèze y Péquignot, quienes creyeron poder utilizar la jurisprudencia y las conclusiones resultantes, aplicándolas indistintamente a las diversas categorías de contratos administrativos. Este estudio tiene como piedra angular la observación, que es muy fácil de hacer si se quiere leer la jurisprudencia sin sesgo doctrinal, que aquello que vale para el contrato de concesión de servicio público no vale automática y necesariamente para los otros contratos administrativos. El contrato de servicio público tiene una característica propia, que consiste en que solo entre los contratos administrativos constituye un modo de organización y de funcionamiento del servicio público, es decir, de una parte de los poderes públicos. Esta hipótesis de trabajo ya ha encontrado su base jurisprudencial.[1]

Este estudio no tiene por objeto abarcar todo el ámbito de los contratos administrativos, ni constituir un tratado sobre los contratos administrativos. Simplemente desea ser una contribución a la teoría general de los contratos administrativos. Se ocupa en primer lugar del contrato administrativo como modo de ejercer la administración pública en relación con el acto administrativo unilateral (Capítulo I). A continuación, se estudia el contrato de servicio público (Capítulo II), aparte de los demás contratos considerados como administrativos en Francia y que, por este motivo, son objeto del Capítulo III. Para concluir, dado que tradicionalmente el contrato administrativo se distingue del contrato de derecho privado de administración, un último Capítulo IV se consagra al mismo con el fin de controlar de cerca el fundamento de esta distinción; ese capítulo se basa en gran parte en la legislación griega, entre otras razones, por falta de elementos provenientes del derecho francés. Por el contrario, este estudio no ha querido entrar en los detalles que se pueden encontrar con bastante facilidad en los manuales, conocimientos que se consideran aquí como datos. También es conocida toda la discusión que gravita en torno la noción de relación jurídica de derecho público, que ha sido objeto de un gran debate en Alemania desde la época de G. Jellinek.[2] Aunque se trate del derecho alemán, retomar este debate rebasaría los límites del objeto de este trabajo.

Este libro está dedicado a un gran hombre que dirigió mis estudios históricos en la Ecole Pratique des Hautes Etudes - IVème Section, el difunto Nicolas Svoronos, Director de estudios. Es el hombre que me ha enseñado la muy sencilla verdad de que establecer las relaciones históricas entre los diversos momentos de producción de las jurisprudencias o de las doctrinas es un elemento muy importante en la búsqueda de lo que está bien fundado en derecho. Esta dedicatoria será un adiós a un gran maestro.

Heidelberg, 26 de julio de 1991
Atenas, 18 de diciembre de 1997

---

[1]   Tribunal de lo Contencioso, 6 de junio de 1989, *Préfet de la région d'Ile-de-France, Préfet de Paris c. Cour d'appel de Paris, Sté d'exploitation et de distribution d'eau (S.A.E.D.E.) c. S.A. Lyonnaise des eaux et ville de Parniers*, concl. B. Stirn, *RFDA*, 1989, p. 457 et seq.

[2]   G. Jellinek, *System der subjektiven öffentliche Rechte*, 2ème éd., Tübingen, J.C.B. Mohr (P. Siebeck), 1905.

CAPÍTULO I
EL CONTRATO ADMINISTRATIVO
COMO MÉTODO DE ADMINISTRACIÓN

EL CONTRATO administrativo es uno de los métodos conocidos mediante el cual el Estado y las demás personas dotadas del poder público ejercen la administración. Esto nunca se ha puesto en duda en el derecho francés.[1] El derecho administrativo alemán ha perseverado de manera excepcional en no adoptar esta idea por haber estado aferrado durante largo tiempo a una concepción autoritaria del acto administrativo unilateral.[2]

Sin embargo, razones históricas, que serán expuestas en su debido momento, han marcado la teoría y la práctica administrativa de los principales países productores de sistemas de derecho administrativo en la Europa continental. En Grecia, el contrato siempre se ha aceptado como una manera de administrar.[3]

Está claro que la importancia del contrato como medio de administración no se limita a estas observaciones. Se trata, más generalmente, de un fenómeno más vasto de esta fase de desarrollo del Estado y, más generalmente, de los poderes públicos, que actualmente se atraviesa, pero que no será objeto de este estudio. Por el contrario, en este capítulo se estudiará primero la relación entre contrato y acto administrativo unilateral (Sección I), luego los límites a la acción administrativa que pueden imponerse por la vía contractual (Sección II).

SECCIÓN I
CONTRATO Y ACTO ADMINISTRATIVO UNILATERAL

Si el contrato administrativo es una forma de expresión de la administración, también forma parte lógicamente del concepto jurídico que es el con-

---

[1] Ver los análisis que hacen en este sentido en su obra clásica A. DE LAUBADÈRE, F. MODERNE, P. DELVOLVÉ, *Traité des contrats administratifs*, 2e éd., Paris, LGDJ, 1er vol., 1983, 23 vol. 1984.

[2] Sobre la manera como se ha desarrollado el pensamiento jurídico alemán en el ámbito del contrato administrativo, ver P.-M. EFSTRATIOU, *Die Bestandskraft des öffentlichrechtlichen Vertrags, Eine vergleichende Untersuchung zum griechischen, französischen und insbesondere deutschen Verwaltungsvertragsrecht*, Berlin, Duncker und Humblot (Schriften zum öffentlichen Recht, Band 535), 1988.

[3] Ver D. KORSOS, *Le contrat de droit administratif*, Athènes 1961; D. CH. PAPANICOLAÏDIS, *Le droit des contrats administratifs*, Athènes 1966; A. TSITSÉKLIS, *Les contrats administratifs, traits distinctifs et effets*, *Néon Dikaion*, 1958, p. 99 et seq., 388 et seq., 510 et seq.

trato.[4] Evidentemente, es posible sostener que se trata de una noción jurídica totalmente diferente, que no tiene nada que ver con aquella que ha enseñado tradicionalmente el derecho civil. Sin embargo, sería preferible negar completamente la naturaleza contractual del acto, como lo ha hecho el derecho administrativo alemán durante largo tiempo,[5] en vez de utilizar conceptos conocidos en un sentido totalmente diferente. Por otra parte, este contrato presenta, al menos según una parte considerable de la doctrina francesa, una relación concreta con el acto administrativo unilateral y normativo.

Una parte importante de las dificultades que surgen en los debates entre sistemas jurídicos a nivel internacional con respecto al contrato administrativo se debe a las diferencias esenciales que existen entre los diversos sistemas jurídicos y la forma de concebir el contrato. La distinción de los estudios en derecho privado y derecho público en las Facultades de derecho es, en gran medida, el origen de esta dificultad de comprensión, ya que implica un conocimiento insuficiente del sistema con respecto al cual se pretende construir el suyo.

La noción francesa de contrato, tal como la ha enseñado el derecho privado y adoptado el derecho público francés, no es exactamente igual a la del derecho alemán, ni a la del derecho griego. Aunque las influencias alemanas en la doctrina francesa de principios de siglo, según la pluma de Léon Duguit,[6] sean evidentes, estas han sido difícilmente digeridas por un sistema jurídico cuyas bases doctrinales son marcadamente diferentes.

El mismo Código Civil aporta la noción de contrato en su art. 1101: «El contrato es un acuerdo mediante el cual una o varias personas se obligan frente a una o varias otras personas a dar, hacer o dejar de hacer alguna cosa». A partir de esta definición, la doctrina francesa procede a hacer una división entre acuerdo y contrato y entiende a la primera como un concepto genérico respecto al segundo: no todo acuerdo es contrato, pero todo contrato es un acuerdo. La diferencia reside en el hecho de que el contrato es un acuerdo que genera

---

[4]   Como además escribió L. DUGUIT: «El contrato es una cierta categoría jurídica y cuando se reúnen los elementos que lo constituyen, existe un contrato que siempre tendrá las mismas características y los mismos efectos», *Traité de droit constitutionnel*, 3e éd., Paris, E. de Boccard, vol. III, 1930, p. 44. En este mismo sentido: A. DE LAUBADÈRE, F. MODERNE, P. DELVOLVÉ, *Traité des contrats administratifs*, I, *op. cit.*, p. 18 et seq.

[5]   Según O. MAYER y su posición polémica en su artículo Zur Lehre vom öffentlichrechtlichen Vertträge, *AöR*, 1888, p. 53 et seq., et *REDP/ERPL*, vol. 1, no 2, p. 451 et seq.

[6]   L. DUGUIT, *Traité de droit constitutionnel*, *op. cit.*, vol. I, 1927, § 38, p. 380 et seq. Del mismo autor, *L'Etat, le droit objectif et la loi positive*, I, Paris, Fontemoing, 1901, p. 394 et seq. Ver también *Collective act as distinguished from contracts*, *Yale Law Journal*, 1918, p. 753 et seq. Se plantea un asunto de importancia histórica, el de saber si el fundador de la Escuela de Burdeos seguía la doctrina alemana de su época directa o indirectamente. Es verdad que era la época por excelencia de los intercambios culturales entre dos pensamientos jurídicos que se formaron en ambas riberas del Rin. Por lo tanto, es más probable que DUGUIT conociera la doctrina alemana a través de los artículos de los civilistas. Sobre el problema de la inspiración del derecho administrativo francés por parte del derecho civil, ver especialmente A. HAURIOU, *L'utilisation en droit administratif des règles et principes du droit privé*, *Recueil d'études sur les sources du droit en l'honneur de F. Gény*, III, Paris, Sirey, 1934, p. 92 et seq.

obligaciones,[7] tiene por objeto la creación de una obligación, mientras que el acuerdo puede tener como objeto, la mayoría de las veces, la transferencia, modificación o derogación de una obligación, o incluso la creación o transferencia de un derecho real. Aunque su aplicación es limitada en relación con el acuerdo, el concepto de contrato se presenta al mismo tiempo como una noción suficientemente amplia, porque toda coincidencia de declaraciones de voluntad que tenga por objeto la creación de obligaciones es un contrato.[8]

Así pues, el contrato en derecho francés es la coincidencia de declaraciones de voluntad. De ello se desprende que los cuasi contratos no son verdaderos contratos, porque ellos no presuponen en absoluto la coincidencia de voluntades para la creación de obligaciones.[9] Por otra parte, para que exista el contrato, es necesario que dicho acuerdo tenga por objeto la creación de resultados en derecho.[10] Ahora bien, las promesas inciertas o las manifestaciones de intenciones, etc., no pueden constituir un contrato; por lo tanto, no es extraño que la doctrina administrativista francesa niegue la naturaleza contractual de numerosas formas nuevas de cooperación entre las comunidades locales y los administrados, conocidas bajo la amplia denominación de acción concertada.[11] Por último, el contrato es el acto jurídico por excelencia que crea situaciones jurídicas subjetivas: es, como se dice frecuentemente en derecho francés, «la ley de las partes»; tiene en las relaciones entre las partes contratantes, pero solo para ellas, fuerza de ley.[12] Para los terceros, el contrato es *res inter alios acta*. Esta consecuencia lógica de la doctrina civilista ha traído problemas a los administrativistas que, teniendo como punto de partida el ejemplo de contrato de concesión de servicio público, han querido distinguir una parte normativa en este contrato. Se esforzaron por obtener dos cosas a la vez: salvar la naturaleza contractual del acto, pero a la vez reconocerle a una parte del contrato administrativo la posibilidad de una fuerza extracontractual *erga omnes*. Por lo tanto, no ha de extrañarnos que una nueva doctrina de la noción del contrato, que se desvía de la doctrina civilista clásica francesa, tenga como fuente el pensamiento publicista y, más particularmente, a Léon Duguit y todos aquellos que han sido considerados como su «escuela».[13] En cambio, es

---

7   J. CARBONNIER, *Droit civil*, vol. IV, Thémis, 12e éd., Paris, PUF, 1985, p. 42.

8   G. MARTY, P. RAYNAUD, *Traité de droit civil*, II.1: *Les obligations*, Paris, Sirey, 1962, no 25 26; J. GHESTIN, (bajo la dirección de), *Droit civil*, II: *Les obligations*, Paris, LGDJ, 1982, no 5. Sobre la bibliografía de derecho público: A. DE LAUBADÈRE, F. MODERNE, P. DELVOLVÉ, *Traité des contrats administratifs*, I, Paris, LGDJ, 1983, p. 22 et seq.

9   A. DE LAUBADÈRE, F. MODERNE, P. DELVOLVÉ, *ibid.*, p. 30 et seq.; M. DELAISY, *Le quasi-contrat en droit administratif*, Thèse, Paris, 1931; F. MODERNE, *Les engagements quasi-contractuels des collectivités locales*, Collectivités locales, Dalloz, p. 3050-1 et seq. En derecho griego, ver entre otros, A.A. GASIS, *Principes généraux du droit civil* (en griego), vol. II, *Les actes juridiques*, Athènes, 1973, p. 74 et seq.

10   J. GHESTIN, *Droit civil, Les obligations*, op. cit., no 7.

11   Sobre este asunto, en general: S. FLOGAITIS, *Aspects contemporains d'interventionnisme étatique*, op. cit.; A. DE LAUBADÈRE, L'administration concertée, *Mélanges Stassinopoulos*, Paris, LGDJ, 1974, p. 407.

12   Ver J. L'HUILLIER, *Les contrats administratifs tiennent-ils lieu de loi à l'Administration?*, D. 1953, chron., p. 87.

13   Sobre todo, por G. JÈZE, *Les principes généraux du droit administratif*, 3e éd., 1925, Paris, Giard, p. 25 et seq.; R. LATOURNERIE, *Etude sur la classification des diverses situations juridiques*, RDP, 1933, p. 327 et seq.; R. BONNARD, *Précis de droit administratif*, 6e éd., Paris, LGDJ, 1943, p. 30 et seq.

curioso que el derecho civil se imparta a través de las líneas de un manual de derecho constitucional. Léon Duguit, de hecho, propuso una nueva categorización de las nociones jurídicas, inspirándose sobre todo en las doctrinas civilistas alemanas de su tiempo, que en esa época habían llegado a tener un nivel de fineza jurídica muy elevado.

Léon Duguit propuso una clasificación material y una clasificación formal de los actos jurídicos.[14]

En cuanto a su contenido, ha distinguido entre actos-regla, actos subjetivos y actos-condición. Los actos-regla son aquellos cuyo contenido está dirigido hacia la creación de normas de derecho, en otras palabras, de situaciones jurídicas generales e impersonales. La ley, el decreto normativo, el acto de constitución de una sociedad comercial, el convenio colectivo de trabajo son ejemplos de ello. Los actos subjetivos son aquellos que procuran la creación, modificación o derogación de una relación o de una situación jurídica individual y subjetiva. El ejemplo de esto, por excelencia, es todo acto que crea derechos y obligaciones. Los actos-condición son los que tienen por objeto la atribución de una condición general e impersonal, una condición que, según la expresión francesa, es legal y normativa. El acto de designación de un funcionario o el acto de matrimonio constituyen los mejores ejemplos de estos actos.[15]

En cuanto a su forma, Duguit clasifica los actos jurídicos en actos colectivos, uniones y contratos. Las dos últimas categorías de actos forman conjuntamente el tipo más general de acuerdos. Esta observación es de particular importancia, ya que el derecho civil francés siempre ha aplicado a los acuerdos y, en consecuencia, también a los actos que Duguit ha denominado uniones, las normas que rigen los contratos; por consiguiente, atribuirle a un acto la calidad de unión está desprovisto de consecuencias jurídicas importantes en la aplicación del derecho contractual.

Al usar la expresión «acto colectivo», Duguit deseó traducir el término alemán *Gesamtakt*, tal como lo había conocido a través de la obra de Otto von Gierke[16] a fines del siglo pasado: se refiere a un acto que nace de dos declara-

---

[14]   Las opiniones de Duguit fueron muy criticadas por los civilistas de su tiempo. Ver especialmente F. Gény, *Les bases fondamentales du droit civil en face des théories de L. Duguit*, RtDC, 1922, p. 779 et seq.

[15]   Por lo tanto, el acto-condición es un acto administrativo individual. Según R. Bonnard, puede ser, sin embargo, un acto de contenido general, como, por ejemplo, el acto que impone a un funcionario la obligación de ejercer una competencia. R. Bonnard, *Précis de droit administratif*, op. cit., p. 32: «Al admitir los actos-condición de alcance general, nos apartamos de los puntos de vista de Duguit y de Jèze que solo han contemplado los actos-condición en forma de actos individuales. Pero pensamos que conviene ampliar, como hemos hecho, la idea del acto-condición, porque es evidente que, en algunos casos, el acto-condición opera la atribución de situación de una manera anónima, especialmente cuando autoriza a una determinada categoría de funcionarios a ejercer una competencia ya prevista» (*ibid.*, p. 32, cit. 1).

[16]   O. von Gierke, *Die Genossenschaftstheorie und die deutsche Rechtssprechung*, Berlin, 1887. Se puede observar que esta teoría ha sido conocida en Francia a través de las enseñanzas de Gierke, aunque ha sido objeto de investigaciones por parte de un buen número de autores alemanes. Esta teoría ha sido criticada en particular por Duguit, *Traité de droit constitutionnel*, I, op. cit., § 38, p. 406 et seq.; ella

ciones de voluntad que no son acuerdo porque ambas declaraciones son paralelas: todos los participantes del acto desean exactamente la misma cosa. Por ejemplo, el acto de constitución de una sociedad anónima no es un contrato sino un acto colectivo. Al usar el término «unión», ha deseado traducir la *Vereinbarung* alemana, tal como era enseñada, aunque cada vez de forma diferente, por Binding[17], Jellinek[18] y Triepel:[19] se trata de un acto producido por varias personas y que es un acuerdo debido a que las declaraciones de voluntad están yuxtapuestas una a la otra y se condicionan mutuamente exactamente como en el caso del contrato, pero tienen por objeto la creación de una norma jurídica impersonal y continua, de una situación jurídica objetiva. «El exterior del acto es contractual; el fondo no lo es.»[20] Este acto, que también se puede llamar acuerdo-ley, encuentra sus aplicaciones particulares en el acto de matrimonio y el convenio colectivo de trabajo. El acto colectivo y la unión pudieron constituir casos autónomos ya que Duguit fue llevado, al seguir las enseñanzas de la doctrina alemana, a determinar la noción de contrato de manera restrictiva: «Finalmente, el contrato es el acuerdo entre dos personas que tiene por objeto hacer nacer una obligación a cargo de una de ellas, que se convierte en deudora, en beneficio de la otra que se convierte en acreedora».[21] Cada declaración de voluntad depende de la otra y es determinada por ella, con el fin de crear relaciones o situaciones jurídicas absolutamente subjetivas. Por otra parte, Duguit mantuvo la distinción entre acuerdo y contrato, ya que, según él, el contrato no es más que el acto que tiene por objeto la creación de una relación o situación jurídica.

Si la doctrina de Duguit provocó un intenso debate entre los publicistas franceses, sobre todo en lo que concierne a las relaciones entre acuerdo y

----

también ha dado origen a estudios especiales y aplicaciones, sobre todo en derecho civil. Ver REGLADE, *De la nature juridique de l'acte d'association*, Thèse, Bordeaux, 1920, y G. ROUJOU DE BOUBÉE, *Essai sur l'acte juridique collectif*, Paris, LGDJ (Bibliothèque de droit privé), 1961. Según el autor, estas ideas alemanas fueron desarrolladas en Francia en 1905 por A. BEZIN, en un artículo publicado en *Recueil de l'Académie de législation de Toulouse* (1905, p. 288 et seq.). Es posible que DUGUIT haya sido inspirado por estos análisis. Este libro constituye el mejor análisis en lengua francesa del pensamiento jurídico alemán de principios de siglo, así como del pensamiento italiano, que en este ámbito también fue influenciado por los teóricos alemanes. La tentativa de ROUJOU DE BOUBÉE de encuadrar todas estas ideas dentro de la teoría de la institución de M. HAURIOU, y de darle también un tono francés a ideas que no pueden ser fácilmente encuadradas dentro del pensamiento de M. HAURIOU (*ibid.*, p. 199 et seq.), es criticable. Por último, no debe perderse de vista que según GIERKE, la *Vereinbarung* no es un acto jurídico (*Rechtsgeschäft*), ya que este autor adopta una noción muy estricta del acto jurídico (*Die Genossenschaftstheorie, op. cit.*, I, p. 283 et seq.) (*Deutsches Privatrecht*, Leipzig, (Binding's Handbuch der Deutschen Rechtswissenschaft II, Apt. 3, Teil 1) 1895 1905). Ver también K. KORMANN, *System der rechtsgeschäftlichen Staatsakte, Verwaltungs und prozessrechtliche Untersuchungen zum allgemeinen Teil des deutschen Rechts*, Berlin, Springer, 1910, p. 42.

17 K. BINDING, Die Gründung des Norddeutschen Bundes, *Festgabe für Windscheid*, Leipzig, 1888, p. 69 et seq.

18 G. JELLINEK, *System der subjektiven öffentlichen Rechte*, 2e éd., Tübingen, J.C.B. Mohr (P. Siebeck), 1905.

19 H. TRIEPEL, *Völkerrecht und Landesrecht*, Leipzig, Hirschfeld, 1899, p. 35 et seq.

20 «*L'extérieur de l'acte est contractuel; le fond ne l'est pas*». Según la frase característica de L. DUGUIT, *Traité de droit constitutionnel*, I, *op. cit.*, p. 409.

21 L. DUGUIT, *Traité de droit constitutionnel*, I, *op. cit.*, p. 384. Ver también R. BONNARD, *Précis de droit administratif, op. cit.*, p. 35 et seq.; G. JÈZE, *Les principes généraux du droit administratif*, I, *op. cit.*, p. 41.

contrato,[22] ha provocado mucho más la reacción inmediata de los civilistas, quienes no han podido encontrar una justificación para estas distinciones, a su parecer demasiado finas para ser útiles.[23] Y lo que es más, el Consejo de Estado, en el propio texto de sus decisiones, nunca les reconoció valor doctrinal ni utilidad práctica; esta actitud llevó a Duguit a comentar las conclusiones del comisario del gobierno Corneille, entre las que el acto de servicio militar podrá someter al conscripto a una situación legal y normativa, destacando que: «M. Corneille, comisario del gobierno, decía con toda razón: «Este compromiso... es todo menos un contrato sinalagmático entre el hombre y el Estado...; es la condición jurídica de los reclutas que se aplicará al conscripto; su situación jurídica se tornará en lo sucesivo normativa y no contractual.» M. Corneille debió decir: hay *Veringarung* (acuerdo) pero no un contrato; es una situación de derecho objetivo y no una situación subjetiva. Pero estas expresiones seguramente habrían preocupado en cierta medida a los consejeros de Estado.»[24]

Por otra parte, también es necesario decir que la jurisprudencia ya había reconocido y descrito los casos de actos de la categoría que Duguit había caracterizado como actos-condición.[25] Pero, aunque lo contrario ha sido suge-

---

[22] Las opiniones de DUGUIT también fueron seguidas especialmente por otros autores L. ROLLARD, *Précis de droit administratif*, 10e éd., Paris, Dalloz, 1951; P. DUEZ y G. DEBEYRE, *Traité de droit administratif*, Paris, Dalloz, 1952. Por el contrario, las opiniones de M. HAURIOU, *Principes de droit public*, 2e éd., Paris, Sirey, 1916, no son tan claras como desean los autores A. DE LAUBADÈRE, F. MODERNE, P. DELVOLVÉ, *Traité des contrats administratifs*, I, *op. cit.*, p. 27, cit. 29. Además, no se pueden sacar las conclusiones a las que llegaron estos autores a partir de la obra de J. RIVERO, *Droit administratif*, 9e éd., Paris, Dalloz, 1980, p. 92 citadas por ellos mismos (*ibid.*, p. 27, cit. 30). Totalmente diferentes son los análisis de CH. EISENMANN, en sus cursos de derecho administrativo (*Cours de droit administratif*, vol. 2, Paris, LGDJ, 1982) sobre los que se basaron sus discípulos, y sobre todo P. FERRARI, Ensayo sobre la noción de coautor de un acto unilateral en derecho administrativo francés, *Mélanges Charles Eisenmann*, Paris, C.C.I., 1975, p. 215 et seq.; M. HECQUARD-THÉRON, *Essai sur la notion de réglementation*, Paris, Pichon et Durand Auzias, 1977, p. 18 et seq.; M. ROUSSET, *L'idée de puissance publique en droit administratif*, Paris, Dalloz, 1960; G. ISAAK, *La procédure administrative non contentieuse*, Paris, LGDJ, 1968; G. DUPUIS, *Les principes de l'administration*, Thèse, Paris, 1962; del mismo autor, *Définition de l'acte unilatéral*, *Mélanges Charles Eisenmann*, *op. cit.*, p. 205 et seq., y G. DUPUIS, J. DUPUIS, J.Y. VINCENT, Acte administratif, *Juriscl. adm.*, fasc. 107.

[23] «Hay, a decir verdad, cierto peligro en estos refinamientos de representación y de pensamiento, que, so pretexto de diseccionar hasta el extremo el juego sutil y complejo de las facultades humanas, a menudo conducen a desnaturalizar un proceso que, en cierta medida, no se puede descomponer». (F. GÉNY, *Les bases fondamentales du droit civil en face des théories de Léon Duguit*, *op. cit.*, p. 801). Ver también: J. CARBONNIER, *Droit civil*, IV, *Les obligations*, *op. cit.*, p. 38.

[24] L. DUGUIT, *Traité de droit constitutionnel*, *op. cit.*, vol. III, p. 129. Ver también A. DE LAUBADÈRE, F. MODERNE, P. DELVOLVÉ, *Traité des contrats administratifs*, I, *op. cit.*, p. 26, cit. 25.

[25] Sobre todo, a partir del momento en que su jurisprudencia ha aclarado la naturaleza jurídica de la relación entre el funcionario y el Estado. C.E., 22 de diciembre de 1924, *Castelli*, p. 1045; C.E., 20 de febrero de 1924, *Brandstetter*, p. 194. Ver también R. BONNARD, *La nature juridique de la nomination des fonctionnaires publics dans le droit positif français*, *Revista de drept public*, 1930, p. 1 et seq. En derecho contemporáneo: C.E., 10 de diciembre de 1975, *Lorizon*, *AJDA*, 1976, p. 578; C.E., 30 de marzo de 1981, *Dame Friocourt*, p. 176, *AJDA*, 1981, p. 607, Concl. J. F. Théry. Respecto a la noción del acto-condición, ver también R. BONNARD, *Précis du droit administratif*, Paris, 1926, p. 6; J.-M. RAINAUD, *La distinction de l'acte réglementaire et de l'acte individuel*, Paris, LGDJ, 1966, p. 12; P. DELVOLVÉ, en su obra *L'acte administratif*, Paris, Sirey, 1983, usa el término «actes particuliers» (p. 123) y R. CHAPUS prefiere el término «décisions d'espèce», *Droit Administratif Général*, 2e éd., p. 389.

rido por autores cuya importancia doctrinaria no es despreciable,[26] el reconocimiento por parte de la jurisprudencia de un tipo concreto de actos o situaciones jurídicas sin ninguna referencia a los sistemas doctrinales que les conciernen no implica un reconocimiento automático de esos sistemas también. La doctrina siempre ha invocado la noción de acto-condición en casos como el acto de designación de un funcionario, porque ya se había admitido que se trata de un acto unilateral de la administración, acto del poder público que impone al nuevo funcionario una situación legal y normativa. Por último, es necesario destacar que la doctrina clásica del derecho administrativo francés siempre ha insistido en la concepción civilista de la noción de contrato, incluso llegando a extender el campo de aplicación de las normas del contrato al acuerdo.[27]

Duguit y sus discípulos hasta nuestros días han basado su propia «verdad» en una parte de la ciencia jurídica alemana, sin tener en cuenta el hecho de que sus referencias bibliográficas al derecho alemán se debían a ejercicios de razonamiento jurídico más que a ideas generalmente aceptadas. Estos debates doctrinarios alemanes, de hecho, han tenido mejor suerte en países como Italia[28] o Grecia[29] que en el derecho alemán.

La noción y la enseñanza alemanas del contrato se han basado principalmente en la interpretación de las fuentes romanas que hizo von Savigny. De la determinación del contrato en las Pandectas como *«pactio duorum pluriumve in idem placitum et consensus»*,[30] von Savigny[31] y la ciencia jurídica alemana han inferido que «el contrato es la coincidencia de varias declaraciones de voluntad en una sola, mediante la cual se determinan las relaciones jurídicas entre las partes contratantes.»[32] Como lo destacó acertadamente Duguit en su momento, la concepción alemana del contrato es más limitada

---

[26] Por A. DE LAUBADÈRE, F. MODERNE, P. DELVOLVÉ, *Traité des contrats administratifs*, I, *op. cit.*, p. 62 et seq. Sin embargo, ellos aceptan que la adopción de estas opiniones por la jurisprudencia es indirecta.

[27] Por ejemplo M. WALINE, *De la situation juridique de l'usager d'un service public*, *Revue critique de législ. et de jurisp.*, 1933, p. 237, donde se nota que DUGUIT y JÈZE crean una noción arbitraria de contrato, nunca adoptada por los civilistas. Asimismo, los análisis de J. RIVERO adoptan la noción de contrato como determinada, *Droit administratif*, 13e éd., Paris, Dalloz, 1990, no 106 et seq., como además los de G. BRAIBANT, *Le droit administratif français*, Paris, PFNSP/Dalloz, 2e éd., 1988, p. 148 et seq., 152, 155 et seq.

[28] Sobre todo, por las obras de BRONDI, L'atto complesso nel diritto pubblico, *Studi giuridici offerti a F. Schupfer: Diritto odierno*, Torino, Fratelli Bocca, 1898, p. 553, et G. BERSI, L'atto amministrativo complesso, *Studi senesi*, vol. XX, Torino, Fratelli Bocca, 1902. Ver más particularmente G. ROUJOU DE BOUBÉE, *Essai sur l'acte juridique collectif*, *op. cit.*, p. 183 et seq.

[29] A.A. GASIS, *Principes généraux du droit civil*, vol. III, *Les actes juridiques*, *op. cit.*, Athènes, 1973, p. 1 et seq.

[30] *Digeste*, 2, 14, 1, 1, según la cita de W. FLUME, *Allgemeiner Teil des bürgerlichen Rechts*, Band II, *Das Rechtsgeschäft*, 3e éd., Berlin, Heidelberg, New York, Springer, 1979, p. 602.

[31] F.K. VON SAVIGNY, *System des heutigen römischen Rechts*, Band III, Berlin, Veit und Comp., 1840, réimpression par Scientia Verlag, Aalen, 1973, p. 309.

[32] A.A. GASIS, *Principes généraux du droit civil*, vol. III, *op. cit.*, p. 2; W. FLUME, *Allgemeiner Teil des bürgerlichen Rechts*, Band II, *Das Rechtsgeschäft*, *op. cit.*, p. 602; L. ENNECCERUS, H.K. NIPPERDEY, *Allgemeiner Teil des bürgerlichen Rechts*, Band II, 1, 15e éd., Tübingen, J.C.B. Mohr (P. Siebeck), 1960, p. 908.

que la francesa, ya que presupone declaraciones de voluntad que convergen en cuanto al resultado jurídico, pero que están yuxtapuestas. Por otra parte, tiene algo en común con el acuerdo francés dado que, mediante un contrato de derecho alemán o griego no solo se puede crear, sino modificar o derogar una relación jurídica.

El presente estudio no puede adentrarse en los detalles del debate doctrinal que dio origen a las teorías de la voluntad o de la declaración de voluntad. Por el contrario, es necesario destacar que, así como en el derecho francés, el contrato constituye la ley de las partes, del mismo modo, en el derecho alemán se le considera *lex contractus*;[33] y que, tanto en el derecho alemán como en el griego, no es la coincidencia de declaraciones de voluntad lo que da origen a la obligación, sino el *Tatbestand* que, según la ley, constituye la razón generadora de un resultado deseado.[34]

La diferenciación del acto conocido bajo el nombre de *Gesamtakt* en realidad se debe a Johannes Emil Kunze.[35] No se trata realmente de un contrato, ya que las declaraciones de voluntad son paralelas una a la otra.[36] El mejor ejemplo de ello es la declaración común de varios coarrendatarios para rescindir un contrato de alquiler. La facilidad con la que se ha distinguido al *Gesamtakt* del contrato no ha caracterizado al *Vereinbarung* que inspiró a Duguit; esta noción incluso ha tenido diferenciaciones posteriores con el desarrollo de la noción de *Beschluß*.

El *Beschluß*[37] se caracteriza por la coincidencia de varias declaraciones de voluntad que, aunque tal vez siendo paralelas, coinciden en cuanto a la creación de un determinado resultado jurídico, en cuya creación quizás se yuxtaponen. La decisión de un cuerpo colegiado (por ejemplo, la asamblea general de una compañía anónima) según el principio de la mayoría es un clásico ejemplo de *Beschluß*.

La paternidad del concepto de *Vereinbarung* en realidad pertenece a Binding;[38] otros autores lo han llamado *Gesamtakt*. Mediante esta noción, se ha

---

[33] W. FLUME, *ibid.*

[34] A.A. GASIS, *Principes généraux du droit civil*, vol. III, *op. cit.*, p. 2; J. SPYRIDAKIS, *Principes généraux* (en griego), vol. II, Athènes, A.N. Sakkoulas, 1987, p. 450 et seq.; K. SIMANTIRAS, *Principes généraux du droit civil* (en griego), 14e éd., Athènes, A.N. Sakkoulas, 1988, p. 414. Ver también los análisis históricos y jurídicos muy detallados de W. FLUME, *Allgemeiner Teil des bürgerlichen Rechts*, Band II, *Das Rechtsgeschäft, op. cit.*, p. 23 et seq.

[35] J.E. KUNZE, Der Gesamtakt, ein neuer Rechtsbegriff, *Festgabe für Otto Müller*, Leipzig, Verlag von Veit 1892, p. 27 et seq. Ver también KIPP ZU WINDSCHEID, *Pandektenrecht*, I, 9e éd., Frankfurt am M., 1966 (Literarische Anstalt Huetten und Löning) § 60, no 1a. L. ENNECCERUS, H.K. NIPPERDEY, *Allgemeiner Teil des bürgerlichen Rechts*, Band II, 1, *op. cit.*, p. 911.

[36] A.A. GASIS, *Principes généraux du droit civil*, vol. II, *op. cit.*, p. 74 et seq.; N. PAPANTONIOU, *Principes généraux du droit civil* (en griego), 3e éd., Athènes, Frères Sakkoulas, 1983, p. 264; K. SIMANTIRAS, *Principes généraux, op. cit.*, p. 415; J. SPYRIDAKIS, *Principes généraux, op. cit.*, p. 453.

[37] A.A. GASIS, *Principes généraux du droit civil*, vol. II, *op. cit.*, p. 3; N. PAPANTONIOU, *Principes généraux, op. cit.*, p. 265; J. SPYRIDAKIS, *Principes généraux, op. cit.*, p. 415 et seq.; W. FLUME, *Allgemeiner Teil des bürgerlichen Rechts*, Band II: *Das Rechtsgeschäft, op. cit.*, p. 602.

[38] *Die Gründung des deutschen Bundes, op. cit.*, p. 69 et seq.

buscado separar del cuerpo del contrato en sí todo acto jurídico que, aun siendo externamente contractual, presenta resultados jurídicos que superan las relaciones entre las partes; el ejemplo principal de ello es la fundación de una persona jurídica del tipo de las asociaciones o de las sociedades comerciales.[39] La característica común de los derechos civiles alemán y griego en estas hipótesis, y especialmente en el caso del *Vereinbarung*, es que la insistencia de la doctrina respecto a estas diferenciaciones jurídicas no ha estado acompañada de consecuencias concretas que puedan separarlas definitivamente del cuerpo de la doctrina del contrato. El derecho no ha ganado nada con estas distinciones conceptuales, que han sido hechas por espíritu de abstracción, ha destacado con autoridad Flume.[40]

Pero si el *Vereinbarung* no ha servido para gran cosa en el derecho alemán o griego, le ha sido muy útil a Duguit. A primera vista, parece raro que Duguit, en su determinación por dar una explicación al fenómeno de las cláusulas normativas del contrato de concesión de servicio público, sintió la necesidad de inspirarse en el *Vereinbarung*, a pesar de que ya había concretado la noción de acto-condición que, después de todo, era una noción generalmente aceptada por la doctrina y la jurisprudencia; de hecho, el carácter general y normativo del acto de designación de un funcionario ya constituía derecho positivo.[41] Es verdad que el acto-condición y el *Vereinbarung* tienen un elemento común, que es de naturaleza normativa.[42] En el caso del acto-condición, el administrado, mediante su declaración de voluntad coincidente con una declaración de voluntad de la administración, que, a pesar de estar yuxtapuesta, se propone un mismo resultado (hipótesis, *Tatbestand* o situación de hecho en la que se puede reconocer un contrato), se somete voluntariamente a una condición especial que es legal y normativa. En el caso del *Vereinbarung*, las dos declaraciones de voluntad que, aunque yuxtapuestas, coinciden en cuanto al fin, crean una situación especial de carácter normativo en la medida en que ambas forman parte del derecho público. Parece realmente extraño que Duguit, quien, junto a su contemporáneo Hauriou, fue el primero en enseñar la naturaleza no contractual de la relación entre funcionario y administración, no haya hecho lo mismo para la concesión de servicio público, cuya naturaleza contractual nunca cuestionó.

La aceptación de la naturaleza no contractual del acto de designación de un funcionario debió ser el resultado del trasplante al derecho administrativo francés de las ideas publicistas alemanas relativas al poder público *(Herrschaft)*.

---

[39] Ver también A.A. GASIS, *Principes généraux du droit civil*, vol. III, *op. cit.*, p. 2; J. SPYRIDAKIS, *Principes généraux, op. cit.*, p. 453 et seq.

[40] W. FLUME, *Allgemeiner Teil des bürgerlichen Rechts*, II, *op. cit.*, p. 603. Aussi L. ENNECCERUS, H.K. NIPPERDEY, *Allgemeiner Teil des bürgerlichen Rechts*, II, 1, *op. cit.*, p. 911, cit. 10. Ver también K. KORMANN, *System des rechtsgeschäftlichen Staatsakte, op. cit.*, p. 44.

[41] C.E., 7 de agosto de 1909, *Winkell et Rosies*, p. 826, Concl. Tardieu, *D.* 1911, 3, p. 17, Concl., *RDP* 1909, p. 494, com. Jèze, *S.* 1909.3, p. 145, Concl., com. Hauriou.

[42] Puesto que el administrado se coloca dentro de un régimen legal y normativo, según la expresión francesa. Por otra parte, como se mencionó antes, BONNARD ya había enseñado que el acto normativo también puede ser un acto-condición.

Pero este mismo acto-condición también recuerda muy claramente, al menos en sus aplicaciones principales, al concepto alemán de acto administrativo bajo sumisión *(Verwaltungsakt auf Unterwerfung)* propagado por Otto Mayer[43] y que la ciencia publicista alemana de principios de siglo[44] dedujo de su concepción de las relaciones entre los administrados (sujetos, *Untertanen*) como de naturaleza de poder público.[45] Según Otto Mayer, el acto de designación de un funcionario, acto-ejemplo por excelencia del acto-condición de Duguit, es una hipótesis de la aplicación de este acto administrativo bajo sumisión.[46]

Antes de que la doctrina alemana de principios de siglo llegara a la conclusión de que la concesión de servicio público constituye un acto administrativo bajo sumisión,[47] ya se habían adelantado otras dos teorías.[48] Según la primera, la concesión es un contrato de derecho privado del que se derivan derechos y obligaciones para las dos partes. Esta teoría pronto enfrentó problemas insolubles, especialmente aquellos planteados por cláusulas que contienen un derecho de vigilancia o control, como por ejemplo la concesión al administrado del derecho a expropiar. Para evadir estos problemas, esta teoría enseñó enseguida que el acto de concesión se divide en dos: el acto de concesión *stricto sensu*, mediante el cual se conceden todos estos derechos, y el acto

---

[43] O. Mayer, *Le droit administratif allemand* (edición francesa del autor), Tomo I, Paris, Giard et Brière, 1903, p. 122 et seq. Las citas de la obra de O. Mayer se hicieron a partir de la edición francesa. O. Mayer negó la existencia de un contrato administrativo: Zur Lehre vom öffentlichen Verträge, *AöR*, 1888, p. 53 et seq., et *REDP/ERPL*, vol. 1, no 2, p. 451 et seq.

[44] Ver también F. Fleiner, *Institutionen des deutschen Verwaltungsrechts*, 4e éd., Tübingen, J.C.B. Mohr (P. Siebeck), 1919, p. 159 et seq.

[45] Respecto a este punto será necesario hacer dos observaciones: primero, que el derecho público alemán no utiliza más el término «*administrado*» ni «*sujeto*» (*Untertan*), como lo hacen el derecho público francés o el griego, porque, según la doctrina alemana, este término es incompatible con la nueva constitución, que no tiene nada que ver con el pasado monárquico. En segundo lugar, que la razón por la que O. Mayer y la doctrina de su época dedujeron este término era muy concreta y constituyó una tentativa de satisfacer los principios del Estado de derecho que esta ciencia jurídica se esforzaba en imponer y de hacer entrar en la conciencia común, en un estado que no se había alejado lo suficientemente de su pasado como estado policial *(Polizeistaat)*. De modo más particular, dentro del marco de una concepción del principio de legalidad que no es la nuestra, O. Mayer escribió que el acto administrativo que es favorable al administrado debería encontrar su base en la ley, cuando la ley ya haya regulado las relaciones jurídicas en cuestión; por el contrario, no se necesita ninguna ley como fundamento del acto administrativo, cuando la ley no ha regulado su ámbito. En tal caso, no obstante, en un acto administrativo que impone obligaciones al administrado, la base legislativa del acto siempre es indispensable, excepto si el administrado se somete voluntariamente a esta relación de autoridad: «El protegido sigue siendo libre de someterse, en cierta medida, a cargas personales, a obligaciones de pago, etc. Por lo tanto, debe entenderse en todas las reservas constitucionales que prohíben imponer a los individuos cargas al margen de una ley, la cláusula tácita: a menos que la parte interesada dé su consentimiento. Este es el caso para los actos administrativos bajo sumisión. La sumisión no hace más que sustituir la autorización de la ley; hace desaparecer la barrera que, sin ella, la reserva constitucional habría opuesto. El acto administrativo se convierte en libre, entonces produce su efecto por sí mismo». *(Le droit administratif allemand*, I, *op. cit.*, p. 123 124).

[46] *Ibid.*, p. 124, cit. 5.

[47] Según F. Fleiner, *Verfügung*, y, en todo caso, acto estatal que crea derechos subjetivos *(Rechtsbegründender Staatsakt)*, *Institutionen des deutschen Verwaltungsrechts, op. cit.*, p. 322.

[48] El mismo O. Mayer procedió a analizar estas teorías *en: Le droit administratif allemand*, Tome IV, 1906, p. 163 et seq., y declaró haber seguido el sistema de Meili, *Das Recht der modernen Verkehrs- und Transportanstalten*, p. 22 et seq.

de concesión en un sentido más amplio, que es un contrato de derecho privado.[49] De acuerdo con la segunda teoría, el acto de concesión es un acto de poder público de la administración, acto administrativo unilateral que se puede revocar libremente, incluso sin derecho a indemnización para el administrado cocontratante; puesto que se trata de un acto de derecho público, no puede derivarse del mismo ningún derecho del particular frente al Estado. Ambas teorías, de hecho, opinan que solo los actos de derecho privado pueden dar origen a derechos de particulares ante el Estado. Se ha observado acertadamente[50] que en realidad se trata de ideas-vestigios de la época del Estado policial *(Polizeistaat)*.

Según Otto Mayer, el acto de concesión es de derecho público, es un acto administrativo (individual) unilateral, del que derivan los derechos y obligaciones del concesionario. «La concesión es un acto administrativo bajo sumisión, al igual que la designación para el servicio del Estado; no es más un contrato que la designación. Las negociaciones previas establecen las condiciones y la medida de esta sumisión: determinan así el contenido exacto del acto administrativo que se hace posible mediante dicha sumisión. El efecto es producido exclusivamente por el acto administrativo.»[51] La relación jurídica que se crea entre el concedente y el concesionario es de derecho público,[52] y de ella se derivan derechos especiales para el Estado, como por ejemplo, el derecho de recompra, o los derechos del particular como, por ejemplo, el derecho a una indemnización por daños causados por diversas intervenciones del Estado en la operación de dicha relación de derecho público.

Cuando se habla de acto administrativo en este discurso, se incluye siempre y de manera necesaria el acto administrativo individual. Desde este punto de vista, las ideas de Otto Mayer sobre el acto administrativo bajo sumisión y las de Léon Duguit sobre el acto-condición, se aproximan perfectamente. Ambas (como por cierto la concepción alemana moderna de la concesión, ya sea *Verleihung* o *Beleihung*) solo afectan a los actos administrativos individuales.

El derecho alemán moderno ha incluido al acto administrativo bajo sumisión *(Verwaltungsakt auf Unterwerfung)* en la doctrina más general del acto administrativo que se realiza con la participación del administrado *(mitwirkungsbedürftige Verwaltungsakt)*.[53] Ahora bien, independientemente de la

---

[49]   «Meili, I. c. p. 22, cree poder invocar el hecho de que los jurisconsultos franceses hablan aquí de un contrato: esto es lo que Carrad ya ha alegado en su consulta sobre la cuestión del ferrocarril de Broye, p. 14. Pero el contrato administrativo, del que se habla en Dufour, Batbie, Perriquet y otros, no pretende ser un verdadero contrato; solo tiene el nombre». O. MAYER, *ibid.*, p. 163, cit. 15.

[50]   Par O. MAYER, *ibid.*, p. 164.

[51]   O. MAYER, *ibid.*, p. 167 168.

[52]   F. FLEINER, *Institutionen des deutchen Verwaltungsrechts, op. cit.*, p. 323. O. MAYER, *ibid.*, p. 168, procede a una observación ulterior que es de actualidad para el derecho administrativo francés: nota que es posible que el concesionario no preexista al acto de concesión, sino que sea creado con el único fin de convertirse en concesionario. Llegó a la conclusión de que, en este caso, el acto de concesión y la creación de la persona jurídica del concesionario se confunden en el mismo acto.

[53]   Ver H.-U. ERICHSEN, W. MARTENS, *Allgemeines Verwaltungsrecht*, 8e éd., Berlin, New York, 1988, p. 217 et seq.; C.-F. MENGER, W. ERICKSEN, *Höchstrichterliche Rechtsprechung zum Verwaltungsrecht,*

utilidad de esta noción de *Verwaltungsakt auf Unterwerfung* para comprender los problemas planteados por el acto de concesión de servicio público, se sigue aceptando que se trata de un acto administrativo considerado dentro del marco de un procedimiento en el que participa el administrado, de una manera u otra.

Se distingue entre *Verleihung* considerada como la verdadera concesión (*Konzession*, según WHG, *Bewilligung*) y *Beleihung*.[54] Ambos son actos administrativos (individuales) unilaterales. Ambos crean un derecho de derecho público frente a la administración y, por tanto, una relación de derecho público. El *Verleihung* es un tipo de acto de permiso *(Erlaubnis)*, que no es el *Beleihung*. El primero difiere del segundo especialmente en cuanto a su contenido: únicamente el *Beleihung* tiene por objeto el traspaso de derechos de ejercicio del poder público (competencias) a un particular, quien tiene la obligación de ejercerlos. En el caso del *Verleihung*, no se trata ni de un verdadero traspaso, ni de un ejercicio de competencias del poder público: el ejemplo por excelencia es el acto de concesión ferroviaria *(Konzession zum Eisenbahnbetriebe)*.

Fueron los fundadores del derecho administrativo francés, Duguit, Hauriou y Jèze, quienes demostraron después de principios de siglo que el acto de la administración mediante el que organiza y regula el funcionamiento de un servicio público es de carácter normativo. Ellos cultivaron sus opiniones doctrinarias en paralelo con la jurisprudencia del Consejo de Estado; el resultado de ello es que ya no se puede afirmar con certeza cuál es realmente la base de esta idea, a saber, la doctrina o la jurisprudencia. El asunto se aclaró cuando el Consejo de Estado determinó que los usuarios de un servicio público pueden intentar un recurso por abuso de poder contra los actos de la administración concedente, sobre la base de las cláusulas del pliego de condiciones, es decir, las cláusulas del contrato.[55] La jurisprudencia anterior, según la cual la relación jurídica entre el concedente y el concesionario era puramente contractual,[56] no podía servir de base para esta nueva jurisprudencia, que presupone la naturaleza normativa de las cláusulas del pliego de condiciones. Según el derecho civil, de hecho, el contrato es la ley de las partes y para

---

Verw. Arch, 1970, p. 174 et seq.; L. Renck, Verwaltungsakte gegen Gesamtschuldner, *JuS,* 1977, p. 449 et seq.; F. Kirchhof, *Der Verwaltungsakt auf Zustimmung, DVBl,* 1985, p. 651 et seq.; F. Ossenbühl, *Grenzen der Mitbestimmung im öffentlichen Dienst,* Baden Baden, Nomos, 1986, y la bibliografía especial adicional allí citada.

[54] Ver de modo especial H.J. Wolff, O. Bachof, *Verwaltungsrecht II,* 4e éd., München, Beck, 1976, p. 452 et seq., et *Verwaltungsrecht I,* 9e éd., München, Beck, 1974, p. 402 et seq., y en particular 405 et 408. Ver también los estudios especiales: M. Krautzberger, *Die Erfüllung öffentlicher Aufgaben durch Private, Zum Begriff des staatlichen Bereichs,* Berlin, Duncker und Humblot, 1971; Erik v. Hegen, *Das staatstheoretische und rechtstheoretische Problem des Beliehenen,* Berlin, Duncker und Humblot, 1973.

[55] C.E., 8 de febrero de 1905, *Storch,* D. 1906, 3, p. 8; C.E., 21 de diciembre de 1906, *Syndicat Croix-de-Segeuy-Tivoli,* concl. Romieu, p. 969, *S.* 1907.3. p. 37, com. Hauriou, *RDP,* 1907, p. 411 et 681, com. Duguit et Jèze.

[56] Esta posición de jurisprudencia ha sobrevivido en medio de varias decisiones que permanecieron fieles a la ideal de contrato a favor de un tercero: A. de Laubadère, F. Moderne, P. Delvolvé, *Traité des contrats administratifs,* I, *op. cit.,* p. 102. Ver también C.E., 29 de octubre de 1926, *Gay,* S. 1928.3., p. 38.

terceros, *res inter alios acta*. Sin embargo, en derecho administrativo, se dejó en claro rápidamente que el acto de concesión al menos contiene lo que se ha denominado con éxito la «ley de servicio», de naturaleza normativa.[57] El carácter normativo de las cláusulas que rigen la organización y el funcionamiento del servicio público concedido tiene consecuencias absolutamente ciertas: la administración pública no puede conceder sus poderes normativos, ni tampoco puede deshacerse de ellos mediante un contrato, porque dicho contrato estaría viciado de ilegalidad; del mismo modo, la administración pública no puede privarse del ejercicio de su competencia y, por ende, de su poder de intervenir unilateralmente en la parte normativa del contrato de concesión.[58]

La teoría de Duguit, Hauriou y Jèze ha llevado a la doctrina francesa a aceptar que el acto de concesión de un servicio público es de doble naturaleza, en parte acto normativo de la administración y en parte contrato. Según esta opinión, hay cláusulas, sobre todo aquellas que rigen la organización o el funcionamiento del servicio, que son de naturaleza normativa, y existen otras, especialmente aquellas que establecen las relaciones especiales entre la administración y el concesionario, que son contractuales. A. de Laubadère, F. Moderne y P. Delvolvé incluso van más allá y consideran al contrato de concesión de servicio público como el ejemplo por excelencia de una noción que ellos desarrollaron y que es la del acuerdo convencional generador de efectos normativos.[59] En el fondo, ellos no dan respuesta al problema de saber si esta parte del contrato es verdaderamente normativa o no, porque hablan «de efectos» normativos; tampoco se da respuesta alguna a la pregunta de saber cómo es posible que un acto convencional pueda dar origen a una norma de derecho general e impersonal. Esta idea se vuelve aún más problemática si uno considera que la misma solo puede aplicarse en los casos en que las cláusulas en cuestión son realmente el producto de la libre negociación entre las partes del contrato,[60] con la consecuencia de tener que hablar del acto-condición o, para retomar la terminología de los mismos autores,[61] del acuerdo-condición, cada vez que el contrato se refiera a un pliego de condiciones estándar.[62] En realidad, esta opinión no toma en cuenta suficientemente el hecho de que, a partir del momento en que se acepta la particularidad del contrato de conce-

---

[57] En este punto reside el aporte de Duguit, Jèze et Hauriou comentada anteriormente. Ver también el Capítulo II.

[58] Ver más adelante, Capítulo I, Sección II.

[59] *Traité des contrats administratifs*, I, *op. cit.*, p. 97 et seq.

[60] Esto, debido a que la jurisprudencia del C.E., 5 de mayo de 1961, *Ville de Lyon*, *C.J.E.G.*, 1961, J., p. 175, Braibant, com. Teste et Chaudouard, como por otra parte lo observan sus propios autores (*ibid.*, p. 105), limita su campo de aplicación únicamente al caso en que el pliego de condiciones ha sido objeto de negociaciones entre las partes contratantes.

[61] *Ibid.*, p. 80 et seq. Estos otros afirman ellos mismos, por otra parte, que esta noción ya se encuentra en la literatura jurídica clásica: R. Bonnard, *Précis de droit administratif, op. cit.*, p. 35, donde se habla del acto-condición-acuerdo, cuando el acto-condición se presenta como un acuerdo; G. Jèze, *Principes généraux de droit administratif*, I, *op. cit.*, p. 47, donde se nota que el acto-condición es, alternativamente, unilateral y bilateral.

[62] Para un examen analítico de estos procedimientos, ver especialmente P. Rongère, *Le procédé de l'acte-type*, Paris, LGDJ, 1968.

sión como tipo particular de contrato, no se pueden basar consecuencias de este tipo en el hecho de que el contrato haya siso producto de deliberaciones totalmente libres o no.

Este razonamiento, que no puede disimular el estatismo[63] que lo caracteriza, fue expuesto hasta sus extremos en frases y expresiones como la de M. Hauriou, según el cual los actos de este tipo son una especie de requisición consentida,[64] o en los sistemas conceptuales extremistas como el de G. Péquignot.[65] Este autor, que se distinguió por su contribución monumental al desarrollo del derecho de los contratos administrativos al estudiar la relación entre contrato administrativo (que entiende como contrato de concesión de servicio público, aunque generaliza de manera arbitraria) y contrato de adhesión, puso tanto énfasis en el elemento de superioridad de la voluntad de la administración frente al particular con el que contrata, que terminó por hablar de *«la unilateralidad del contrato administrativo»*.[66]

Con razón estas concepciones no son las del Consejo de Estado, como tampoco aquellas de la literatura tradicional del derecho administrativo francés. Por el contrario, ambos se han basado y siguen siempre la teoría conocida como de la doble naturaleza o del doble aspecto del acto de concesión de servicio público. Según las famosas conclusiones[67] del comisario de Gobierno Léon Blum, es necesario hablar «del doble aspecto, de la doble naturaleza de la concesión que es, en cierto sentido, una disposición financiera de forma cierta, y en otro sentido, el modo de gestión de un servicio público con necesidades variables». Sin embargo, según esta jurisprudencia y esta doctrina, el acto de concesión en su conjunto es un contrato, en lo que concierne a las relaciones entre las dos partes contratantes, pero en lo que se refiere a terceros, es de naturaleza normativa en su parte que contiene las cláusulas de organización y de funcionamiento de un servicio público. Esta idea es correcta,[68] al

---

[63] Para estas nociones ver: S. Flogaitis, *La notion de décentralisation en France, en Allemagne et en Italie*, Paris, LGDJ, 1979.

[64] Esta expresión, que coincide absolutamente con las opiniones de O. Mayer a propósito del *Verwaltungsakt auf Unterwerfung*, fue utilizada por M. Hauriou, en sus análisis sobre la naturaleza jurídica del acto de designación de un funcionario (ver M. Hauriou, *Précis de droit administratif*, 11e éd., Paris, Sirey, 1927, p. 578, et 12e éd., Paris, 1933, p. 743).

[65] G. Péquignot, *Théorie générale du contrat administratif*, Paris, Pedone, 1945.

[66] *Ibid.*, p. 265.

[67] En la famosa decisión del C.E., 11 de marzo de 1910, *Compagnie française des tramways*, p. 223, posición confirmada según, por ejemplo, las conclusiones de Letourneur en el caso del C.E., 25 de junio de 1948, *Journal l'Aurore*, S. 1948, 3, p. 71. «En las relaciones entre el concedente y el concesionario, el pliego de condiciones es un contrato; por el contrario, tiene valor de reglamento respecto de los usuarios, en particular en sus disposiciones relativas a la fijación de tarifas máximas». Ver también J. Dufau, *Les concessions de service public*, Paris, Moniteur (Collection Actualité Juridique), 1979, p. 38.

[68] Según otra opinión, el acto no es de naturaleza doble sino mixta, normativo en algunas de sus cláusulas y realmente contractual en algunas otras. Esta opinión, en nuestros días, la representan A. de Laubadère, F. Moderne, P. Delvolvé, *Traité des contrats administratifs, op. cit.*, p. 104 et seq., Y. Madiot, *Aux frontières du contrat et de l'acte administratif unilatéral: Recherches sur la notion d'acte mixte en droit public français*, Paris, LGDJ, 1971, p. 151 et seq. Ver también L. Duguit, *De la situation des particuliers à l'égard des services publics*, RDP, 1957, p. 411 et eq., y del mismo autor, *Traité de droit*

menos en la lógica desarrollada por el Consejo de Estado en la trayectoria que ha seguido.

La jurisprudencia del Consejo de Estado, de hecho, no acepta el carácter normativo de esta parte del contrato con respecto a terceros sino a partir del momento en que se cumplen ciertas condiciones jurídicas. Primero, admite que el contrato de concesión de servicio público tiene un objeto que es, por su propia naturaleza, normativo. El carácter normativo del acto de organización y de funcionamiento de un servicio público ha sido reconocido desde principios de siglo.[69] Esta es la razón por la que la jurisprudencia se refiere con demasiada frecuencia al estrecho vínculo que existe entre el contrato cada vez en cuestión y la organización y el funcionamiento de un servicio público, con el resultado de que este elemento constituya el ejemplo único de contrato con efectos normativos. Pero el Consejo de Estado también basa su jurisprudencia en el hecho de que este tipo de contrato a veces es aprobado por un acto unilateral de la administración, y otras constituye un modo concreto de ejecución de una disposición legal o normativa del que absorbe su naturaleza.

La jurisprudencia exige entonces, ante todo, que el contrato de concesión sea aprobado por un acto unilateral de la autoridad que lo tutela, como lo ha previsto tradicionalmente la legislación francesa. Este acto de la administración tiene una función incorporadora, provoca una absorción, una incorporación del contrato, en la que este deja penetrar su propio carácter normativo, debido a que su mismo objeto es materialmente normativo.[70] Un acto de incorporación no es importante respecto a la operación del contrato celebrado. Pero la aceptación del carácter normativo del contrato permite la protección a terceros a través de las normas legislativas o reglamentos. Es natural que este contrato, que en realidad es una especie de sustituto de un acto administrativo normativo, sin por ello perder su naturaleza de contrato en cuanto a las relaciones entre las partes contratantes, sea considerado como de contenido normativo frente a terceros. He aquí el contenido exacto de la sentencia del Consejo de Estado del 23 de febrero de 1968, *Picard*.[71]

---

constitutionnel, I, *op. cit.*, p. 420; G. JÈZE, Notes de jurisprudence, *RDP*, 1907, p. 675 et seq. (680); del mismo autor, *Les contrats administratifs de l'Etat, des départements, des communes et des établissements publics*, I, *op. cit.*, p. 157; R. BONNARD, *Précis de droit administratif, op. cit.*, p. 715.

[69] Como ya se ha mencionado, según L. DUGUIT, «*l'extérieur de l'acte est contractuel; le fond ne l'est pas*»: *Traité de droit constitutionnel*, I, *op. cit.*, p. 409.

[70] Ver C.E., 18 de febrero 1977, *Hervouet*, p. 98, concl. Dondoux, *AJDA*, 1977, p. 255, chr. Nauwelaers et Fabius. Ver también concl. G. Guillaume en el caso *Bonnefond*, según cita de A. DE LAUBADÈRE, F. MODERNE, P. DELVOLVÉ, *Traité des contrats administratifs*, I, *op. cit.*, p. 113, cit. 71: «En realidad, los derechos y obligaciones así impuestos a terceros son el hecho no del propio acuerdo sino del decreto de aprobación, que debe ser visto, como lo subrayaba recientemente...nuestro colega Philippe Dondoux, como un decreto normativo que incorpora las estipulaciones del acuerdo»: C.E., 22 de octubre de 1965, *Giraudon*, p. 548, *D.* 1966, I, p. 417, concl. N. Bernard, *J.C.P.*, 1966, II, p. 14552, com. Liet-Veaux; C.E., 13 de octubre 1967, *Debar*, p. 377, *AJDA*, 1968, p. 344, com. O. Dupeyroux, *J.C.P.*, 1967, II, p. 15260, com. Liet-Veaux.

[71] C.E., 23 de febrero de 1968, *Picard*, p. 131, *AJDA*, 1968, p. 457. Como el contrato se había celebrado con aplicación de la ley del 26 de diciembre de 1961 y los decretos del 11 de abril de 1962, «las estipulaciones de este acuerdo tienen así un carácter normativo y los terceros pueden invocar el

«El alcance de los efectos de estos acuerdos, es decir, el hecho de que producen efectos ante terceros - y esto también, en definitiva, forma parte del régimen jurídico -, es demasiado específico con respecto a la propia esencia del contrato para para que no se separen de los contratos los acuerdos con efectos normativos. Pensamos, por lo tanto, junto con L. Duguit y los autores de su escuela, que los acuerdos con efectos normativos son acuerdos de voluntades, convenios, pero no son contratos... En cuanto a la denominación de este tipo de acto jurídico, no nos parece necesario buscar otra más que la de «acuerdo con efectos normativos.» Estas conclusiones de A. de Laubadère, F. Moderne y P. Delvolvé[72] no se alejan de las de L. Duguit, quien consideraba este tipo de contrato administrativo como un caso de *Vereinbarung*, como él mismo lo entendía. En cuanto a la condición jurídica de estos acuerdos, los autores en cuestión aceptan que es la misma de los contratos. Sin embargo, el derecho administrativo francés es más sencillo que estas doctrinas y, desde el punto de vista doctrinario, es unitario en su concepción.

Si se deja a un lado el caso del fallo *Picard*, ya que solo constituye una simple consecuencia de la naturaleza misma de la ley y del reglamento de los que el contrato en cuestión eran una aplicación concreta,[73] existen dos elementos que interesan para el análisis jurídico: en primer lugar, el hecho de que el único objeto de esta jurisprudencia es el servicio público en cuanto a su organización y su funcionamiento;[74] en segundo lugar, la idea de la absorción e incorporación del contrato en el acto final que aprueba el contrato. Dado que es a partir de esta incorporación en el acto de aprobación que el contrato adquiere su carácter normativo frente a terceros, hasta ese momento, ambas cosas: o bien el contrato no se ha celebrado, es decir, que el procedimiento de su otorgamiento no se había culminado y no producía efectos, ni siquiera derechos en expectativa con respecto a terceros; o bien el contrato se celebró, pero una de las condiciones para su operación aún no se ha cumplido, siendo la consecuencia que eventualmente se creen derechos en expectativa entre los contratantes sin que el contrato produzca sus efectos. Saber cuál de estas dos posiciones debe mantenerse es un asunto de derecho positivo. En lo que concierne al derecho francés, se debería mantener la primera solución. Sin embar-

---

desconocimiento en apoyo de un recurso por abuso de poder dirigido contra una decisión de una autoridad administrativa». Esta jurisprudencia fue confirmada por la decisión del C.E., 18 marzo 1977, *Chambre de commerce de la Rochelle et autres*, p. 153, concl. Massot. Según las conclusiones del Comisario de gobierno: «en adelante (es decir, después de la sentencia *Picard*) los terceros pueden invocar la violación de derechos contractuales no solo cuando han sido aprobados u homologados en un acto unilateral como un pliego de condiciones de concesión... sino también cuando se trate de un acuerdo adoptado para la aplicación de disposiciones legislativas o normativas». Sobre este tema, ver también los análisis de: A. DE LAUBADÈRE, F. MODERNE, P. DELVOLVÉ, *Traité des contrats administratifs*, I, *op. cit.*, p. 110 et seq., y Y. MADIOT, *Aux frontières du contrat et de l'acte unilatéral, op. cit.*, p. 230 et seq.

[72] *Traité des contrats administratifs*, I, *op. cit.*, p. 121.

[73] Nos encontramos en presencia de estas consecuencias de una manera mucho más evidente cuando el contrato es ratificado por la vía legislativa, según la jurisprudencia del C.E., 23 de enero de 1959, Mayer et Waitz, p. 57. Ver también A. de Laubadère, F. Moderne, P. Delvolvé, ibid., p. 117, cit. 79.

[74] Según las observaciones de DEWOST et DENOIX DE SAINT MARC, *AJDA*, 1969, p. 429, así como las de Y. MADIOT, *Aux frontières de l'acte unilatéral et du contrat, op. cit.*, p. 230.

go, la práctica ha demostrado que la anulación del acto separable por medio de un recurso por abuso de poder no ha sido un obstáculo jurídico.

En el derecho administrativo alemán moderno, se hace distinción entre dos casos de actos administrativos que son promulgados con la participación del administrado: el acto administrativo que presupone la participación del administrado, previa o posteriormente, en el sentido que esta participación es una condición de sus consecuencias en derecho *(zustimmungsbedürftiger Verwaltungsakt)*. Mientras el administrado no ha dado su acuerdo, el acto no es ilegal, pero no produce efectos;[75] y el acto administrativo bajo sumisión *(Verwaltungsakt auf Unterwerfung)* que, aunque algunos lo consideran una reliquia del pasado,[76] y muy frecuentemente se le confunde con la primera categoría de actos arriba indicados, ha sido reconocido por el Tribunal Administrativo Federal alemán *(Bundesverwaltungsgericht)*,[77] tal como lo ha enseñado H.J. Wolff: se trata del acto en el que el acuerdo del administrado no constituye una condición para la operación del acto, sino su elemento base, parte integral de su *Tatbestand*. Cuando no existe el acuerdo del administrado participante, el acto es ilegal.[78]

Sería posible aplicar esta noción de acto administrativo bajo sumisión al concepto francés de concesión de servicio público: en esa eventualidad, se debería considerar al acto que incorpora el contrato, un acto administrativo unilateral, como el acto de concesión por excelencia, mientras que el contrato en sí debería entenderse como un procedimiento especial de participación que representa un elemento fundamental y constitutivo del *Tatbestand* del acto administrativo incorporador. Se podría sostener la exactitud de esta interpretación jurídica, especialmente porque, como se ha destacado anteriormente, en el derecho francés, el acto incorporador no es una condición para la operación, sino un elemento constitutivo (del *Tatbestand*) del contrato. Esta interpretación también sería muy útil para comprender mejor la relación entre contrato de concesión de un servicio público y acto administrativo. Sin embargo, hay dos problemas: primero, que el *Verwaltungsakt* es por definición propia un acto administrativo individual mientras que, en el derecho francés, aun si se considerara como acto de concesión al acto administrativo de aprobación, el carácter parcialmente normativo del acto está fuera de lugar; entonces, es indiscutible que esta interpretación jurídica desplaza toda la problemática en el ámbito del acto administrativo unilateral.

Si la diferencia que aparece entre el derecho francés y el derecho alemán con respecto al carácter normativo o individual del acto que constituye una manera de organizar un servicio público merece ser observada, la misma no debe considerarse extraña. Por el contrario, a los ojos de un jurista no familiarizado con el pensamiento jurídico francés, parece curioso que un contrato

---

[75]   H.J. WOLFF, O. BACHOF, *Verwaltungsrecht*, I, *op. cit.*, p. 403.
[76]   Por ejemplo H. U. ERICHSEN, W. MARTENS, *Allgemeines Verwaltungsrecht, op. cit.*, p. 206.
[77]   BVerwG, *DVBl*, 1969, p. 665, BVerwG, *DVBl* 1983, p. 810, 812.
[78]   H.J. WOLFF, O. BACHOF, *Verwaltungsrecht*, I, *op. cit.*, p. 408.

celebrado entre dos personas, una de las cuales es un particular, pueda ser la base de la organización y del funcionamiento de un servicio público. En verdad, todo se debe a la historia concreta, a la manera como se ha desarrollado el pensamiento administrativista y se ha concebido la organización y el funcionamiento de los servicios públicos en los dos países, Francia y Alemania, después de principios de siglo. No obstante, estas diferencias no tienen consecuencias radicales.

La concesión de servicio público debía, ya según la doctrina de Otto Mayer, basarse en la ley que, según el caso, o bien establecía por sí misma las condiciones de organización y funcionamiento del servicio, o bien delegaba esta competencia a la administración. La administración alemana no tuvo que enfrentar los problemas de ejecución del contrato que dieron origen a las doctrinas francesas. En el derecho administrativo alemán, la ley u otro acto normativo establecía de antemano las condiciones para la organización y funcionamiento de los servicios públicos; la ley o el acto normativo, por ende, también podría, modificar, de ser necesario, estas condiciones libremente según las normas del Estado de derecho. No había lugar para adentrarse en la filología jurídica que ha sido característica del derecho administrativo francés en el ámbito de los contratos de la administración.[79]

También es necesario señalar que el derecho público alemán de la época de la monarquía constitucional nos dejó, como recuerdo del pasado, una diferenciación muy importante del derecho en derecho *(Recht)* exterior *(außen-)* e interior *(innen-)*. El principio de la doble legitimidad del orden constitucional, que es propio de esta fase del desarrollo del Estado, conducía a la consideración, que puede ser la ampliación de la lógica de lo que se llama Estado policial *(Polizeistaat)*, según la cual la administración pertenece al dominio del monarca: este podrá organizarla como un conjunto de normas basadas en su propia legitimidad, con el derecho interno, o sea, las normas de funcionamiento interno de la administración, es decir, un sistema de normas independientes de aquellas formuladas por el Parlamento, el otro polo de legitimidad constitucional. Se consideró que este sistema de normas, por ser interno, no se aplicaba a terceros, ya que las circulares constituían la forma principal de crear el derecho interno.[80]

Esta doctrina sobrevivió en la Ley Fundamental de Bonn,[81] que planteó el principio según el cual la organización y el funcionamiento de los servicios públicos están dentro de la competencia de la ley.[82] Esta posición es más clara

---

[79] Ver la jurisprudencia del Consejo de Estado de la cit. 67.

[80] Ver los análisis muy pertinentes de D. JESCH, *Gesetz und Verwaltung, Eine Problemstudie zum Wandel des Gesetzmäßigkeitsprinzipes*, Tübingen, J.C.B. Mohr (P. Siebeck), 1961, p. 76 et seq. et 141 et seq.

[81] *Ibid.*, p. 92 et seq., et 213 et seq.

[82] Según el art. 86 § 2 GG, esta competencia pertenece al Gobierno «*cuando la ley no dispone otra cosa.*» La doctrina moderna interpreta esta disposición a favor de la ley, a la luz de la concepción moderna del principio de la reserva en favor de la ley. E. SCHMIDT-ASSMANN, Verwaltungsorganisation zwischen parlamentarischer Steuerung und exekutivischer Organisationsgewalt, *Festschrift für Hans Peter Ipsen*, Tübingen, J.C.B. Mohr (P. Siebeck), 1977, p. 333 et seq.

en las Constituciones de los *Länder*, a los que, por otra parte, incumbe la administración pública como competencia reservada.[83] Según la opinión predominante en el derecho constitucional alemán, la organización y el funcionamiento de los servicios no pueden ser objeto del derecho interno sino solo de la ley o de actos administrativos generales *(Allgemeine Verfügungen)*. Ahora bien, está claro que, en el derecho alemán, el acto de organización y de funcionamiento de un servicio público solo puede ser de naturaleza legal y normativa. Los actos administrativos generales de hecho constituyen, en el contexto del derecho administrativo alemán, el mejor sustituto del acto administrativo normativo del derecho administrativo francés, el elemento correctivo de la inexistencia de este último.[85]

Entonces, la primera pregunta, aquella que resulta del hecho de que el *Verwaltungsakt auf Unterwerfung*, tal como lo enseñó H.J. Wolff, es un acto administrativo individual, mientras que la concesión de servicio público es, en el derecho francés parcialmente de naturaleza normativa, por lo tanto, encuentra su respuesta. Tanto en el derecho francés como en el alemán, las reglas de organización y de funcionamiento de un servicio público son de carácter general y abstracto, o sea, normativo, y tienen su propia individualidad con relación al resto del acto de concesión. Este último es, en todo caso, de carácter individual. Tanto el *Verwaltungsakt* como el contrato constituyen normas individuales de derecho; el hecho de saber si esta relación jurídica estará basada en un contrato o en un acto administrativo individual es un asunto que depende del derecho positivo, es decir, de cada uno de los ordenamientos jurídicos. Por lo demás, la manera según la cual un acto jurídico concreto es entendido por el mundo jurídico también es una cuestión que no es ajena a la tradición jurídica de cada país. Es, entre otras cosas, debido a la tradición jurídica que en el derecho francés se habla más del contrato de concesión de servicio público, es decir, se pone el acento en la forma contractual del acto, en lugar de hablar de acto administrativo unilateral de concesión, es decir del acto de aprobación que incorpora el contrato. Este concepto permanece plenamente fiel a sí mismo, a pesar de la doctrina de Duguit y de su escuela, cuando admite, con razón, que el acto de concesión en su totalidad es, en lo que concierne a las relaciones entre las partes contratantes, de naturaleza pura y simplemente contractual. Si, por el contrario, la jurisprudencia desplaza el acento hacia el acto administrativo de aprobación del contrato, no habría más lugar para la teoría de la doble naturaleza, como tampoco para la teoría de los actos separables, concepto que lleva a la lógica jurídica a sus extremos con el fin de poder poner al contrato en tela de juicio mediante un procedimiento de protección extracontractual.

---

[83] Por ejemplo, según el art. 70 § 1 de la Constitución de Baden-Württemberg, «*la estructure, l'articulation dans l'espace et les compétences de l'administration étatique sont définies par la loi*». O. EMMELMANN, H. GERECTE, K. RÖMER, *Textbuch des Staats und Verwaltungsrechts Baden Württemberg*, 10e éd., Heidelberg, C.F. Müller, 1988, p. 22.

[85] El acto administrativo general también es conocido en el derecho administrativo griego. Ver P.D. DAGTOGLOU, *Droit administratif général, op. cit.*, p. 58 et 190 et seq.

El derecho administrativo griego se encuentra en una posición muy particular: por una parte, es rico en actos administrativos unilaterales que constituyen el acto final de procedimientos especiales que no carecen de inspiración contractual y que son clasificados entre los actos administrativos realizados con la participación del administrado;[86] por otra parte, nunca ha cuestionado la naturaleza contractual de los actos de concesión de servicios públicos. Sin embargo, se debe tener en cuenta algo que tiene su importancia:[87] en el derecho griego, el acto de concesión debe ser aprobado por la ley o por un acto administrativo unilateral según habilitación legislativa especial. Por ello, con razón se ha escrito que esta ley de aprobación no constituye una ley material sino una ley formal: de hecho, sustituye a un acto administrativo. Por último, es necesario también repetir en esta ocasión que, según todos los sistemas jurídicos y siempre, el acto que establece la concesión es, por su misma naturaleza, generador de una relación jurídica de derecho público.

De este análisis se desprende claramente la respuesta a la segunda pregunta, es decir la de saber si el acto de concesión es de naturaleza administrativa unilateral o contractual. La respuesta depende totalmente del punto de vista del estudio de la cuestión, de acuerdo a lo desarrollado en cada una de las ciencias jurídicas nacionales. En todos estos puntos de vista, hay un elemento que claramente siempre es común: la voluntad de todos de proteger el principio fundamental según el cual el ejercicio de la facultad normativa no puede ser el objeto de un contrato, de un modo general, en lo que concierne a las relaciones de la administración con terceros y, de un modo particular, en lo que concierne a las relaciones de la administración con el administrado contratante.

No obstante, es necesario observar que los problemas más generales de protección jurídica intervienen en este orden de ideas. El sistema de protección jurídica difiere según si el acto es contractual o unilateral. En caso de acto unilateral, los terceros no pueden cuestionarlo fácilmente por vía del recurso por abuso de poder ni en el marco de cualquier otro procedimiento; esta consideración adquiere una dimensión particular en el derecho administrativo alemán, porque este exige que el recurso esté basado en un derecho subjetivo de derecho público. Sería posible también señalar que, en caso de contrato, el tercero no está protegido debido a que el contrato es *res inter alios acta*.

En realidad, las cosas se presentan de otro modo; si se quiere ir a su fondo, la protección jurídica es la misma en ambas hipótesis: en la primera hipótesis, puesto que se ha admitido que existen actos administrativos individuales que producen efectos ante terceros, quienes por tanto tienen derecho a la protección jurídica.[88] El derecho administrativo alemán, por otra parte, ya

---

[86]   Ver S. Flogaitis, *Aspects contemporains d'interventionnisme économique, op. cit.*

[87]   Ver el Capítulo II, Sección II.

[88]   Y no solamente los actos administrativos individuales, sino también los contratos que producen efectos respecto a los intereses de terceros que son protegidos por la ley; es preciso que estos terceros den su consentimiento por escrito para que el contrato pueda producir sus efectos (§ 58, I VerwVfG),

enseñó la evolución del derecho subjetivo de derecho público en cuanto a su condición de admisibilidad, frente al interés legalmente protegido.[89] En la segunda hipótesis también, la teoría de los actos separables otorga a los terceros exactamente la misma protección contra el contrato celebrado, en su totalidad, es decir, incluso contra la parte no normativa del contrato.

De todas estas observaciones se desprende con certeza que el derecho sería más sencillo y más claro si se admitiera junto con Otto Mayer que el acto de concesión de servicio público es un *Verwaltungsakt auf Unterwerfung*, o, según la terminología francesa de Léon Duguit, un acto condición según el cual el administrado acepta, por sus propias razones, someterse a una condición legal y normativa. Esto, en lo que concierne a las reglas de organización y de funcionamiento de un servicio público. En lo que concierne al resto del acto, siempre es de contenido individual.

Por otra parte, debe señalarse aquí que el derecho alemán no reconoce al acto administrativo individual como único procedimiento para la concesión. El derecho conoce tres casos muy amplios de concesión, que incluso a veces exceden la lógica del servicio público, que adoptan la forma contractual y son considerados contratos de derecho privado.[90]

Otto Mayer planteó la idea de que el contrato de derecho público es inconcebible, dado que el contrato presupone dos sujetos con igualdad jurídica, quedando excluida la posibilidad de que uno de los contratantes sea de voluntad superpuesta:[91] si la administración celebra un contrato con administrados, una de dos: o bien se trata de un acto administrativo disfrazado, o bien el contrato es de derecho privado. El debate resultante pertenece de ahora en adelante a la historia del derecho, o mejor aún, a la historia del pensamiento jurídico. En todo caso, Otto Mayer no pudo dejar de cometer una falta, que además es explicable si se tiene en cuenta que estas nociones aún no se habían aclarado en su época:[92] no tomó en consideración a los contratos de

---

como será analizado en otra parte. P. Stelkens, H.J. Bonk, K. Leonhardt, *Verwaltungsverfahrensgesetz, Kommentar*, 3e éd., München, Beck, 1990, § 50; H.W. Laubinger, *Der Verwaltungsakt mit Doppelwirkung*, Göttingen, O. Schwartz, 1967; W. Skouris, *Verletztenklagen und Interessentenklagen im Verwaltungsprozess*, Köln, Berlin, Bonn, München, Heymann, 1979.

[89] Según la teoría conocida como *neue Schutznormlehre*. Ver E. Schmidt Assmann, Art. 19 Abs IV; Th. Maunz, G. Dürig, R. Herzog, *Grundgesetz, Kommentar*, München, Beck, Band II, 1990, y más particularmente la p. 69 et seq. Ver también, H. Bauer, Altes und Neues zur Schutznormtheorie, *AöR*, 1988, p. 582 et seq.

[90] Ver W. Jellinek, *Verwaltungsrecht*, 3e éd., 1931 (reimpresión: Bad Homburg, Gehlen, 1966), p. 526 et seq. En derecho moderno: N. Achtenberg, G. Püttner, *Besonderes Verwaltungsrecht*, Band I, Heidelberg, C.F. Müller, 1990, p. 202 et seq. (Die konzessionsverträge); U. Bauermeister, *Ökonomische und administrative Probleme der kommunalen Konzessionabgabe*, Frankfurt am M. Lang, 1984; G. Püttner, *Das Recht der kommunalen Energieversorgung, Zur Problem der besonderen öffentlichen Aufgaben der Gemeindeunternehmen*, Stuttgart, Berlin, Köln, Mainz, Kohlhammer, 1967.

[91] Ver supra.

[92] La jurisprudencia del Consejo de Estado *Storch* (ver supra) por ejemplo, es de 1905, mientras que la edición francesa del libro de O. Mayer, que no es la primera ya que ella es posterior a la edición alemana, solo comenzó en 1903 para completarse en 1906, es decir, demasiado temprano para tomar en consideración los desarrollos que debieron tener lugar en el derecho administrativo francés.

adhesión,[93] pero sobre todo, no conoció la teoría ni la jurisprudencia francesas sobre la doble naturaleza del acto de concesión, según la cual el acto opera como contrato en las relaciones entre partes contratantes, con la consecuencia de que cada expresión de voluntad superpuesta en realidad tiene su origen en las cláusulas estipuladas por las partes. Esta opinión tampoco tomó en cuenta el hecho de que la ley puede ser el fundamento de actividades contractuales también en el marco del derecho público.

La verdad de esta última observación encuentra su consagración histórica en las leyes francesas y griegas que prevén al contrato como una de las formas de ejercer la administración, al igual que en las leyes alemanas de procedimiento administrativo no contencioso (*Verwaltungsverfahrensgesetze*), según las cuales el contrato que crea una relación jurídica de derecho público es administrativo (de derecho público).

Sin embargo, el adoctrinamiento de generaciones enteras de juristas alemanes con las ideas de Otto Mayer tuvo como resultado la deformación del pensamiento jurídico: así, el contrato de derecho público es aceptado inconscientemente como sustituto del acto administrativo concebido a la manera alemana, y se excluyen esferas enteras de la actividad administrativa del ámbito de la doctrina del contrato administrativo puesto que se considera que pertenecen al ámbito del derecho privado. Esta es la razón por la que la doctrina debe volver a examinar la naturaleza jurídica de todos los contratos y redefinir su naturaleza intrínseca. La ley que rige cada actividad de la administración y, en consecuencia, todo contrato que esta haya celebrado, tiene la posibilidad de darle visos con características de derecho público o de derecho privado.

Sección II
Los límites de la actividad contractual de la administración

¿Puede la administración utilizar indistintamente la forma contractual en paralelo a la del acto administrativo unilateral? ¿Posee la administración la facultad discrecional de elegir libremente los medios de acción? En ciertos casos, la respuesta a estas preguntas es fácil: la administración solo puede confiar al administrado la realización de una obra pública por la vía contractual cuando la legislación vigente no conozca más vías que la contractual. En este ejemplo, el procedimiento contractual es la única vía posible para la administración. Esta pregunta es una de las más importantes en el derecho público, ya que conduce al corazón mismo del poder público y de los órganos que lo asumen. La misma también está directamente vinculada a las consecuencias provocadas por los contratos administrativos celebrados, aunque no hayan sido posibles.

---

[93] El concepto de contrato de adhesión se debe a Saleilles (*De la déclaration de volonté*, 1901), 1983, p. 62 et seq.; G. Berlioz, *Le contrat d'adhésion*, 2e éd., Paris, LGDJ (Bibliothèque de droit privé), 1976, *op. cit.*, p. 327. Ver también K. Xypolias, *Le contrat obligatoire* (en griego), Athènes, 1971.

En primer lugar, es necesario aceptar que la administración pública está privada de la libertad contractual *(Vertragsfreiheit)*: no tiene la posibilidad de basar derechos y obligaciones mutuos en la coincidencia de declaraciones de voluntad, como tampoco la libertad ilimitada de decidir si un contrato debe ser celebrado, y cuál debería ser su contenido.[94] Por consiguiente, la administración no se caracteriza por el principio de la autonomía de la voluntad privada *(Privatautonomie)*, es decir, la libre determinación, según su voluntad, del contenido de las relaciones jurídicas que ella crea.[95] La administración es, de hecho, un poder permitido, es decir, que existe y funciona en la medida en que se lo permiten la Constitución y la ley que, ni el derecho francés ni el alemán ni el griego, parecen haberle concedido esa potestad. Además, el principio de la autonomía de la voluntad privada, como parte integrante del principio más general de la autodeterminación de los hombres *(Selbstbestimmung der Menschen)*, que está garantizado constitucionalmente a nivel de los derechos del hombre, no abarca a los organismos que ejercen el poder público.[96] Por el contrario, el cocontratante de la administración está regido por el principio de la libertad contractual; la expresión de su voluntad constituye una aplicación particular del principio de la autonomía de la voluntad privada, sin duda bien determinada por los límites a los que se somete la voluntad de la administración contratante.[97]

El derecho general de la administración a utilizar libremente el procedimiento contractual en la misma medida que el acto administrativo unilateral no es reconocido ni en el derecho francés ni en el derecho griego. En estos sistemas jurídicos, ya desde el siglo pasado, reconocer a la administra-

---

[94] P. BADURA, *Staatsrecht*, München, Beck, 1986, p. 79. Se trata no obstante de una opinión general de la ciencia alemana que no parece haber sido desmentida por otras ciencias nacionales y cuya adecuación debe admitirse. *Cf.* E. SCHMIDT-ASSMANN, W. KREBS, *Rechtsfragen städtebaulicher Verträge, Vertragstypen und Vertragsrechtslehre, Schriftenreihe «Forschung» des Bundesministeriums für Raumordnung, Bauwesen und Städtebau*, Heft 460, 1988, p. 76; H.-U. ERICHSEN, W. MARTENS, *Allgemeines Verwaltungsrecht, op. cit.*, p. 289 et seq.; W. KREBS, Konsensuales Verwaltungshandeln im Städtebaurecht, *DöV*, 1989, p. 969 et seq.; D. GÖLDNER, Gesetzmäßigkeit und Vertragsfreiheit im Verwaltungsrecht, *JZ*, 1976, p. 352 et seq.; F. VON ZEZSCHWITZ, Rechtsstaatliche und prozessuale Probleme des Verwaltungsprivatrechts, *NJW*, 1983, p. 1874 et seq.; P. STELKENS, H.J. BONK, K. LEONHARDT, *Verwaltungsverfahrensgesetz, op. cit.*, par. 54, no 4 et seq.; H.J. KNACK, *Verwaltungsverfahrensgesetz, Kommentar*, 3e éd., Köln, Berlin, Bonn, München, Heymanns Verlag, 1989, par. 54, no 7 et seq.; K. OBERMAYER, D. EHLERS, CHR. LINK, *Kommentar zum Verwaltungsverfahrensgesetz*, 2e éd., Neuwied und Frankfurt, 1990, p. 828 et seq.; F.O. KOPP, *Verwaltungsverfahrensgesetz*, 3e éd., München, Beck, 1983, p. 820 et seq. En sentido contrario: P.-M. EFSTRATIOU, *Die Bestandskraft, op. cit.*, p. 167 et seq.

[95] Sobre el sentido del principio de la autonomía de la voluntad privada, ver M. STATHOPOULOS, *Droit général des obligations*, II, *op. cit.*, p. 46 et seq.; W. FLUME, *Allgemeiner Teil des bürgerlichen Rechts*, Band 2: *Das Rechtsgeschäft, op. cit.*, p. 6 et seq.

[96] E. SCHMIDT-ASSMANN, W. KREBS, *Rechtsfragen städtebaulicher Verträge, op. cit.*, p. 77; P. KIRCHHOF, *Verwalten durch «mittelbares» Einwirken*, Köln, Berlin, Bonn, Heymann, 1977, p. 332: «La libertad de contrato, sencillamente, no es un bien protegido por la Constitución. Pero es un dato esencial de la estructura legislativa actualmente en vigor relativa al ejercicio de los derechos según los artículos 14 y 12 de la Ley Fundamental». *Cf.* BVerfGE 61, 82, 109.

[97] E. SCHMIDT-ASSMANN, W. KREBS, *Rechtsfragen städtebaulicher Verträge, op. cit.*, p. 78 et seq.; W. RÜFNER, *Formen öffentlicher Verwaltung im Bereich der Wirtschaft*, Berlin, Duncker und Humblot, 1967, p. 387.

ción la posibilidad de celebrar contratos administrativos ha llevado a la inversión de la problemática: la cuestión se plantea únicamente en cuanto a los límites de la administración, en cuanto a los límites de su libertad para utilizar la forma contractual.[98] Por el contrario, el derecho alemán determina positivamente la facultad de la administración para celebrar contratos administrativos. De acuerdo al párrafo 54 VwVfG, «una relación jurídica en el ámbito del derecho público puede ser creada, transformada o derogada mediante un contrato (contrato de derecho público), con la condición de que no esté prohibido por las disposiciones legales *(Rechtsvorschriften)*». La administración además puede celebrar un contrato en lugar de realizar el acto administrativo unilateral.

De hecho, esta disposición solo concierne a los actos administrativos individuales, debido a que la disposición en cuestión hace mención al término *Verwaltungsakt;*[99] pone fin a un debate que ha enfrentado a los publicistas alemanes durante un siglo,[100] pero también establece una norma de habilitación muy general con respecto a la administración. Parece que la administración puede elegir libremente sus formas de actuar en derecho público, en la medida en que no choquen con una disposición legal contraria. Sin embargo, por lo general, se acepta que esta posibilidad de administración no se sitúa al nivel del derecho sustantivo, sino al nivel del derecho procesal: la administración dispone de la libertad de elegir el medio, la forma del acto por el cual buscará satisfacer el interés general, pero únicamente en la medida en que lo permita el derecho sustantivo.[101] Consiste mucho más en una declaración de principio que, por lo tanto, es capaz de sostener la competencia de la administración; por otra parte, no se trata de una respuesta a la pregunta de saber concretamente los casos en los que la vía contractual está abierta a la búsqueda de la satisfacción del interés general. No obstante, en el derecho francés, como en el alemán, uno está obligado, al mismo tiempo que se abordan las hipótesis de la permisibilidad, a limitar también las de la no-permisibilidad del contrato.

---

[98] *Cf.* A. DE LAUBADÈRE, F. MODERNE, P. DELVOLVÉ, *Traité des contrats administratifs, op. cit.,* p. 44 et seq.: «*Chapitre II, Des matières ou objets qui échappent au contrat*». Ver también J. MOREAU, *Droit administratif, op. cit.,* p. 258 et seq.: «*I, Les domaines interdits au contrat*», y especialmente en el mismo, *De l'interdiction faite à l'autorité de police d'utiliser une technique d'ordre contractuel, Contribution à l'étude des rapports entre police administrative et contrat, AJDA,* 1965, p. 3 et seq.

[99] Se entiende por *Verwaltungsakt* el acto administrativo unilateral individual y ejecutorio del derecho griego o francés. *Cf.* P.D. DAGTOGLOU, *Droit administratif,* I, *op. cit.,* p. 173 et seq.; E. SPILIOTOPOULOS, *Manuel de droit administratif, op. cit.,* p. 92. Sobre la noción de *Verwaltungsakt,* ver especialmente H.-U. ERICHSEN, W. MARTENS, *Allgemeines Verwaltungsrecht, op. cit.,* p. 171 et seq.; H. MAURER, *Allgemeines Verwaltungsrecht,* 7e éd., München, Beck, 1990, par. 9.

[100] Para un informe razonado de este debate, ver P.-M. EFSTRATIOU, *Die Bestandskraft des öffentlichrechtlichen Vertrags, Eine vergleichende Untersuchung zum griechischen, französischen und insbesondere deutschen Verwaltungsvertragsrecht, op. cit.,* p. 109 et seq.

[101] E. SCHMIDT-ASSMANN, W. KREBS, *Rechtsfragen städtebaulicher Verträge, op. cit.,* p. 80; K. OBERMAYER, D. EHLERS, CHR. LINK, *Kommentar zum Verwaltungsverfahrensgesetz, op. cit.,* p. 827 et seq.; H.J. KNACK, *Verwaltungsverfahrensgesetz, op. cit.,* par. 54, no 61; P. STELKENS, H.J. BONK, K. LEONHARDT, *Verwaltungsverfahrensgesetz, op. cit.,* par. 54, no 4; F.O. KOPP, *Verwaltungsverfahrensgesetz, op. cit.,* p. 815 et seq.

La administración no puede realizar por la vía contractual aquello que tampoco puede hacer mediante un acto administrativo unilateral, excepto si la forma contractual es impuesta por la ley. La administración no puede por tanto exceder los límites impuestos por el principio de legalidad en el ejercicio local, funcional o temporal de sus competencias. La competencia tiene una base legal y la administración no puede dejar de respetar las normas al utilizar la vía contractual, debiéndose conformar a tales normas en el ejercicio de su competencia para promulgar actos administrativos unilaterales.[102] Será necesario incluir entre las normas que determinan la competencia a las del derecho presupuestario que describen la manera exacta como deben hacerse los gastos públicos. El gasto público es más característico de un procedimiento contractual que de un procedimiento unilateral, por lo que requiere una atención particular. Finalmente, la administración no puede vender un acto administrativo a un particular mediante un contrato, es decir, que no puede ejercer legalmente su poder público con el *único* objetivo de obtener lucro, excepto si esto estuviera expresamente previsto en la ley, debido a que la razón de ser de los poderes públicos es la satisfacción del interés general.[103]

La norma según la cual la administración contratante debe respetar las fuentes constitucionales de los principios de legalidad y de competencia es una aplicación especial de estas consideraciones. El contrato debe por tanto constituir una aplicación concreta del principio del Estado de derecho, de justicia y de seguridad jurídica que todo ordenamiento jurídico necesita;[104] al mismo tiempo, no puede referirse a una actividad que no sea administrativa y, en especial, a las funciones legislativas y judiciales. El principio de proporcionalidad,[105] que es reconocido constitucionalmente en el derecho alemán y constituye un principio general de derecho administrativo en el derecho francés y griego, tiene una importancia particular dentro de la doctrina del contrato administrativo puesto que la falta de observar este principio da lugar a riesgos

---

[102] Estos principios son aplicaciones concretas del principio de legalidad.

[103] Por consiguiente, aun cuando la Administración utiliza al contrato como modo de acción administrativa con contrapartida económica de parte del cocontratante porque la ley lo permite, el único fin del contrato es la satisfacción del interés público. El contrato administrativo que no busca exclusivamente la satisfacción del interés público se celebra con abuso de poder. Estas consideraciones valen igualmente para los casos en que el contrato es de derecho privado, es decir, cuando el Estado procede a una operación en cuanto que *fiscus*. En este ámbito también de actividad transaccional de la Administración, el fin exclusivo de la acción de la autoridad administrativa es la satisfacción del interés público, porque este es el fin que determina la razón de ser de la autoridad administrativa.

[104] P. STELKENS, H.J. BONK, K. LEONHARDT, *Verwaltungsverfahrensgesetz, op. cit.*, par. 54, no 3, 47, 57. F.O. KOPP, *Verwaltungsverfahrensgesetz, op. cit.*, p. 830 et seq. En sentido contrario, H.J. KNACK, *Verwaltungsverfahrensgesetz, op. cit.*, par. 54, no 7, para que estos principios generales no puedan ser considerados «disposiciones jurídicas prohibitivas» (*entgegenstehende Rechtsvorschriften*), incluso si la vinculación de la Administración con la Constitución y la ley y según el artículo 20 par. 3 de la Ley Fundamental constituye un límite a la libertad de los contratos.

[105] *Verhältnismäßigkeit*, al igual que el principio de prohibición de la acción excesiva (*Übermaßverbot*). Ver P. STELKENS, H.J. BONK, K. LEONHARDT, *Verwaltungsverfahrensgesetz, op. cit.* BVerfGE 6,349 16,201 17,117 et 314/55. C.E., 28 de mayo de 1971, *Ville nouvelle Est, Grands Arrêts, op. cit.*, no 109, y G. BRAIBANT, *Le droit administratif français, op. cit.*, p. 231 et seq.; P.D. DAGTOGLOU, *Droit administratif général, op. cit.*, p. 299 et 135; E. SPILIOTOPOULOS, *Manuel de droit administratif, op. cit.*, p. 488 et seq., donde se encuentra también la jurisprudencia específica.

muy específicos con respecto al administrado, sobre la base de su participación en la realización del acto.

El principio de legalidad es amenazado particularmente por la utilización del procedimiento contractual como forma de administrar.[106] Esto se debe más que nada al hecho de que el acto administrativo unilateral es, por su propia naturaleza, más convincente en cuanto al tratamiento igualitario de los administrados; pero, más aún, al hecho de que el contrato simboliza por excelencia en derecho la idea de compromiso, de la coincidencia del «do» y del «des» o «facies», y que es fácil deslizarlo hacia la creación de una situación de tratamiento ilegal. Por lo tanto, tradicionalmente se distinguen los contratos que crean derechos y obligaciones para una de las partes o para las dos a la vez *(einseitig, gegenseitig verpflichtende Verträge)*. Una aplicación muy particular de esta problemática se desarrolla en el seno del derecho fiscal. Antes de la introducción de la *Verwaltungsverfahrensgesetz (VwVfG) (Ley de Procedimiento Administrativo)*, se sostenía en el derecho alemán que estos contratos entre Estado y administrados, que constituyen una desviación de los principios de igualdad, generalidad y justicia en la imposición fiscal,[107] son imposibles cuando no se basan en una disposición legislativa expresa. El derecho francés ha llegado a la misma solución, porque se habla de la inalienabilidad del poder fiscal, a cuyo principio solo la ley puede dar excepciones si se desea respetar el principio de igualdad.[108] La diferencia entre ambas concepciones consiste en la aceptación de la técnica contractual de una manera general o no, mientras el Estado procede a un tratamiento fiscal particular de un administrado, junto con el reconocimiento conceptual de la posibilidad de que el Estado utilice la técnica contractual. Según el clásico fallo *Dreyfus* del Tribunal de Casación,[109] «la percepción de los impuestos interesa esencialmente al orden público; por lo tanto, no puede ser materia de un contrato». Por ende se ha sostenido[110] que, incluso cuando la ley o el acto administrativo prevé la posibilidad de un tratamiento fiscal especial por la vía contractual, e incluso si el administrado contratante acepta contra-obligaciones ante la administración, este administrado realmente se coloca dentro de un régimen jurídico y normativo; este régimen hace que el acto celebrado deba ser entendido como acto-

---

[106] «Por otra parte, el principio de igualdad (*Gleichheitsgebot*) y el principio de prohibición de lo arbitrario pueden ser disposiciones jurídicas prohibitivas» (*cf.* BVerfGE 1,52 23,60 36,187). P. Stelkens, H.J. Bonk, K. Leonhardt, *Verwaltungsverfahrensgesetz, op. cit.*, par. 54, no 47; H. Paulick, Steuervereinbarungen und Vergleiche in Steuerrecht, *JuS*, 1966, 21.

[107] *Allgemeinheit der Besteuerung, Gleichmäßigkeit und Gerechtigkeit der Besteuerung*, H.J. Knack, *Verwaltungsverfahrensgesetz, op. cit.*, par. 54, no 8.

[108] G. Timsit, *Les contrats fiscaux*, D. 1964, chron., p. 115; P. Delvolvé, *Le principe d'égalité devant les charges publiques*, Thèse, Paris, 1966, et Paris, LGDJ, p. 91 et seq.; G. Morange, *La règle de l'égalité devant l'impôt*, D. 1951, chron., p. 103; A. de Laubadère, F. Moderne, P. Delvolvé, *Traité des contrats administratifs, op. cit.*, p. 49 et seq.

[109] Tribunal de Casación, Sala Civil, 13 de marzo de 1895, *Dreyfus*, S. 1895.1, p. 465, nota Wahl. Ver también A. de Laubadère, F. Moderne, P. Delvolvé, *ibid.*, p. 50, donde se notan las divergencias y matices de la jurisprudencia más reciente, y en particular del fallo del Tribunal de Casación, Sala Civil, del 14 de junio de 1946, *Sté Brasserie Argentine Quinies*, D. 1947.J., p. 425, nota G. Morange.

[110] A. de Laubadère, F. Moderne, P. Delvolvé, *ibid.*, p. 50.

condición. Es cierto que, por las razones ya expuestas, la doctrina debe ser muy reservada respecto a la aceptación del contrato dentro del ámbito del derecho fiscal. Y, de hecho, el Consejo de Estado ha aceptado el recurso por abuso de poder contra los actos de apariencia contractual que ha considerado como actos administrativos unilaterales.[111] Pero no se puede negar que la ley tiene la posibilidad de imponer el contrato como medio de acción administrativa en materia fiscal. La *Verwaltungsverfahrensgesetz*, con la generalidad de su reglamentación, constituye el ejemplo de ello por excelencia.[112]

Existen casos en los que la imposibilidad de recurrir al procedimiento contractual resulta de la ley, que determina que, en un caso específico, la administración debe actuar en forma unilateral. Por lo tanto, se ha decidido[113] que todo contrato celebrado es ilegal cuando, según la ley, la delimitación del ámbito público natural se hace mediante actos unilaterales de la administración y, en especial, mediante órdenes de delimitación. Esta cuestión cobra una dimensión muy especial en el derecho alemán. Se considera con razón que en lo que se refiere a las fuentes de legalidad puestas en vigor después de la VwVfG, el contrato es una forma igual al acto administrativo unilateral, excepto si esto está excluido expresamente por la misma disposición de esta fuente de legalidad,[114]

---

[111] *Cf.* C.E., 28 de junio de 1961, *Compagnie générale*, p. 443, C.E., 24 de marzo de 1956, *Etablissements Motte et Porisse*, p. 144, etc.

[112] Como lo admitió acertadamente la doctrina alemana, desde antes de la entrada en vigor del *Verwaltungsverfahrensgesetz*, en los casos en que la ley estaba clara al respecto. Este es también el derecho aplicado después de que esta ley entró en vigor, que puede resumirse en que el contrato no está permitido en derecho de finanzas públicas cuando la misma ley fiscal no lo contempla: ver P. STELKENS, H.J. BONK, K. LEONHARDT, *Verwaltungsverfahrensgesetz, op. cit.*, par. 54, no 58; H.J. KNACK, *Verwaltungsverfahrensgesetz, op. cit.*, par. 54, no 8 et seq.; F.O. KOPP, *Verwaltungsverfahrensgesetz, op. cit.*, p. 831; K. TIPKE, J. LANG, *Steuerrecht*, 12e éd., Köln, Schmidt, 1989, p. 37 et seq.; W. SCHICK, *Vergleiche und sonstige Vereinbarungen zwischen Staat und Bürger im Steuerrecht*, München, Beck, 1967. Este postulado aún tiene validez incluso cuando se utilizan medios relevantes del derecho privado: BGH, *DöV*, 1976, p. 854. Pero se considera que el contrato es un medio permitido para ejercer la administración en el ámbito del derecho fiscal cuando se trata de un contrato bilateral bajo el cual las partes, mediante concesiones mutuas, llegan a un acuerdo después de una evaluación cuidadosa de los datos, reales y jurídicos, de un aspecto desconocido. (*Vergleichsvertrag*) según el artículo 55 del VferG.

[113] C.E., 30 de junio de1975, *Leverrier*, p. 382. Ver también C.E., 25 de noviembre de 1921, *Société «Les Savonneries Henri Olive»*, *RDP*, 1922, p. 107, concl. Rivet, donde se decidió que el uso del medio contractual era ilícito, porque la ley que prohibía la importación de mercancías extranjeras permitía excepciones que serían acordadas por decisiones especiales. Además: C.E., 2 de marzo d 1973, *Syndicat national du commerce en gros des équipements, pièces de rechange et outillage*, p. 181, *AJDA*, 1973, p. 323, concl. Braibant, nota de Vier, y C.E., 23 de octubre de 1974, *Valet*, p. 500, *AJDA*, 1975, p. 364, nota de Vier, donde, independientemente de los demás considerandos sobre los que se basaron las decisiones del Consejo de Estado, se trató de la aplicación de una disposición (art. 1 de la ordenanza del 30 de junio de 1945) según la cual la fijación de los precios se hace mediante resoluciones tomadas por las autoridades administrativas competentes.

[114] H.J. WOLFF, O. BACHOF, *Verwaltungsrecht I, op. cit.*, p. 346; H.-U. ERICHSEN, W. MARTENS, *Allgemeines Verwaltungsrecht, op. cit.*, p. 324. Se trata del caso en el que, después de la entrada en vigor del *Verwaltungsverfahrengesetz*, la ley exige para la reglamentación de una relación jurídica o de una situación por parte de la Administración, un *Bescheid*, o una *Verfügung*, o un *Erlaubnis*, o una *Genehmigung*. Ver, además, F.O. KOPP, *Verwaltungsverfahrensgesetz, op. cit.*, p. 832; P. STELKENS, H.J. BONK, K. LEONHARDT, *Verwaltungsverfahrensgesetz, op. cit.*, par. 54, no 51; G. PÜTTNER, *Allgemeines Verwaltungsrecht*, Düsseldorf, Werner, 1983, 6e éd., p. 104 et seq.

o por otras razones. Pero en lo que concierne a las fuentes de la legalidad que estaban en vigor antes de la fecha de la VwVfG, será necesario interpretar cada vez la verdadera voluntad del legislador de excluir o de permitir el contrato como forma válida.[115] Por último, también se deberá aceptar que en los tres sistemas jurídicos, francés, alemán y griego, las disposiciones que implican la forma unilateral deben ser interpretadas de manera restrictiva.

En los casos en que la ley no prevé la prohibición de la forma contractual directa o indirectamente, es posible deducirlo de la doctrina o la jurisprudencia. En derecho francés se acepta que la organización de los servicios públicos incumbe a la competencia de la administración, la cual no puede ser exonerada del ejercicio de su competencia.[116] De ello se deriva la imposibilidad de utilizar la forma contractual en este ámbito y de privar a la administración de su competencia. Esto no le quita su derecho de conceder un servicio público a particulares por la vía contractual, pero por otra parte, esto no le permite privarse de su competencia de intervenir en todo momento y de transformar de manera unilateral y soberana, respecto a su cocontratante, la organización y el funcionamiento del servicio público concedido.[117] La misma norma debe ser aceptada en el seno del derecho alemán y griego, en los que esta facultad de la administración resulta de su posición garantizada constitucionalmente, bajo condición de que ella respete las fuentes de la legalidad.[118] El derecho griego, en su concepción muy estrecha del principio de la legalidad, de hecho, exige una habilitación legislativa expresa para el ejercicio de ese derecho de la adminsitración.[119]

---

[115] H.-U. Erichsen, W. Martens, *Allgemeines Verwaltungsrecht, op. cit.*, p. 324; V. Götz, Hauptprobleme des verwaltungsrechtlichen Vertrages, *JuS*, 1970, 1, p. 3 et seq.

[116] Ver P. Duez, *Indépendance des autorités législatives et réglementaires*, Thèse, Lille, 1914, p. 275; A. de Laubadère, F. Moderne, P. Delvolvé, *Traité des contrats administratifs I, op. cit.*, p. 46. De acuerdo con la jurisprudencia, la competencia de dictar las reglas de organización de un servicio público recae en principio, es decir, si no ha sido especialmente previsto de otro modo, sobre el jefe de servicio. Esta opinión fue consagrada definitivamente por el fallo del C.E., del 7 de febrero de 1936, *Jamart*, p. 172, S. 1937, 3, p. 113, nota Rivero, *Grands Arrêts, op. cit.*, no 57. Según la jurisprudencia, las reglas de organización del servicio siempre se toman bajo la forma de actos unilaterales con carácter normativo de la Administración. Ver C.E., 18 de marzo de 1977, *Chambre de commerce de la Rochelle*, p. 153, concl. Massot. En lo que respecta a los servicios estatales, esta competencia recae en el gobierno y no en el Parlamento. Ver también C.E., 24 de enero de 1973, *Syndicat national des conseillers du développement agricole*, p. 59: «Corresponde al Gobierno, según el artículo 37 de la Constitución, velar por la organización de los servicios públicos que crea el legislador, por todos los medios apropiados». Ver en este sentido: J. Moreau, *Droit administratif, op. cit.*, p. 323 et seq. En realidad, el artículo 37 de la Constitución de 1958 dio una cobertura constitucional al principio jurisprudencial que ya había sido trabajado por la jurisprudencia (potestad normativa autónoma). C.E., 8 de agosto de 1919, *Labonne, Grands Arrêts*, no 39. Desde luego, el ejercicio de esta competencia está sujeto a la Constitución y a los principios del derecho administrativo: ver, en especial, G. Braibant, *Le droit administratif français, op. cit.*, p. 206 et seq.; J. Rivero, *Droit administratif, op. cit.*, p. 67. En lo referente al derecho alemán, ver arriba, el Capítulo I, sección I, y en especial las notas 75-79.

[117] Idea que constituye la base de la jurisprudencia y de la doctrina conocida como «hecho del príncipe.»

[118] Tal como este principio es entendido por cada uno de estos derechos. Ver más adelante, el mismo capítulo y sección.

[119] Ver en especial E. Spiliotopoulos, *Questions de compétence réglementaire*, Athènes, *op. cit.*

Una aplicación concreta de estas ideas puede encontrarse en la jurisprudencia francesa, según la cual todo contrato que limite el campo de ejercicio de los poderes de policía de la administración es ilegal.[120] Dentro del marco de esta doctrina, se plantean dos preguntas: ¿en qué medida está limitada la administración, en el ejercicio de sus competencias de policía, por las obligaciones que ella ha estipulado con respecto a particulares mediante contratos? ¿es posible que las competencias de policía se ejerzan por la vía contractual?

La primera pregunta nos lleva a la manera correcta de entender lo que corrientemente se denomina *el hecho del príncipe:*[121] mediante un contrato, un prefecto ha concedido el funcionamiento de los transportes urbanos a una compañía de tranvías. Más tarde, tomó una decisión mediante la cual decretó las condiciones de protección de los usuarios y, de modo más general, reglamentó el ejercicio de los transportes urbanos poniendo especial atención en las intersecciones con la vía del ferrocarril local.[122] La doctrina concluyó, a partir de la controversia suscitada por esta reglamentación, que la jurisprudencia se había basado, de hecho, en el derecho inalienable de la administración de determinar de manera unilateral la organización y funcionamiento de un servicio público; ciertamente, se trataba de una aplicación concreta del principio que la jurisprudencia seguiría fielmente, según el cual la administración no puede ser limitada en el ejercicio de su poder de policía: «las estipulaciones contractuales no podrán paralizar el ejercicio de los poderes de policía».[123]

Sin embargo, el libre ejercicio de los poderes de policía no significa que la administración no esté obligada a indemnizar a su concesionario cocontratante que sufra un perjuicio como consecuencia de las medidas tomadas por la administración.[124] La jurisprudencia en el caso *Cie des chemins de fer de Bone-Guelma* se aplica no solo cuando se trata del ejercicio de una competencia de policía que deriva de leyes especiales, sino también cuando esta competencia se basa en una disposición de habilitación general. Por otra parte, la adminis-

---

[120]   Ver en particular: A. DE LAUBADÈRE, F. MODERNE, P. DELVOLVÉ, *Traité des contrats administratifs I, op. cit.,* p. 47 et seq.; J. MOREAU, *Droit administratif, op. cit.,* p. 258 et seq.; del mismo, *De l'interdiction faite à l'autorité de police d'utiliser une technique d'ordre contractuel, Contribution à l'étude des rapports entre police administrative et contrat, op. cit.,* p. 3 et seq.; H. RIPERT, *Des rapports entre les pouvoirs de police et les pouvoirs de gestion dans les situations contractuelles,* RDP, 1905, p. 5 et seq.

[121]   Como ha sido planteado el problema de modo acertado por J. MOREAU, *De l'interdiction faite à l'autorité de police, op. cit.,* p. 3.

[122]   Se trata del caso C.E., 4 de agosto de 1905, *Cie des chemins de fer de Bone-Guelma,* p. 770. Ver también C.E., 21 de marzo de 1910, *Cie générale française des tramways,* p. 216, concl. Blum, *Grands Arrêts, op. cit.,* no 25. J. MOREAU, *ibid.,* p. 3 et 4, nota 2, observa y estudia las dudas y la inestabilidad de la jurisprudencia en sus inicios en los fallos C.E., del 29 de abril de 1898, *Gille et Bellet, D.P.* 1899, II, p. 89 y C.E., 23 de enero de 1903, *Cie des chemins de fer économiques du Nord,* p. 62, concl. Teissier, S. 1904, III, p. 49, nota Hauriou.

[123]   J. MOREAU, *ibid.,* p. 3-4. En este punto será necesario prestar atención al enfoque contenido en la misma jurisprudencia, pero que nunca ha sido admitido de manera consciente ni acabada por la doctrina, relacionado con el poder de policía y el poder de organizar los servicios públicos, es decir, la jurisprudencia *Jamart* y la jurisprudencia *Labonne.* De hecho, la primera es una aplicación especial de la segunda. Ver más adelante.

[124]   J. MOREAU, *ibid.,* p. 5.

tración no puede dejar de observar sus obligaciones contractuales bajo pretexto de que está obligada a tomar medidas de policía, puesto que esta actitud constituiría un abuso de procedimiento y produciría la ilegalidad del acto.[125] De igual modo, los poderes de la administración en calidad de policía con respecto a su cocontratante no podrán ser más extensos que los aplicados a los demás administrados y, por lo tanto, cuando la administración interviene mediante medidas individuales, ella dispone de la libre elección de los medios de acuerdo con las normas establecidas por el principio de la legalidad. La administración puede hacer excepciones en favor de su cocontratante sin que la medida sea ilegal. «El derecho positivo se resume por lo tanto en este precepto: si la policía administrativa se ejerce en un ámbito en el que anteriormente se ha celebrado un contrato, esta circunstancia no modifica sus condiciones de ejercicio».[126]

La segunda pregunta concierne a la naturaleza misma de la función de policía, es decir, el hecho de saber si la unilateralidad es un elemento absolutamente característico del ejercicio de las competencias de policía. Del estudio de la jurisprudencia del Consejo de Estado se desprende claramente la imposibilidad absoluta que tienen las autoridades de policía de utilizar el contrato como medio para ejercer sus facultades, lo que equivale a su obligación de utilizar necesariamente el acto administrativo unilateral. En la decisión *Ville de Castelnaudary*, el Consejo de Estado ha juzgado «que la policía rural, por su propia naturaleza, no será confiada a agentes colocados bajo la autoridad directa de la administración; que al asignar la responsabilidad de este servicio a una federación de propietarios privados, el concejo municipal de Castelnaudary se excedió de sus facultades;»[127] el Tribunal por tanto anuló la decisión del concejo municipal que aprobó el contrato celebrado por el alcalde. La connotación concreta de esta jurisprudencia consiste en que el medio para la realización de los fines de la policía administrativa, el contrato, no era lícito.»[128]

Esta ilicitud no solo atañe a los contratos relativos al presente, sino también a aquellos conocidos como *pactos sobre decisiones futuras:* se trata de contratos mediante los que la administración se libera con antelación de toda responsabilidad (cláusula de no responsabilidad) por los perjuicios que pudiera causar en el ejercicio de sus competencias de policía.[129] Esta solución es

---

[125] J. MOREAU, *ibid.*

[126] «Esta conclusión ayuda a entender por qué la teoría del hecho del príncipe perjudicial siempre ha permanecido como una cuestión especial de los contratos administrativos y no se ha incorporado a una teoría de la policía administrativa. Desde este punto de vista, no presenta ningún rasgo original», J. MOREAU, *ibid.*, p. 6.

[127] C.E., 17 de junio de 1932, *Ville de Castelnaudary*, D. 1932.III, p. 26, concl. Josse; ver también C.E., 18 de diciembre de 1935, *Sieur Prade*, p. 1124, C.E., 10 de diciembre de 1962, *Association de pêche et de pisciculture d'Orléans*, p. 675.

[128] Como lo observa acertadamente J. MOREAU, *ibid.*, p. 8.

[129] Según la jurisprudencia del C.E., 3 de julio de 1914, *Payen*, p. 813, cuando se trata de un acto mediante el cual la autoridad de policía concede al administrado una autorización a condición de que este libere a la Administración de toda responsabilidad, este acto no constituye un verdadero

también aquella del derecho alemán que, en el marco del derecho que rige los abusos causados por la administración contra las libertades públicas *(Eingriffsverwaltung)*, que también comprende a la policía *(Polizei- und Ordnungsbehörde)*, acepta el principio de la legitimidad del contrato sobre la base de la cláusula general del párrafo 54 de la VwVfG, sin dejar de subrayar que la administración no se puede supeditar de antemano mediante un contrato respecto a su decisión de ejercer o no la función de policía; dicho de otro modo, la administración no puede disponer mediante contrato de su derecho de juzgar y decidir, llegado el caso, la manera como se enfrentará a los problemas de orden público y de seguridad *(Sicherheit und Ordnung)*.[130]

Se ha sostenido que la incompatibilidad entre policía y contrato se debía al principio de no reconocimiento de los derechos adquiridos en materia de policía.[131] Si esta opinión pretende explicar el carácter absoluto de esta incompatibilidad, no obstante, no podrá impedir una conclusión más general, que consiste en la incompatibilidad entre ejercicio del poder normativo y el contrato. Si la policía provocó el interés particular de la doctrina, ello se debe a su especificidad, lo que por lo demás conduce a la producción de una jurisprudencia; sin embargo constituye, en realidad, una aplicación especial de la norma más general según la cual la competencia, y especialmente la competencia normativa, es inalienable.[132]

La policía es por excelencia el terreno del ejercicio de la acción normativa de la administración.[133] Es normativa por naturaleza propia y constituye el

---

contrato y es anulable por desviación de poder. Pero según la jurisprudencia del C.E., 18 de enero de 1907, *Cie de la Sangha*, p. 43 et seq., cuando la causa de no responsabilidad de la Administración está comprendida en el contrato y destinada a librar a la Administración de la responsabilidad que resultaría de un mal funcionamiento de su actividad normativa, esta cláusula es válida contra el cocontratante. Frente a terceros, por el contrario, este tipo de cláusulas no son válidas porque son caracterizadas como *res inter alios acta*, J. Moreau, *ibid.*, p. 10 et seq. et 12 et seq. Ver también F.-P. Bénoit, *J.A.*, fasc. 731, no 89. Ver también C.E., 4 de octubre de 1961, *Veuve Verneuil*, p. 533 y C.E., 23 de mayo de 1958, *Amoudruz*, p. 301, *AJDA*, 1958, II, p. 309, nota Fournier y Cambarnous.

[130] P. Stelkens, H.J. Bonk, K. Leonhardt, *Verwaltungsverfahrensgesetz, op. cit.*, par. 54, no 55; V. Götz, *op. cit., JuS*, 1970, 1, p. 6; H. Rupp, Zum Anwendungsbereich des verwaltungsrechtlichen Vertrages, *JuS*, 1961, p. 59; OVG Münster OVGE 16, 12, OVG Lüneburg OVGE 16, 471. Los contratos que prevén el uso de medios de policía para alcanzar objetivos para los que tal uso no es posible según el derecho son ilegales: F.O. Kopp, *Verwaltungsverfahrensgesetz, op. cit.*, p. 831. *Cf.* P. Kirchhof, *Verwalten, op. cit.*

[131] J. Moreau, *De l'interdiction faite à l'autorité de police d'utiliser une technique d'ordre contractuel, op. cit.*, p. 13 et seq.

[132] Conclusión a la que llega el propio J. Moreau, en su obra *Droit administratif, op. cit.*, p. 260, donde escribió: «En realidad, el concepto de competencia está en la raíz de todas estas soluciones»; e invoca a la jurisprudencia del C.E., del 31 de marzo de 1989, *Département de la Moselle, RFDA*, 1989, p. 466, concl. Fornacciari, pero sin completar su idea atreviéndose a ir hasta la conclusión final.

[133] Ver en especial J.-L. Martres, *Caractères généraux de la police économique.* Thèse, Bordeaux, Tome I, 1964; D. Papanicolaïdis, *Introduction à la théorie générale de la police administrative*, Thèse, Paris, 1958; F. Vincent, *Le pouvoir de décision unilatérale des autorités administratives*, Thèse, Rennes, 1964; E. Picard, *La notion de police administrative*, Paris, LGDJ (prefacio Roland Drago), 2 vol., 1984; J. Rivero, *Droit administratif, op. cit.*, no 433 et seq.; K.H. Friauf, Polizei und Ordnungsrecht, *en:* Ingo von Münch, *Besonderes Verwaltungsrecht*, 8e éd., Berlin, New York, de Gruyter, 1985, p. 201 et seq.; H.J. Wolff, O. Bachof, *Verwaltungsrecht III*, 4e éd., München, Beck, 1978, p. 1 et seq.; V. Götz, *Allgemeines Polizei- und Ordnungsrecht*, 9e éd., Göttingen, Vanderhök und Ruprecht, 1988; F.-L. Knemeyer, *Polizei und Ordnungsrecht*, München, Beck, 1990.

embrión que hizo nacer la administración pública moderna. Esto es tanto más cierto cuanto que en los tiempos modernos del Estado social, rara vez existe un acuerdo respecto a la definición de la policía y de sus límites dentro del conjunto de la función administrativa.

El término *«policía»*, de hecho, fue concebido en el siglo XIV por los jurisperitos franceses para comprender el conjunto de las competencias normativas que debían recaer en el príncipe, la autoridad laica, con el fin de reservar al Estado una función y una finalidad distintas a las de la Iglesia, poder eclesiástico preexistente.[134] El *jus politiae* se convirtió en el elemento más fecundo del poder del príncipe y del Estado.[135] Se entendió como el derecho del príncipe a ejercer el poder necesario sobre sus súbditos para satisfacer las necesidades del orden público y del bienestar. Por lo tanto, Estado y policía fueron desarrollados en paralelo y dentro de una estrecha interdependencia, con la consecuencia de que cada competencia del Estado constituía un ejercicio del poder de policía. La ampliación de la actividad del Estado significó automáticamente la ampliación de las competencias estatales, es decir, de la policía y de su misma concepción.[136] «Para este derecho [de policía], no existe, definitivamente, un límite que se le pueda establecer,» escribió Otto Mayer.[137]

El Estado de policía *(Polizeistaat)* constituye la culminación lógica de esta evolución: «La policía, que imprime su marca al conjunto, se convierte en el instrumento sistemático para moldear a la masa humana que constituye su objeto, y para conducirla hacia un fin elevado. El fin es la fuerza y la grandeza

---

[134] J.-L. MARTRES, *Caractères généraux de la police économique, op. cit.*, p. 60.

[135] OTTO MAYER, *Le droit administratif allemand, I, op. cit.*, p. 30-31. Ver también H.J. WOLFF, O. BACHOF, *Verwaltungsrecht III, op. cit.*, p. 2: «Durante el siglo XIV se desarrolló, proveniente de Francia, la teoría del *jus politiae*. Desde entonces, el soberano tenía el derecho y el deber de velar por el buen orden *(Gute Ordnung)* en su país. Podía apoyar las medidas necesarias sobre el *jus politiae*». Ver también M. STOLLEIS, *Geschichte des öffentlichen Rechts in Deutschland*, Erster Band: Reichspublizistik und Policeywissenschaft 1600-1800, München, Beck, 1988, p. 369: «El término *(Policey)* se extendió en Alemania hacia la segunda mitad del siglo XV como «Polletzey», «Pollucy» y «Pollicei», siempre en común con el «buen orden» *(Gute Ordnung)*, el «buen gobierno» *(gutes Regiment)*, la «seguridad» *(Hersicheit)*, el interés general» *(Gemein Nutzen)* y la asistencia de la autoridad pública». El contenido de la palabra se ha ampliado cada vez más, hasta abarcar de manera general los términos Estado *(Staat)*, Constitución *(Verfassung)* y Comunidad *(Gemeinwesen)*». Según FRITZ FLEINER, *Institutionen des deutschen Verwaltungsrechts, op. cit.*, p. 359 et seq., el *jus politiae*, que se deriva etimológicamente de la palabra griega *«politeia»*, se desarrolló en Francia en el siglo XIV y fue adoptado por los soberanos alemanes en el XV «para dar al Estado de los siglos XVI y XVII el poder de velar por la «felicidad general» *(Gemeine Wohlfahrt)* mediante la coacción estatal». *(ibid.,* p. 360). Ver también P. PREU, *Die Polizeibegriff und Staatszwecklehre, Die Entwicklung des Polizeibegriffs durch die Rechts- und Staatswissenschaften des 10. Jahrhunderts*, Göttingen, Vanderhök und Ruprecht, 1983.

[136] El *«jus politiae»* ha dado a sus soberanos el derecho de tomar todas las medidas capaces de lograr la felicidad terrenal *(irdische Glückseligkeit)* de sus súbditos. Por ende, ha otorgado al Estado la posibilidad de imponer su poder sobre todas las actividades individuales de los habitantes, y se ha convertido así en la base del poder absoluto del Estado. El «estado policial» *(Polizeistaat)* cedió su lugar al Estado absoluto. «Policía» *(Policey)* y gobierno de Estado se han tornado en conceptos equivalentes. FRITZ FLEINER, *op. cit.*, p. 360.

[137] OTTO MAYER, *Le droit administratif allemand, I, op. cit.*, p. 31, que agrega: «Hay que considerar cada vez más cosas nuevas. La policía se ha convertido así en una fuente inagotable de nuevas reivindicaciones que el príncipe puede obtener y de las que él mismo determina el objeto, en virtud del jus politiae» *(ibid.)*.

de la cosa pública».[138] El siglo XVIII estuvo marcado por la delimitación del *jus politiae* gracias al reconocimiento y la consagración de las libertades del hombre y del ciudadano frente al poder estatal, es decir, de una esfera de la actividad humana en la que el Estado no podía intervenir. Al mismo tiempo, no obstante, la función de policía se erigió en un conjunto de normas jurídicas del Estado por excelencia, en poder normativo dirigido a regular el ejercicio de las libertades públicas.[139] Se ha adoptado la distinción entre policía general y policías especiales; en este sentido, la jurisprudencia actual consagra, dentro del marco de lo que se llama policía económica, los mismos principios jurisprudenciales que ya había deducido con ocasión del control del ejercicio de la policía general.

La definición de policía que adoptó el Código del 3 de brumario del año VIII se ha mantenido clásica: «La policía fue instituida para mantener el orden público, la libertad, la propiedad, la seguridad jurídica. La policía administrativa tiene por objeto el mantenimiento tradicional del orden público. Ella tiende principalmente a prevenir el delito. La policía judicial investiga los delitos que la policía administrativa no ha podido impedir, reúne las pruebas y entrega a los autores a los tribunales encargados de castigarlos».[140] Esta concepción muy amplia de la policía administrativa, que constituye básicamente la competencia normativa de la administración de regular la actividad de los administrados, implica que esta competencia normativa está delimitada por las libertades públicas. «Puesto que la policía se define de ahora en adelante por la reglamentación de las libertades públicas, se hace posible medir el liberalismo del estado por el uso que hace de su poder de policía.» «Por ende, se ha producido una mutación política en la noción de policía, permitiendo designar como 'Estado de derecho' solo al Estado que usa «justamente» su poder».[141]

Este poder que busca el mantenimiento del orden público, de la salubridad pública y de la seguridad pública con miras a la satisfacción del interés general y la protección de la propiedad privada adquiere dimensiones y matices diferentes en las distintas fases del desarrollo del Estado y del poder público, sin dejar de constituir el núcleo principal, si no la totalidad, del poder ejecutivo y de la competencia normativa de la administración. De todas maneras, cuando, a principios de siglo, se desplegaba la jurisprudencia que consagraba la imprescriptibilidad e inalienabilidad de la competencia normativa, en razón de la ideología del Estado liberal de la época, poder de policía y poder normativo coincidían absolutamente. «La policía es concebida como el ejercicio del poder ejecutivo bajo un régimen de poder público».[142] Por todas

---

[138]   OTTO MAYER, *ibid.*, p. 43.
[139]   J.-L. MARTRES, *Caractères généraux de la police économique, op. cit.*, p. 62 et seq.; H.J. WOLFF, O. BACHOF, *Verwaltungsrecht III, op. cit.*, p. 4 et seq.; FRITZ FLEINER, *Institutionen des deutschen Verwaltungsrechts, op. cit.*, p. 362 et seq.; OTTO MAYER, *Le droit administratif allemand, I, op. cit.*, p. 64 et seq.
[140]   Fragmento de la tesis de J.-L. MARTRES, *Caractères généraux de la police économique, I, op. cit.*, p. 7.
[141]   J.-L. MARTRES, *ibid.*, p. 12.
[142]   G. VEDEL, *Droit administratif*, Paris, PUF (Thémis), 1ère éd., p. 23, y en colaboración con P. DELVOLVÉ, 11e éd., 1990, p. 31 et seq.

estas razones, las conclusiones respecto a las relaciones entre función de policía y contrato deben revisarse bajo el ángulo más general del ejercicio de la competencia normativa de la administración.

Se ha sostenido que el contrato es incompatible con lo que habitualmente se llama *«poderes soberanos»*, es decir, las competencias del Estado tradicionalmente consideradas como la expresión por excelencia de la soberanía estatal, como por ejemplo la protección del orden público, la moneda, el control del comercio exterior y el ejercicio de la competencia normativa de la administración; estas son competencias para las que el derecho público francés nunca propuso un criterio general.[143] En realidad se trata del núcleo duro del *jus politiae* de antes, que evolucionó poco a poco y que no puede ser rebasado sin que también haya terminado la época que dejó su sello sobre lo que la ciencia jurídica ha denominado *«Estado.»* No se debe olvidar que la misma noción de competencia, el ejercicio de la competencia normativa de la administración, e incluso el carácter puramente normativo de la competencia que constituye *«la policía»*, están entre los elementos más fundamentales del *jus politiae* y del Estado. Esta es exactamente la observación hecha por Laferrière, su contenido intrínseco, cuando escribió que las autoridades administrativas «no pueden derogar las leyes de competencia, las cuales son siempre reputadas como de orden público.»[144]

Estas observaciones también valen para el ejercicio del poder discrecional, problemática de la cual los pactos sobre decisiones futuras solo constituyen uno de sus aspectos: en la medida en que se trata del ejercicio de una competencia, el órgano no puede obligarse legalmente de antemano, excepto si esta posibilidad se basa en una de las fuentes de legalidad. Este es justamente el caso del derecho alemán donde, después de la puesta en vigor de la VwVfG, se permite a la administración obligarse y prometer legalmente realizar un acto administrativo (individual) e incluso de un contenido estipulado de antemano; esta obligación puede igualmente ser objeto de una

---

[143] A. de Laubadère, F. Moderne, P. Delvolvé, *Traité des contrats administratifs, op. cit.*, p. 47; J. Moreau, *Droit administratif, op. cit.*, p. 260; del mismo autor, *De l'interdiction faite à l'autorité de police d'utiliser une technique d'ordre contractuel, op. cit.*, p. 14.

[144] E. Laferrière, *Traité de la juridiction administrative et des recours contentieux, II*, Paris, Berger-Levrault et Librairies Editeurs, 1888 (reimpresión LGDJ, 1989), p. 117. Consideraciones análogas, que admiten el poder normativo (de policía) como un ejercicio concreto de competencia, porque todas las competencias son «inalienables e imprescriptibles», para retomar la expresión famosa de Tardieu, comisario del gobierno, en el caso C.E., 6 de diciembre de 1907, *Cie du Nord et autres*, p. 914; Ver M. Waline, *Traité de droit administratif*, 9e éd., *op. cit.*, no 742 et 749; A. de Laubadère, *Traité élémentaire de droit administratif*, I, no 436; J. Rivero, *Existe-t-il un critère du droit administratif?*, RDP, 1953, p. 279 et seq. y especialmente el 287; F.-P. Bénoit, *De l'inexistence d'un pouvoir de modification unilatérale dans les contrats administratifs*, JCP, 1963, I, p. 1775, no 6 et 25. «El sentido del fundamento que hay que examinar es, pues, absolutamente claro: los poderes de la policía son un tipo particular de una categoría muy general, de competencias. Sus características específicas explican la prohibición casi absoluta que se aplica en ellas»: J. Moreau, *De l'interdiction faite à l'autorité de police d'utiliser une technique d'ordre contractuel, op. cit.*, p. 14. No obstante, como se ha mencionado, J. Moreau procede a otra explicación, que le es propia, de la cuestión sobre la base de la doctrina y de la jurisprudencia referente a los «derechos adquiridos.»

ejecución forzosa gracias a las posibilidades procesales que el derecho alemán ofrece al administrado.[145]

En esta ocasión, será necesario puntualizar claramente que la legalidad de la actividad administrativa no se rige por las mismas normas en los tres sistemas jurídicos estudiados. Las normas de la legalidad son diferentes, el principio de legalidad no tiene igual contenido en todos ellos, lo que acarrea el riesgo de que la doctrina caiga fácilmente en malentendidos en lo que respecta a la condición jurídica de la administración. El contenido de la noción del principio de legalidad en gran medida está determinado por la forma en que se ha desarrollado el Estado de derecho en cada uno de estos ordenamientos jurídicos, por su historia concreta.

La jurisprudencia del Consejo de Estado griego, que ha interpretado disposiciones constitucionales en el pasado, ha impuesto una concepción estrecha del principio de legalidad. La administración es un poder vinculado que, para poder actuar, necesita una habilitación legislativa expresa y especial. El art. 48 de la Constitución de 1975/1986 fija la medida de la subordinación del poder ejecutivo al poder legislativo.[146] La manera restringida de concebir el principio de legalidad constituye un «curiosum» histórico, debido a que el derecho público griego admitió demasiado pronto la teoría orgánica enseñada por los publicistas alemanes, que reservó la soberanía al Estado, para entender al pueblo (nación) y al Parlamento como órganos constituidos por el Estado.

La forma restringida de concebir el principio de legalidad en el derecho francés es históricamente explicable, ya que el Estado ha sido concebido desde de la Revolución como la organización personificada de la nación soberana, con la consecuencia lógica de que la legitimación democrática de los poderes, -con excepción del legislativo, que expresaba por excelencia a la nación soberana a través de las elecciones generales - y especialmente del ejecutivo, que se consideraba de pasado monárquico, pasaba por la ley, símbolo de su sumisión al legislador democrático.[147] Sin embargo, en Grecia el Estado como entidad política no tiene tradición ni memoria histórica, dado que se trata de una creación artificial de un grupo de hombres *ab initio*, en la primera mitad del siglo XIX. Por esta razón, la fuente de legalidad por excelencia en el derecho griego es únicamente la Constitución, que distribuye las competencias a los distintos poderes como le plazca; no existen instrumentos de interpretación

---

[145]   Ver el par. 167 et seq. *VwGO* y la interpretación en F.O. KOPP, *VwGO*, 8e éd., Beck, München, 1989; E. EYERMANN, L. FRÖHLER, *Verwaltungsgerichtsordnung*, 9e éd., Beck, München, 1988; K. REDEKER, H.-J. V. ÖRTZEN, *Verwaltungsgerichtsordnung*, 9e éd., Kohlhammer, Stuttgart, Berlin, Köln, Mainz, 1988.

[146]   Ver especialmente E. SPILIOTOPOULOS, *Questions de compétence réglementaire de l'Administration, op. cit.*, y del mismo, *Manuel de droit administratif, op. cit.*, p. 79 et seq.; P.D. DAGTOGLOU, *Droit administratif général, op. cit.*, p. 299 et seq.

[147]   E.-W. BÖCKENFÖRDE, *Recht, Staat, Freiheit*, Frankfurt, Suhrkamp, 1991, p. 263 et seq.; ver los análisis sobre este tema de S. FLOGAITIS, *Préparation aux examens, Droit administratif*, Athènes, éditions universitaires helléniques, 2e éd., 1990, p. 7 et seq., donde se encontrará una bibliografía internacional más detallada.

[148]   J. MOREAU, *Droit administratif, op. cit.*, p. 19.

superiores a la letra o al espíritu de la Constitución, porque justamente el Estado griego no es el producto histórico de una evolución constante en el tiempo sino a partir de su nacimiento reciente. Esta es la razón principal por la que ni la ciencia jurídica ni la jurisprudencia ni la costumbre jamás han constituido fuentes del derecho en el derecho griego.

El principio de legalidad (o principio de la juridicidad[148]) fue desarrollado por la jurisprudencia del Consejo de Estado dentro de la nueva realidad inaugurada por la Revolución de 1789. Consistió en aplicar al Estado el principio de la primacía de la ley (*Rule of Law*[149]), la ley entendida como la expresión de la voluntad general.[150] Se trataba también de una expresión muy concreta del liberalismo político del siglo XVIII, ya que por su sumisión a la ley, el poder ejecutivo, que tradicionalmente se había considerado como el medio de ejecución de la voluntad del monarca, fue bautizado como demócrata: la nación soberana, representada en el Parlamento, permitía actuar al ejecutivo. Para comprender bien la importancia de esta nueva institución,[151] es necesario tener en cuenta el hecho de que en este sistema el único juez de la constitucionalidad de las leyes era el mismo Parlamento, es decir, el órgano que las producía. El principio de legalidad después adquirió un contenido más amplio, por cuanto rebasó su base ideológica inicial: la administración estaría obligada a respetar no solo la ley, sino también las normas de derecho que ella misma produjera. El principio de legalidad se convirtió en principio de derecho.[152]

Esta observación es tanto más cierta cuanto que se han añadido nuevas fuentes de legalidad de la actividad administrativa. Si la costumbre nunca pudo basar su calidad como fuente de legalidad sobre pruebas concretas,[153] según gran parte de la doctrina francesa, la jurisprudencia del Consejo de Estado y, en todo caso, los principios generales del derecho administrativo constituyen fuentes indiscutibles de la legalidad. Los principios generales del derecho, entendidos como producto de una determinada concepción del hombre y del mundo, como expresión de una concepción ética,[154] son aceptados dentro de la jerarquía de las normas de derecho como pertenecientes a un nivel suprarreglamentario y colocados por encima de los decretos autónomos

---

[149] Sobre el contenido exacto del principio de *Rule of Law* en relación con el principio de legalidad, ver S. Flogaitis, *Administrative Law et Droit Administratif*, Paris, LGDJ, 1986.

[150] Ver especialmente la obra clásica de Carré de Malberg, *La loi, expression de la volonté générale*, en reedición: Paris, Economica, 1984.

[151] S. Flogaitis, *Préparation aux examens, Droit administratif, op. cit.*, p. 13; J. Rivero, *Droit administratif, op. cit.*, no 9 et seq.; G. Braibant, *Le droit administratif français, op. cit.*, p. 195 et seq., donde analiza el principio de legalidad en dos obligaciones de la Administración, la obligación de conformarse a la ley y la obligación de iniciativa para asegurar la aplicación de la ley; R. Chapus, *Droit administratif général, I, op. cit.*, no 1030 et seq.

[152] Ver los análisis específicos de S. Cassese, *Le basi del diritto amministrativo*, Torino, Einaudi, 1989, p. 34 et seq., y de M.S. Giannini, *Il pubblico potere*, Bologna, Il Mulino, 1987, p. 93 et seq.

[153] J. Rivero, *Droit administratif, op. cit.*, no 68.

[154] J. Rivero, *ibid.*, no 74-4.

del art. 37 de la Constitución de 1958.[155] No es por casualidad que los principios generales del derecho, y más generalmente la jurisprudencia del Consejo de Estado, se han distinguido como fuentes importantes de la legalidad de la acción administrativa; por otra parte, no es por casualidad que la doctrina nunca ocupó este lugar en el derecho administrativo francés. Por último, es necesario rechazar lo que se dice comúnmente por razones más que todo didácticas, que esta función de producir las normas le ha sido reconocida al Consejo de Estado a falta de normas específicas de derecho administrativo al inicio del siglo XVIII.

En realidad, esta función del Consejo de Estado se encuentra en constante interconexión con el sistema jurisdiccional del *Ancien Régime* y del Consejo del rey.[156] El Consejo de Estado del siglo XIX se constituyó en órgano cuya jurisprudencia aportó una nueva legitimación democrática a las prácticas y a las jurisprudencias de los siglos anteriores. Encontramos una aplicación concreta e importante de esta actividad del Consejo de Estado en su jurisprudencia según la cual la administración dispone, por la naturaleza misma de las cosas, del poder normativo autónomo de organizar y de hacer funcionar los servicios públicos sin que sea necesaria una habilitación legislativa. Si el art. 37 de la Constitución de 1958 ofreció una base constitucional a este poder normativo autónomo de la administración al tiempo que amplió su ámbito, sigue siendo cierto que su reconocimiento desde siempre por el Consejo de Estado solo constituye la continuidad de prácticas antiguas, el recuerdo del derecho del monarca de organizar los servicios mediante los cuales ejercía sus deberes para con su pueblo, la expresión por excelencia del *jus politiae*.

Aunque el principio de legalidad en derecho alemán *(Prinzip der Gesetzmäßigkeit)* encuentra su fundamento constitucional en el par. 20.3 de la Ley Fundamental (GG) según el cual el poder legislativo tiene un límite, la Constitución, mientras que los poderes ejecutivo y judicial están sujetos a la ley y el derecho *(Gesetz und Recht)*, su contenido real solo se esclarece a través de la historia del desarrollo concreto del Estado de derecho alemán: por lo

---

[155] J. RIVERO, *ibid.*, no 73 et seq.; G. BRAIBANT, *Le droit administratif français, op. cit.*, p. 211 et seq.; R. CHAPUS, *Droit administratif général, I, op. cit.*, no 105 et seq. En lo que concierne más generalmente a la función de la doctrina y de la jurisprudencia en la formación del derecho administrativo francés, ver J. RIVERO, *Jurisprudence et doctrine dans l'élaboration du droit administratif, E.D.C.E.*, no 9, p. 27 et seq.; del mismo autor, *Hauriou et le droit administratif, Annales de la Faculté de Toulouse*, 1968, p. 141 et seq.; del mismo, *Le juge administratif français: un juge qui gouverne?* D. 1951, Chr. p. 21. Ver también L. SFEZ, *Essai sur la contribution du doyen Hauriou au droit administratif*, Paris, LGDJ, 1966; E. PISER-KOUCHNER, *Les fondements de la notion de service public dans l'œuvre de Léon Duguit*, 1972; S. RIALS, *Le juge administratif français et la technique du standard*, Paris, LGDJ, 1980; del mismo autor, *Sur une distinction contestable et un trop réel déclin: à propos d'un récent article sur le pouvoir normatif du juge, AJDA*, 1981, p. 115 et seq.; Y. GAUDEMET, *Les méthodes du juge administratif*, Paris, LGDJ, 1972; R. LATOURNERIE, *Essai sur les méthodes juridictionnelles du Conseil d'Etat, Livre jubilaire pour le 150e anniversaire du Conseil d'Etat*, Paris, Sirey, p. 177 et seq.; TH. FORTSAKIS, *Conceptualisme et empirisme en droit administratif français*, Paris, LGDJ, 1987.

[156] Esta verdad resulta no solo de la obra muchas veces debatida de ALEXIS DE TOCQUEVILLE, *L'Ancien Régime et la Révolution*, rééd., Paris, Gallimard, 1967, sino también de la de E. LAFERRIÈRE, *Traité de la juridiction administrative et des recours contentieux, op. cit.*

general se acepta[157] que el principio de legalidad se analiza en dos subprincipios, que son el de la primacía de la ley *(Vorrang des Gesetzes)* y el de reserva de ley *(Vorbehalt des Gesetzes)*. El primer componente del principio de legalidad generalmente es reconocido por la doctrina, lo que no siempre es el caso con respecto al segundo componente.

El principio de la primacía de la ley significa que la ley formal ocupa un lugar preponderante entre las fuentes de la legalidad administrativa. La administración está obligada a aplicar la ley, aun cuando, en su contenido, esta difiera de las demás fuentes de legalidad *(Anwendungsgebot)*, al igual que está obligada a no desviarse de la ley *(Abweichungsverbot)* ni actuar de modo contrario a la ley.[158] La diferencia entre esta concepción del principio de legalidad y las del derecho francés y griego es clara. La actividad de la administración no siempre se debe basar en la ley, basta con que la conozca y la aplique si existe o si su contenido es diferente del de las demás fuentes de legalidad; sin embargo, la administración es libre en todas las demás hipótesis, según su voluntad. Se trata de un mero vestigio de los tiempos absolutistas y de la época de la monarquía constitucional, en la que el monarca se encontraba enfrentado a un Parlamento expresión de la clase burguesa: dotado de poderes que el mismo monarca le había cedido, estaba obligado a respetar la ley, pero al mismo tiempo, era libre de actuar dentro de los ámbitos donde no existía ninguna ley.[159]

Es necesario recordar que, en este período de desarrollo del Estado en Alemania, la clase burguesa y el movimiento constitucional entienden al Parlamento y la ley como garantes de la libertad personal y de la propiedad privada *(Freiheit und Eigentum)*, siendo el objetivo asegurar el respeto del principio según el cual solo la ley es competente para intervenir en estos ámbitos y reglamentarlos. Esto es, al menos históricamente, el contenido del segundo elemento del principio de legalidad, que es el principio de reserva de ley

---

[157] H.-U. ERICHSEN, W. MARTENS, *Allgemeines Verwaltungsrecht, op. cit.*, p. 49 et seq. et 65 et seq.; H.J. WOLFF, O. BACHOF, *Verwaltungsrecht I, op. cit.*, p. 174 et seq.; H. MAURER, *Allgemeines Verwaltungsrecht, op. cit.*, p. 78 et seq.; E. FORSTHOFF, *Lehrbuch des Verwaltungsrechts*, Band I: Allgemeiner Teil, 10e éd., München, Beck, 1973, p. 81 et seq.; del mismo autor, Die Bindung an Gesetz und Recht, *DöV*, 1959, p. 41 et seq.; del mismo autor, *Rechtsstaat im Wandel*, Stuttgart, Kohlhammer, 1964, p. 176 et seq.; E.-W. BÖCKENFÖRDE, *Gesetz und gesetzgebende Gewalt*, 2e éd., Berlin, Duncker und Humblot, 1981, p. 375 et seq.; MAX IMBODEN, *Das Gesetz als Garantie rechtsstaatlicher Verwaltung*, Basel, Stuttgart, Helbing und Lichtenhahn, 1954; D. JESCH, *Gesetz und Verwaltung, op. cit.*; J. KNIESCH, Gesetzmäßigkeit und Rechtmäßigkeit der gesetzesakzessorischen und der gesetzesfreien Verwaltung, *NJW*, 1961, p. 2190 et seq.; E. FRIESENHAHN, Die rechtsstaatlichen Grundlagen des Verwaltungsrechts, *RStW*, Stuttgart, Köln, Kohlhammer, 1950, p. 239 et seq.; C. GUSY, Der Vorrang des Gesetzes, *JuS*, 1983, p. 189 et seq.; F. OSSENBÜHL, Vorrang und Vorbehalt des Gesetzes, *in*: J. ISENSEE, P. KIRCHHOF, *Handbuch des Staatsrechts der BRD*, C.F. Müller, Heidelberg, III, 1988, p. 315 et seq.

[158] H.-U. ERICHSEN, W. MARTENS, *Allgemeines Verwaltungsrecht, op. cit.*, p. 65; H. MAURER, *Allgemeines Verwaltungsrecht, op. cit.*, par. 6, no 2; H.J. WOLFF, O. BACHOF, *Verwaltungsrecht I, op. cit.*, p. 175 et seq., etc.

[159] H.-U. ERICHSEN, W. MARTENS, *Allgemeines Verwaltungsrecht, op. cit.*, p. 66; E. FORSTHOFF, *Lehrbuch des Verwaltungsrechts, op. cit.*, p. 32 et seq.; E.-R. HUBER, *Deutsche Verfassungsgeschichte*, Band II, Stuttgart, Berlin, Köln, Kohlhammer, 1960, p. 16 et seq.; TH. OPPERMANN, *Gutachten C zum 51. Deutschen Juristentag*, C.H. Beck, München, 1976, p. 44 et seq.

(Gesetzesvorbehalt) y que equivale al término «*réserve de l'atteinte*» o «reserva de intervención» (es decir, en la libertad personal y la propiedad privada, *Eingriffsvorbehalt*). Esta es la razón por la que la *Gesetzesvorbehalt* y la noción de ley coinciden perfectamente.[160]

Resulta pues de la combinación de estos dos subprincipios que, según la concepción alemana del principio de legalidad, la administración activa nunca puede desconocer la primacía de la ley con respecto a las demás fuentes de legalidad, ni desviarse de la ley ni actuar contra la ley, ni tampoco intervenir en la esfera reservada a la ley, es decir, el ámbito de la reglamentación de las libertades públicas; pero en lo que respecta al resto, ella es libre. La administración dispone de la misma libertad que heredó del monarca constitucional, ella existe por sí misma con una legitimación constitucional que no tiene necesidad de fundamentar en ninguna otra fuente de legalidad.

Este estudio no debe entrar en los detalles de la doctrina alemana en cuanto a los límites actuales del principio de la reserva en favor de la ley en el Estado social moderno, pero no hay que perder de vista un punto importante: que administración libre de ley no significa administración libre del derecho, puesto que, de hecho, la administración también está sujeta a la Constitución, la cual está obligada a respetar y aplicar.[161] Por último, es necesario mencionar la opinión según la cual existe una tercera noción que es parte del principio de legalidad: el principio de reserva en favor de la administración *(Verwaltungsvorbehalt)*, es decir un ámbito de acción y de reglamentación que está cerrado al legislador, como por ejemplo, el poder sobre el personal de la administración, o el poder de organización. Esta opinión, que tiene una importancia práctica mínima, merece atención en la medida en que, aun inconscientemente, crea una conexión entre el conjunto de la problemática y la historia del Estado en sí, y en que recuerda, salvando las distancias, a la teoría y la jurisprudencia francesas del poder normativo autónomo de la administración.

La historia del Estado alemán como fenómeno jurídico, así como del derecho administrativo alemán, también es importante en lo que concierne a las

---

[160] H.-U. ERICHSEN, W. MARTENS, *Allgemeines Verwaltungsrecht, op. cit.*, p. 66; ver también BVerfGE 33, 1, *NJW*, 1972, p. 811 et BVerfGE 47, 194; M. KLÖPFER, Vorbehalt des Gesetzes im Wandel, *JZ*, 1984, p. 685 et seq.; H. KLEIN, Eingriffsverwaltung, *EvStL*, p. 398 et seq.; W. KREBS, *Vorbehalt des Gesetzes und Grundrechte*, Berlin, Duncker und Humblot, 1975; Del mismo autor, Zum Aktuellen Stand der Lehre vom Vorbehalt des Gesetzes, *Jura*, 1979, p. 304; J. PIETZCKER, Vorrang und Vorbehalt des Gesetzes, *JuS*, 1979, p. 710; G. KISKER, Neue Aspekte im Streit um den Vorbehalt des Gesetzes, *NJW*, 1977, p. 1313.

[161] H.-U. ERICHSEN, W. MARTENS, *Allgemeines Verwaltungsrecht, op. cit.*, p. 71; P. LERCHE, *Übermass und Verfassungsrecht*, Köln, Berlin, München, Heymann, 1961; F. WERNER, Verwaltungsrecht als konkretisiertes Verfassungsrecht, *DVBl*, 1959, p. 527; C.-E. EBERLE, Gesetzesvorbehalt und Parlamentsvorbehalt, *DöV*, 1984, p. 485; FRITZ OSSENBÜHL, *Verwaltungsvorschriften und Grundgesetz*, Bad Homburg, Berlin, Zürich, Gehlen, 1968, p. 214; del mismo, Zur Erziehungskompetenz des Staates, *Festschrift für F.W. Bosch*, 1976, p. 751 et seq.; H. HEUSSNER, Vorbehalt des Gesetzes und «Wesentlichkeitstheorie», *Festschrift für Erwin Stein*, Verlag Gehlen, Bad Homburg vor der Höhe, 1983, p. 111 et seq.; D. UMBACH, Das Wesentliche an der Wesentlichkeitstheorie, *Festschrift für H.J. Haller*, C.H. Beck, München, 1984, p. 111, 120 et seq.; E.-W. BÖCKENFÖRDE, *Gesetz und gesetzgebende Gewalt, op. cit.*

fuentes de la legalidad de la actividad administrativa. La costumbre *(Gewohnheitsrecht)* es aceptada como una de las fuentes del derecho administrativo en virtud de una ampliación de la doctrina civilista en derecho administrativo, aunque sea verdad que se le confunde mucho con la jurisprudencia en cuanto a fuente de legalidad *(Richterrecht)*; esto último, a pesar de un debate muy rico en reflexiones, no goza del reconocimiento del que dispone en el derecho francés. El derecho administrativo alemán es en gran medida un derecho escrito, y a esto se debe, entre otras cosas, su desarrollo tan veloz. Los principios generales del derecho administrativo *(die allgemeinen Grundsätze des Verwaltungsrechts)* se consideran producto no solo de la jurisprudencia, sino al mismo tiempo de la jurisprudencia y de la doctrina; este es un elemento que demuestra los orígenes y las raíces que el derecho administrativo alemán tiene en la doctrina, y la particular importancia que la Universidad ocupa en la sociedad alemana. Por esta misma razón, el lugar que ocupan los principios generales del derecho en la jerarquía de las fuentes de la legalidad no es estable sino que depende cada vez de la forma concreta de la cual se deducen: puede tratarse de la consagración de una costumbre, o de la concretización del derecho constitucional *(Konkretisierung von Verfassungsrecht)*, o de un principio derivado de un conjunto de disposiciones legislativas, o, según algunos, de ideas que regulan el derecho, como por ejemplo, la idea de justicia. La diferencia en la concepción de un solo y mismo fenómeno en ambas riberas del Rin es evidente.[162]

Dado que es posible que se celebre un contrato donde la administración solo podía actuar mediante un acto administrativo unilateral, procede evaluar las consecuencias de esta ilegalidad cometida por la administración. Sin embargo, antes de proceder a profundizar el estudio de las particularidades de la patología del contrato ilícito, será necesario destacar la diferencia entre nulidad y anulabilidad según la doctrina civilista: en efecto, existen motivos que hacen totalmente nulo y sin efecto al acto jurídico *ab initio*, pero hay otros cuyos efectos jurídicos pueden ser cubiertos con el tiempo y cuyos resultados deben ser constatados por el juez. Esta problemática no está tan lejos del derecho administrativo como parece: es posible, también en el derecho administrativo, que el acuerdo del administrado se base en un estimado errado, o se deba a un fraude o a una amenaza. No obstante, según el par. 59.1 de la VwVfG, el contrato de derecho público es nulo y sin efecto en el caso de nulidad de los actos jurídicos previstos por el Código Civil (BGB). Esta disposición hace de los casos de nulidad de derecho civil parte integrante del derecho público e impone al derecho público la concepción civilista de la nulidad de los actos jurídicos.[163] En particular:

---

[162] En lo que se refiere a las fuentes del derecho administrativo según el derecho alemán, ver especialmente F. OSSENBÜHL, *in:* H.-U. ERICHSEN, W. MARTENS, *Allgemeines Verwaltungsrecht, op. cit.*, p. 75 et seq.; H. MAURER, *Allgemeines Verwaltungsrecht, op. cit.*, par. 4; H.J. WOLFF, O. BACHOF, *Verwaltungsrecht I, op. cit.*, p. 120 et seq.; E. FORSTHOFF, *Lehrbuch des Verwaltungsrechts, op. cit.*, p. 123 et seq., donde se encontrará cada vez la bibliografía especializada.

[163] Sobre la noción de nulidad según el derecho administrativo francés (pero también el griego), ver la obra de consulta básica: J.-M. AUBY, *L'inexistence en droit administratif*, Thèse, Paris, Pedone, 1947. Sobre este asunto en general, P.-M. EFSTRATIOU, *Die Bestandskraft, op. cit.*

El concejo municipal de Castelnaudary aprobó un contrato celebrado entre el ayuntamiento y una asociación de propietarios en virtud del cual la policía rural sería confiada a policías privados. Esta decisión de aprobación fue anulada por la autoridad tutelar, y este último acto fue cuestionado por el ayuntamiento delante del Consejo de Estado a través de un recurso por abuso de poder. La alta jurisdicción, ya citada anteriormente, ha considerado infundado este recurso.[164]

En derecho francés, la competencia para conceder puestos de venta en un mercado municipal, pertenece al alcalde. Según la ley, los puestos son distribuidos a los solicitantes por orden cronológico. El ayuntamiento no obstante celebró un contrato con un sindicato de vendedoras, según el cual estos puestos se distribuirían a aquellas que justificaran una presencia en los mercados municipales por un período de al menos ocho años. En ejecución de este contrato, el teniente alcalde emitió una orden de servicio que se limitaba a reproducir el contenido de este contrato. Esa decisión fue anulada por el Consejo de Estado, dado que se trataba de una duplicación de un contrato que era ilegal, por ser contrario a la normativa vigente.[165]

Un ayuntamiento celebró un contrato con el propietario de un hotel, en virtud del cual este último participaría en los gastos de compra de los terrenos necesarios para construir una plaza municipal, teniendo como contrapartida la promesa de parte del ayuntamiento de que nunca se prohibiría el acceso a los automóviles de los clientes del hotel, que daría hacia a la plaza, e igualmente, que habría un espacio de estacionamiento a disposición del hotel delante de sus instalaciones. Dieciocho meses más tarde, el alcalde prohibió por completo estacionar en los alrededores del hotel, y el hotelero recurrió ante el Consejo de Estado para exigir la anulación de la medida tomada. Su recurso fue rechazado,[166] puesto que el compromiso «adquirido por el ayuntamiento de Pontmain de no impedir el acceso a los automóviles y el libre uso de la acera en frente del hotel del señor Leneveu no podía despojar al alcalde del ejercicio de su poder de policía y, en particular, del derecho de reglamentar el estacionamiento en la plaza pública en el interés general».[167]

---

[164] C.E., Ass., 17 de junio de 1932, *Ville de Castelnaudary*, ver supra.

[165] C.E., 3 de noviembre de 1934, *Dame Breysse et syndicat indépendant des revendeuses au marché central de Marseille*, p. 1002. Ver también los desarrollos de J. MOREAU a este respecto, *De l'interdiction faite à l'autorité de police d'utiliser une technique d'ordre contractuel, op. cit.*, p. 9 et seq.

[166] C.E., 5 de noviembre de 1943, *Leneveu*, p. 243.

[167] En el caso C.E., 20 de enero de 1978, *Syndicat national de l'enseignement technique agricole public*, *AJDA*, 1979, p. 37, concl. Denoix de Saint-Marc, se trataba de un contrato que había sido preparado entre el ministro y la unión de los sindicatos de maestros, mediante el cual se reglamentaba el estatuto de la doctrina en cuestión, mientras que la ley del 2 de agosto de 1960 y la ordenanza del 30 de abril de 1963 que reglamentaban las relaciones del Estado y las fundaciones privadas de enseñanza agrícola preveían que las reglamentaciones serían hechas mediante el ejercicio de la competencia normativa de la Administración. En sus observaciones, el comisario de gobierno dijo: «Podemos establecer en principio que, cuando una disposición legislativa conceda a una autoridad administrativa una competencia normativa, dicha autoridad está obligada a actuar unilateralmente y no puede preferir la vía contractual... En efecto, no se debe permitir que los administrados impongan en esas esferas derechos adquiridos frente a la administración mediante contrato. Por el

Pero si el acto de ejercicio del poder normativo del alcalde era completamente legal, el Consejo de Estado no obstante juzgó posteriormente que, al firmar este contrato, el alcalde cometió una falta que causó un perjuicio que debía ser reparado. Por lo tanto, se juzgó que el administrado tenía derecho a reparación: «al firmar un acuerdo en una fecha y en un ámbito en el que [el ministro] no podía obligarse válidamente por vía de negociación frente a un administrado, en el ejercicio de un poder de decisión cuyos límites solo pueden resultar de la ley o del reglamento».[168] El Consejo constitucional también decidió que el ejercicio de un poder normativo no puede depender de contratos, incluso en virtud de una ley.[169]

De esta jurisprudencia resulta que, en derecho francés, el cocontratante de la administración no puede exigir la ejecución de un contrato que es imposible para la administración. El contrato es nulo y sin efecto. Por otra parte, hay un derecho a indemnización que resulta de la falta cometida por la administración al crear la impresión de que se obligaba legalmente.[170] Sin embargo, este derecho puede ser restringido por la vía contractual: la cláusula de un contrato según la cual la administración está desprovista de toda responsabilidad resultante de un mal ejercicio de la función de policía está estipulada legalmente.

La pregunta no encuentra una respuesta tan clara en el derecho administrativo alemán porque, como se ha observado ya, la concepción del contrato administrativo se desarrolla allí bajo la influencia cierta de la doctrina civilista tradicional.

Generalmente se acepta que un contrato no puede resolver cuestiones enmarcadas en el ámbito de la ley o de un acto normativo (*Verordnung oder*

---

contrario, la Administración debe seguir siendo libre de modificar la reglamentación como estime oportuno y en el momento en que lo considere oportuno, ya que nadie puede sostener que tiene derecho a mantener una reglamentación». Ver también en este sentido A. de Laubadère, F. Moderne, P. Delvolvé, *Traité des contrats administratifs*, I, *op. cit.*, p. 52-53.

[168] Ver los dos fallos T.A. Paris, 22 de noviembre de 1960, *Sté des établissements Lick Brevets Paramount*, p. 834, y T.A. Paris, 27 de febrero de 1963, *Sté des établissements Lick Brevets Paramount*, p. 689 y los análisis de J. Moreau, *ibid.*, p. 10.

[169] Consejo constitucional, 27 de julio 1978, *AJDA*, 1979, p. 27, nota C. Franck.

[170] Como lo nota J. Moreau, *De l'interdiction faite à l'autorité de police d'utiliser une technique d'ordre contractuel*, *op. cit.*, p. 11, «No obstante, esta jurisprudencia tiene un campo de aplicación relativamente limitado. En primer lugar, se desprende de sentencias antiguas (C.E., 18 de enero de 1907, *Cie de la Sangha*, p. 43, C.E., 17 de mayo de 1907, *Sté du Fernan-Vaz*, p. 471, C.E., 12 de febrero de 1909, *Cie de colonisation du Congo français*, p. 153, C.E., 30 de junio de 1911, *Cie coloniale de l'Ogooue N'Gounie*, p. 759), que no han sido retomadas ni abandonadas por otras sentencias más recientes (C.E., 18 de marzo de 1964, *Sté anonyme guinéenne de recherches et d'exploitations minières*, Req. no 49.545, C.E., 29 de mayo de 1964, *Sté minière de Beyla*, Req. no 51.590. En ambos casos, el problema no se resolvió porque los demandantes habían entablado una acción contra una autoridad cuya responsabilidad no podía admitirse). En cualquier caso, queda limitada a un ámbito de aplicación muy específico. La validez de las clásusulas de no-responsabilidad se ha consagrado en varias ocasiones con motivo de recursos ejercidos por sociedades coloniales cuyas sucursales o plantaciones habían sufrido daños o habían sido destruidas durante enfrentamientos o levantamientos de poblaciones indígenas».

Satzung).[171] Se trata de un principio clara y fácilmente deducible, ya que el acto administrativo (individual), del cual el contrato de derecho público se considera un sustituto, tampoco puede resolver cuestiones relacionadas con esas esferas. Sin embargo, las consecuencias de ilegalidad de las que está viciado el contrato son muy especiales. Según el par. 59.1 de la VwVfG, el contrato de derecho público es nulo y sin efecto cuando así lo prevén las disposiciones del Código Civil (BGB) aplicadas conforme a los principios de analogía. Parece que el legislador quiso vincular de una vez por todas un instrumento del derecho público, como lo es el contrato de derecho público, a la tradición civilista. La ley señala por otra parte que el contrato cuya verdadera naturaleza es la de reemplazar a un acto administrativo unilateral *(subordinations rechtlicher Vertrag)* es nulo,[172] cuando un acto administrativo del mismo contenido sería nulo por razones distintas a las de procedimiento o forma y que esto era conocido por las partes contratantes, cuando las condiciones de la estipulación de un *Vergleichsvertrag* no existían, con la consecuencia de que un acto administrativo del mismo contenido sería nulo por razones distintas a las de procedimiento o de forma, o cuando, en el marco de un *Austauschvertrag,* la administración hizo una promesa ilegal.

De esta normativa resulta que un contrato administrativo es nulo cuando colide con una disposición legal prohibitiva (Art. 134 BGB), cuando sus procedimientos y fondo no han sido observados (Art. 125 BGB) y, en especial, la forma escrita según el Art. 57 de la VwVfG, cuando el contrato es contrario a las costumbres (Art. 138 BGB), cuando la promesa es imposible (Art. 306 BGB), etc.[173] Para aplicar el Art. 134 BGB se plantea una pregunta concreta, a saber, si la disposición del Art. 59.1 de la VwVfG, que remite al BGB, implica entre otras esta última disposición del BGB, que tiene la característica de referirse ulteriormente a otras disposiciones. En general se acepta que el Art. 134 del BGB se ha aplicado, con la diferencia de que siempre se deberán tener en cuenta las particularidades del contrato administrativo en relación con el contrato de derecho privado.[174] El Art.134 del BGB es, de hecho, el último filtro de una voluntad privada que, por lo demás, es absolutamente libre, mientras que en derecho público, la norma es justamente contraria, dado que no se aplican ni el principio de la libertad contractual, ni el de la voluntad privada.[175]

---

[171] F.O. Kopp, *Verwaltungsverfahrensgesetz, op. cit.,* par. 54, no 11. Ver también J. Martens, Normenvollzug durch Verwaltungsakt und Verwaltungsvertrag, *AöR,* 1964, p. 429 et seq.

[172] F.O. Kopp, *Verwaltungsverfahrensgesetz, op. cit.,* par. 59, no 13; M. Bullinger, Leistungsstörungen beim öffentlichrechtlichen Vertrag, *DöV,* 1977, p. 812, 815; G. Franck, Wichtigkeit des substituierenden Verwaltungsvertrages nach dem VwVfG, *DVBl,* 1977, p. 682.

[173] F.O. Kopp, *Verwaltungsverfahrensgesetz, op. cit.,* par. 59; P. Stelkens, H.J. Bonk, K. Leonhardt, *Verwaltungsverfahrensgesetz, op. cit.,* par. 59, no 23 et seq.; H.J. Knack, *Verwaltungsverfahrensgesetz, op. cit.,* par. 59, no 5 et seq.; K. Obermayer, *Kommentar zum Verwaltungsverfahrensgesetz, op. cit.,* p. 865 et seq.

[174] Ver en particular los análisis de E. Schmidt-Assmann, W. Krebs, *Rechtsfragen städtebaulicher Verträge, op. cit.,* p. 137 et seq. Ver también H.-U. Erichsen, W. Martens, *Allgemeines Verwaltungsrecht, op. cit.,* p. 333 et seq., donde se encontrarán referencias más detalladas a todo el debate sobre esta cuestión.

[175] Como lo señalan correctamente E. Schmidt-Assmann, W. Krebs, *Rechtsfragen städtebaulicher Verträge, op. cit.,* p. 139, para destacar: «El párrafo 134 BGB deberá adquirir, sin duda, en lo que concierne al contrato administrativo un color puramente de derecho público» *(ibid.).* Ver también P.-M. Efstratiou, *Die Bestandskraft, op. cit.,* p. 226 et seq.

El Art. 59.2 de la VwVfG vincula el tipo de *Subordinationsvertrag* al del acto administrativo que pudo haber sido tomado en su lugar; estipula una serie de bases especiales de nulidad dentro del marco general del Art. 54.1 y señala una desviación importante a favor de la conservación del contrato. En efecto, exceptúa de las razones de nulidad a aquellas que se refieren al procedimiento o a la forma. De este modo se ha producido una categoría especial de contratos que, aunque ilegales, no son nulos y producen sus efectos.[176]

Esta equidad de parte del legislador con respecto al contrato administrativo de este tipo, cuyo destino vincula de manera más general a aquel del acto administrativo general del mismo contenido, no parece crear problemas de constitucionalidad; ni según el Art. 19, IV GG, que debe interpretarse en relación con otros principios constitucionales, como por ejemplo, el principio de la seguridad jurídica *(Rechtssicherheit)*.[177] En todo caso, será preciso señalar que esta reglamentación especial constituye el equilibrio lógico de la concepción civilista de la nulidad que adopta la VwVfG en su § 59. El inciso 2 de este párrafo constituye un contrapeso a las consecuencias considerables que tendrá para el administrado la nulidad *ex tunc* del contrato administrativo ilícito. La disposición en su conjunto demuestra la voluntad del legislador de crear una seguridad jurídica yendo más allá del derecho civil, que no quiere o no se atreve a denunciar. Este cuidado se encuentra también en la protección ofrecida mediante la disposición del Art. 59, 2, 4, según la cual el contrato de este tipo, en el que la administración ha hecho una promesa imposible, es nulo, como también en la disposición del inciso 3 del mismo párrafo, según el cual la nulidad parcial de un contrato no entraña la nulidad total, excepto si está claro que las partes contratantes jamás habrían firmado el contrato sin la parte que es nula.

Por último, cabe señalar que, al igual que en derecho francés, el cocontratante que ha creído en la legalidad del contrato y por causa de ello ha sufrido un perjuicio tiene derecho a una reparación. Sin embargo, el problema de la solución adoptada por el derecho administrativo alemán

---

[176] E. Schmidt-Assmann, W. Krebs, *Rechtsfragen städtebaulicher Verträge, ibid.*, p. 124 et seq. Ver también W. Krebs, Zulässigkeit und Wirksamkeit verträglicher Bindungen kommunaler Bauleitplanung, *Verw. Arch.*, 1981, p. 49 et seq.; W.-R. Schenke, Der rechstwidrige Verwaltungsvertrag nach dem Verwaltungsverfahrensgesetz, *JuS*, 1977, p. 281 et seq.; Chr. Schimpf, *Der verwaltungsrechtliche Vertrag unter besonderer Berücksichtigung seiner Rechtswidrigkeit*, Berlin, Duncker und Humblot, 1982; I. Tschasching, *Die Nichtigkeit subordinationsrechtlicher Verträge nach dem Verwaltungsverfahrensgesetz*, Frankfurt, Bern, New York, Nancy, P. Lang, 1984; H. Karehnke, *Die rechtsgeschäftliche Bindung kommunaler Bauleitplanung, Zugleich ein Beitrag zur Wirksamkeit und Rüchabwicklung öffentlich-rechtlicher Verträge*, Diss., Frankfurt, 1983; Ilge Bramsche, *Rechtsfolgen verwaltungsrechtlicher Gesetzesverstösse*, Gelsenkirchen, Mannhold, 1986; V. Büchner, *Die Bestandskraft verwaltungsrechtlicher Verträge*, Düsseldorf, Wissenschaftlicher Fachverlag, 1979; P.-M. Efstratiou, *Die Bestandskraft des öffentlichrechtlichen Vertrags, op. cit.*, p. 161 et seq.

[177] E. Schmidt-Assmann, W. Krebs, *Rechtsfragen städtebaulicher Verträge, op. cit.*, p. 128 et seq.; E. Schmidt-Assmann, Kommentierung zu Art. 19 IV GG (1985), Maunz/Dürig, *Grundgesetz*, Lösebl. Stand, 1986; H.-U. Erichsen, W. Martens, *Allgemeines Verwaltungsrecht, op. cit.*, p. 336. Ver, más ampliamente, P.-M. Efstratiou, *Die Bestandskraft, op. cit.*, p. 247 et seq.

siempre termina siendo el mismo, puesto que, en efecto, la nulidad vale *ex tunc*; la solución francesa, que consiste en la aceptación de la norma general del derecho administrativo francés según la cual el acto administrativo ilegal produce sus efectos hasta su anulación, es más razonable desde el punto de vista publicista.[178]

Si esas son las consecuencias del contrato ilícito para las partes contratantes, es posible que el contrato tenga influencias respecto a los intereses de terceros.

No se puede aceptar que el contrato muy rara vez tenga una influencia sobre los intereses de terceros, por el mero hecho de que sea generador de derechos y obligaciones entre las partes. Esta observación se aplica sobre todo en el marco del derecho civil.[179] Sin embargo, en la medida en que el contrato administrativo es un medio alternativo de administración, que sustituye al acto administrativo unilateral, puede tener consecuencias para terceros, al igual que con cualquier otro acto de la administración. Se plantea entonces el problema de las formas concretas de proteger a estos terceros, dado que no puede interponerse ningún recurso por abuso de poder contra un contrato.

En el marco de la jurisprudencia del Consejo de Estado y de la doctrina francesa, la protección a terceros se realiza a través del recurso por abuso de poder y la acción de responsabilidad. Dado que el tercero no tiene la calidad de cocontratante, no dispone de recurso derivado del contrato en sí. La jurisprudencia del caso *Dame Geneix*[180] consagró el principio según el cual, cuando la administración pública cede mediante decisión de la prefectura su facultad de policía y de control a particulares, los organizadores de un evento deportivo, cabe interponer un recurso por abuso de poder. Por otra parte, la jurisprudencia en *Amoudruz*[181] y *Veuve Verneuil*[182] ha consagrado el principio según el cual las cláusulas contractuales en virtud de las cuales la administración confía a particulares su poder de policía de las

---

[178] J.-M. AUBY, *L'inexistence en droit administratif, op. cit.*; J. MOREAU, *De l'interdiction faite à l'autorité de police d'utiliser une technique d'ordre contractuel, op. cit.*, p. 6; P. WEIL, *Une résurrection: la théorie de l'inexistence en droit administratif*, D. 1958, Chron., p. 49; F. GAZIER, M. LONG, *La notion d'acte administratif inexistant*, AJDA, 1954, 2 bis, p. 5. Conviene señalar que, según el derecho administrativo francés, la inexistencia es más cercana a la ilegalidad que a la nulidad del derecho civil. Ver también R. CHAPUS, *Droit administratif général, I, op. cit.*, no 1033 et seq.

[179] Es J. MOREAU, *De l'interdiction faite à l'autorité de police d'utiliser une technique d'ordre contractuel, op. cit.*, p. 11, quien hace este comentario.

[180] T.A. Clermont-Ferrand, 1 de julio de 1960, *Dame Geneix*, p. 800. Ver también C.E., 10 de diciembre de 1962, *Association de pêche et de pisciculture d'Orléans*, p. 675: las disposiciones del contrato no pueden tener «como objeto ni como resultado transferir a esta institución (la unión intercomunal) el ejercicio de derechos de poder público que pertenecen al Estado, y especialmente, el derecho de reglamentar el ejercicio de derecho a la pesca.» Ver también J. MOREAU, *ibid.*; A. DE LAUBADÈRE, F. MODERNE, P. DELVOLVÉ, *Traité des contrats administratifs, I, op. cit.*, p. 48.

[181] C.E., 23 de mayo de 1958, *Amoudruz*, p. 301, AJDA, 1958, II, p. 309, nota Fournier y Cambarnous. Se trataba de un contrato de *régie intéressée*, de gestión o explotación de servicios públicos (ver más adelante, Capítulo II, sección II).

[182] C.E., 4 de octubre de 1961, *Veuve Verneuil*, p. 533.

playas no vinculan a terceros; la administración no las puede hacer valer frente a terceros, quienes tienen el derecho de intentar una acción judicial contra la administración por la reparación de los perjuicios que eventualmente hayan sido causados por la administración de este servicio.[183]

Las soluciones inventadas por el derecho administrativo francés son más prácticas que las de la VwVfG. En virtud del art. 58.1 de esta ley, el contrato administrativo que lesiona los derechos de un tercero surtirá efecto únicamente a partir del momento en que éste haya dado su consentimiento por escrito.[184] Esta disposición es contraria a la lógica de la solución francesa: en derecho francés, el tercero es protegido *a posteriori*, mientras que en derecho alemán, es protegido *a priori*, habida cuenta que sin su acuerdo formal el contrato nunca producirá sus efectos. Por otra parte, se debe destacar que la reglamentación alemana tiene un ámbito de aplicación mucho más restringido por cuanto se refiere al tercero cuyos derechos subjetivos, y no simplemente sus intereses, han sido lesionados. La inspiración civilista es nítida, pues se refiere al trasplante en el derecho administrativo del principio del derecho civil según el cual no se permite un contrato que obligue a un tercero, cuyo principio encuentra una base constitucional en el par. 2.1 GG, que dispone que la libertad contractual tiene como límite los derechos de los demás.[185]

Esta concepción alemana puede llevar a situaciones de rechazo del contrato como instrumento de administración, puesto que el administrado está menos protegido. De hecho, a veces es muy difícil prever que la celebración del contrato lesionará derechos de terceros. Es posible que sea aún más difícil delimitar el círculo de las personas que responden a esta calificación de «*terceros*» según la BverfG.[186] De ello se desprende que no solamente los terceros

---

[183] Ver J. Moreau, *ibid.*, p. 12; F.-P. Bénoit (O. Renard - Payen), *Dommages résultant des travaux et ouvrages publics, J.C.A.*, fasc. p. 726: las cláusulas de exclusión de la responsabilidad no son válidas ante terceros. Ver también R. Chapus, *Droit administratif général, I, op. cit.*, no 1238 et seq.

[184] H.J. Knack, *Verwaltungsverfahrensgesetz, op. cit.*, par. 58; P. Stelkens, H.J. Bonk, K. Leonhardt, *Verwaltungsverfahrensgesetz, op. cit.*, par. 58; K. Obermayer, *Kommentar zum Verwaltungsverfahrensgesetz, op. cit.*, p. 857 et seq.; F.O. Kopp, *Verwaltungsverfahrensgesetz, op. cit.*, p. 853 et seq.; K. Redeker, Die Regelung des öffentlich- rechtlichen Vertrags im Musterentwurf, *DöV*, 1966, p. 543 et seq.; W. Bosse, *Der subordinationsrechtliche Verwaltungsvertrag als Handlungsform öffentlicher Verwaltung*, Berlin, Duncker und Humblot, 1974; M. Bullinger, *op. cit., DöV*, 1977, p. 816; H.-U. Erichsen, W. Martens, *Allgemeines Verwaltungsrecht, op. cit.*, p. 326 et seq.

[185] P. Stelkens, H.J. Bonk, K. Leonhardt, *Verwaltungsverfahrensgesetz, op. cit.*, par. 58, no 1. Además, la ley, en el párrafo 2 del mismo artículo 58, procede a otra reglamentación, aquella que se refiere al caso en el que un contrato administrativo se celebra contra la emisión de un acto administrativo unilateral, por el cual no obstante se requiere habitualmente el consentimiento de otra autoridad administrativa. El contrato administrativo no produce sus efectos legales antes de que la otra autoridad haya dado su acuerdo por escrito.

[186] Se trata de una vulneración de los derechos de terceros, cuando el *status quo ante* jurídico del tercero se transforma en *status quo ante minus*; P. Stelkens, H.J. Bonk, K. Leonhardt, *ibid.*, no 11. Sin embargo, el consentimiento puede intervenir posteriormente, en cuyo caso el problema se resuelve (aplicando las disposiciones del par. 183 BGB respecto al consentimiento (*Einwilligung*) y del par. 184 respecto a la aprobación (*Genehmigung*), *ibid.*, no 15), con el consenso de la doctrina. Solo se plantea el problema de reclamar que el tercero consiente cuando el tercero tiene una obligación jurídica relativa. Ver también J. Fluck, *Die Erfüllung des öffentlich- rechtlichen Verpflichtungsvertrages durch Verwaltungsakt*, Berlin, Duncker und Humblot, 1985, p. 56 et seq.

están menos protegidos, sino también que la solución es menos ventajosa para el administrado que está llamado a celebrar el contrato y no conoce, ni está obligado a saber, que es posible que derechos de terceros sean lesionados por la acción de la administración. Si el administrado exige que su caso se resuelva mediante un acto administrativo unilateral, evita todos los problemas que se creó a sí mismo al aceptar firmar un contrato.

Debido a que el contrato administrativo puede sustituir al acto administrativo unilateral *(Verfügungsvertrag)*, esta problemática solo se presenta en el primer caso. Por lo tanto se ha sostenido[187] que el art. 58.1 de la VwVfG solo se aplica al primer caso, ya que en el segundo no hay daño a un derecho ajeno, pues el acto que incorporará la lesión aún no ha sido promulgado. La protección del tercero también está garantizada, por otra parte, porque dispone siempre de la posibilidad recurrir por abuso de poder *(Anfechtungsklage)* contra el acto administrativo unilateral que se dictará en cumplimiento de la obligación estipulada.

La diferencia reside en la medida de protección del tercero[188]: cuando el tercero está protegido contra el contrato, su protección es absoluta, ya que sin su acuerdo formal, el contrato nunca producirá sus efectos; esto incluso está garantizado constitucionalmente, como ya se ha señalado. Por el contrario, se cubre la nulidad del acto administrativo una vez transcurrido el breve plazo del recurso por abuso de poder. Por otra parte, también es necesario proteger al cocontratante de la administración que, además, mediante la firma del contrato, pierde el interés necesario como condición para la admisibilidad del recurso contra el acto celebrado, fuera del ámbito de error o de amenaza. No hay razón para hacer su posición más frágil.

Por lo tanto, es más razonable interpretar al contrato desde un punto de vista publicista y salvarlo, si es posible, frente a terceros cuando la ley no es absoluta, y viceversa en el caso del contrato mediante el cual la administración se obliga simplemente a realizar un acto administrativo unilateral. Por lo demás, las soluciones de la jurisprudencia francesa son preferibles puesto que tratan del mismo modo al acto administrativo unilateral y al contrato. El problema y la imperfección del derecho administrativo francés residen en el hecho de que, como el contrato no puede ser cuestionado por terceros, estos solo tienen la protección ofrecida en el marco de la jurisprudencia de los actos separables.

---

[187] H.-U. Erichsen, W. Martens, *Allgemeines Verwaltungsrecht, op. cit.*, p. 326; K. Redeker, *Die Regelung des öffentlich- rechtlichen Vertrags im Musterentwurf, op. cit.*, p. 545; M. Bullinger, Zur Notwendigkeit funktionellen Umdenkens des öffentlichen und privaten Vertragsrechts, *Gedächtnisschrift für Hans Peter*, Berlin, Heidelberg, New York, Springer-Verlag, 1967, p. 667-678.

[188] En este sentido: P. Stelkens, H.J. Bonk, K. Leonhardt, *Verwaltungsverfahrensgesetz, op. cit.*, par. 54, no 10 et seq.; C.-H. Ule, F. Becker, *Verwaltungsverfahren im Rechtsstaat*, Köln, Berlin, Grote, 1964, p. 65; C.-H. Ule, K.-A. Sellmann, Zum Stand der Vereinheitlichung des Verwaltungsverfahrensrechts, *DVBl*, 1967, p. 837, 839; H. Maurer, *Allgemeines Verwaltungsrecht, op. cit.*, par. 14, no 30 et seq. Sin embargo, según una parte de la doctrina, el campo de aplicación del párrafo 58.1 se limita a los contratos administrativos «reales» que infringen «directamente» los derechos de terceros.

El Consejo de Estado griego ha aportado un remedio claro e ingenioso para esta imperfección, que constituye la solución más razonable para los casos en los que el contrato sustituye a un acto administrativo unilateral; según su decisión 4576/1977, la cláusula de un contrato administrativo mediante la que se ha concedido un permiso especial que, de no ser así, se habría concedido mediante acto administrativo unilateral, constituye para los terceros un acto administrativo unilateral y puede ser atacado a través de un recurso por abuso de poder. Este acto, por lo tanto, no pierde su carácter unilateral frente a terceros; esto sería un atentado contra la protección y la garantía constitucionales del recurso por abuso de poder.[189] Esta jurisprudencia podría encontrar una aplicación mucho más amplia, en todos los casos en que no exista ninguna disposición legislativa especial que proteja a los terceros, si se parte de la idea de que de otro modo se encontraría ante un caso de desviación de procedimiento. Incluso se podría ampliar esta jurisprudencia hasta amparar igualmente al cocontratante de la administración; sin embargo, este ha perdido su interés protegido por la firma del contrato, como ha enajenado la garantía constitucional del recurso por abuso de poder al admitir un procedimiento contractual; por otra parte, evidentemente dispone del recurso paralelo para todo asunto de ejecución del contrato.

---

[189]   «Pero la cláusula contenida en dicho contrato relativa al otorgamiento de un permiso de oportunidad con miras a la creación de una industria, no constituye una mera cláusula contractual, sino que adquiere el carácter de acto autónomo unilateral de la administración, integrado en el contrato y susceptible de ser impugnado de manera admisible mediante recurso por abuso de poder, en la medida en que la imposibilidad de impugnar en anulación ante el Consejo de Estado un contrato celebrado entre el Estado y un particular cubre los términos de dicho contrato establecidos por la coincidencia de la voluntad de las partes contratantes y que las vinculan recíprocamente a ellas solamente y no los terceros, y no está vinculada a elementos ajenos al contrato, por los cuales se manifiesta una acción administrativa, en su contenido, en vista de la regulación autoritaria unilateral de una materia» (C.E., Ass. pl., 4576/1977, Ponente V. Rotis). Se trataba de conceder un permiso en la oportunidad de la creación de una planta, que, según las disposiciones ordinarias, se concede mediante un acto unilateral de la Administración, pero según la disposición del artículo 4 de la ley 4171/1961 «sobre la toma de medidas generales destinadas a ayudar al desarrollo de la economía del país», según enmienda posterior, este permiso se acordó mediante el contrato celebrado entre el Estado y el inversionista. Los terceros atacaron la cláusula de este contrato con respecto a los contratistas mediante un recurso por abuso de poder frente al Consejo de Estado, el cual se consideró admisible. Pero luego fue desestimado en cuanto al fondo.

CAPÍTULO II
EL CONTRATO DE SERVICIO PÚBLICO

EL CONTRATO DE SERVICIO PÚBLICO ENTRE UNA PERSONA PÚBLICA Y
UN PARTICULAR

LA CONCESIÓN de servicio público es una técnica que ha precedido al Estado, tal y como este se desarrolló como Estado monoclase en el siglo XVIII. La concesión tomó esencialmente la forma de un llamado a los particulares a participar en el funcionamiento de un servicio público. Basta recordar el ejemplo de los arrendamientos de impuestos con la obligación de los cocontratantes de la administración de recaudar los impuestos, o, como se ha podido escribir ingeniosamente, aquel de los *condottieri* del siglo XVI, es decir, de los particulares-empresarios que ponían sus ejércitos privados a la disposición de los príncipes.[1] Sin embargo, la concesión de servicio público fue utilizada en gran medida por el Estado monoclase, sobre todo en el siglo XIX, hacia finales del cual, al igual que al principio del siglo XX, ha sido objeto de la atención de la jurisprudencia y de la doctrina. Su ámbito de aplicación como medio de administración fue más que nada el de los ferrocarriles, los transportes públicos, la iluminación, la distribución del agua, las pompas fúnebres, etc. «En efecto, es una especie de falso capitalismo, en el que las empresas privadas recaban los beneficios y dejan las pérdidas eventuales al poder público, porque disponen de monopolios o, en todo caso, de privilegios y gestionan servicios públicos que, en cualquier caso, deben ser asegurados».[2]

La utilización de este método de organización y funcionamiento de servicios públicos no se extendió de la misma manera en todos los países. En Francia, la concesión de servicio público conquistó, tanto en la doctrina como en la práctica, una importancia especial porque durante todo el período del Estado monoclase se aplicó, con absoluta severidad, el principio de la no injerencia

---

[1] Ver las observaciones muy pertinentes de G. BRAIBANT, *Le droit administratif français, op. cit.*, p. 115.
[2] G. BRAIBANT, *ibid.*, p. 116.

del Estado en los asuntos de naturaleza financiera.[3] En Alemania, por el contrario, los organismos de la descentralización local intervinieron desde el principio en las actividades, en el marco de la construcción del Estado social que fue concebido allende el Rin.[4] También es necesario destacar aquí que gran parte de los casos que han dado origen a la jurisprudencia relativa a las concesiones no constituyen verdaderas concesiones, sino que están dentro de la hipótesis cercana a la participación de particulares en la organización y en el funcionamiento de servicios públicos.[5]

La ideología del Estado monoclase estaba dominada por el principio de la libre iniciativa, en su concepción más absoluta. Si es cierto que este principio no superó con frecuencia la fase de la Constitución material, no obstante fue impuesta, lo que conllevó la desaparición de un conjunto de instituciones del Estado absolutista: dominios completos que pertenecían al Estado fueron vendidos, puesto que el nuevo Estado no debía comportarse como un gran terrateniente, o, según los análisis de los socialistas que aparecieron más tarde, porque los grandes empresarios privados, mientras prometían la idea absoluta de la no injerencia del Estado en la economía, se constituyeron en propietarios totales al comprar las tierras del Estado a precios muy bajos.[6] Se abandonaron todas las empresas que el Estado había organizado principalmente para las necesidades del ejército que, hasta ese momento, era totalmente autosuficiente. «En el ámbito de las empresas del Estado, la derogación fue muy dura, puesto que las empresas que pertenecían al Estado obstaculizaban directamente al principio-garantía de la libertad de la empresa privada... Solo se conservó [en el ejército] aquello por lo que las administraciones marciales pudieron imponer sus opiniones, o los servicios que tenían una rentabilidad financiera muy baja y que, sin embargo, no interesaban lo suficiente a los particulares. En la Francia de la época napoleónica ya muchas de estas instalaciones estaban destruidas».[7]

La abstención del Estado de toda actividad de importancia financiera se aplicó como idea y principio de filosofía política en el ámbito de la concesión de servicio público. Cuando el Estado quiso desarrollar actividades de importancia financiera y financieramente rentables, y a pesar de que estas actividades se consideraban de especial importancia para el público, no ha organizado por

---

[3] Ver J. RIVERO, *Droit administratif, op. cit.*, p. 454 et seq., y los estudios especiales: J. SINGER, *L'intervention des collectivités locales en matière économique*, Paris, Afranipe, 1956; R. DEBBASCH, *L'intervention économique des collectivités locales après les lois de décentralisation*, RDP, 1986, p. 497; J. CHAPUISAT, *Les affaires communales*, AJDA, 1976, p. 470; P. MATTHÉOU, *La théorie des actes juridiques à l'épreuve de l'interventionnisme économique et social*, Thèse, dactylographiée, Paris II, 1990.

[4] Ver entre otros: G. PÜTTNER, *Handbuch der kommunalen Wissenschaft und Praxis*, 2e éd., vol. 5; E. SCHMIDT ASSMANN, Kommunalrecht, *en*: I. VON MÜNCH, *Besonderes Verwaltungsrecht*, 8e éd., Berlin, New York, de Gruyter, 1988, p. 97 et seq. y especialmente 176 et seq.

[5] G. BRAIBANT, *Le droit administratif français, op. cit.*, p. 116 y especialmente p. 115 et seq.; J. MOREAU, *Droit administratif, op. cit.*, p. 265 et seq.; R. CHAPUS, *Droit administratif général*, I, *op. cit.*, no 540 et seq.

[6] M.S. GIANNINI, *Il pubblico potere, Stati e amministrazioni pubbliche, op. cit.*, p. 40 et seq.

[7] M.S. GIANNINI, *ibid.*, p. 41.

sí mismo estos servicios, sino que recurrió a los particulares. Una vez más, los empresarios privados podían desarrollar su existencia capitalista gracias al Estado que, desde este punto de vista, nunca ha sido abstencionista.[8] Desde de los años setenta, la concesión de servicio público ha vuelto a estar de moda como forma de organizar y hacer funcionar un servicio público.[9]

Como ya se ha señalado, recurrir a los particulares para organizar y hacer funcionar los servicios públicos no constituye en modo alguno un método desconocido antes del siglo XIX: el poder público ha conocido este método de organización y funcionamiento de servicios públicos desde finales de la Edad Media. Estudios recientes en el campo de la historia de las instituciones demuestran claramente que la jurisprudencia ingeniosa y particular del Consejo de Estado con respecto a la concesión de servicio público no es tanto el producto de su sabiduría como el de su manera de acoger y perfeccionar las prácticas y las doctrinas del pasado del Estado moderno posrevolucionario.[10]

Los señores feudales franceses, las comunas o el rey ejercían la administración, bien a través de auxiliares que contrataban, bien mediante concesión de servicio público o de obra pública.[11] Las actividades concedidas eran sin distinción comerciales o administrativas; incluso podían ser judiciales, puesto que se confundían totalmente con las actividades administrativas. El señor feudal, la comuna o el rey conservaba su derecho de ejercicio del poder público frente al concesionario. «Este puede ejercer una vigilancia verdadera sobre su granjero o su vasallo, darle órdenes, e incluso, en ciertos casos, rescindir la concesión sin justificar una falta.»[12] Más tarde, las autoridades reales o municipales también ejercieron derechos exorbitantes frente a sus concesionarios, herederos de los derechos de poder público de sus predecesores. Los representantes de la administración no solo se reservan el derecho de dirigir personalmente las obras, sino también el de imponer unilateralmente deberes adicionales al concesionario. «Tanto más cuanto que los administradores pueden rescindir el contrato por iniciativa propia... se sienten libres de tomar una decisión unilateral.»[13]

---

[8]   Evidentemente, las nuevas actividades económicas también fueron emprendidas por el Estado. «Una vez que la tecnología ha perfeccionado los ferrocarriles y los ha convertido en medios de producción, muchos Estados de la Europa continental se han reservado su manufactura y su explotación. Otros Estados las han dejado en manos de particulares, o en concesión o bajo su estricto control. En ambos casos, el principio de abstención de las actividades económicas era una excepción... De todos modos, la verdad es que, poco a poco, una actividad económica comenzó a desarrollarse en las manos del Estado que, esta vez, era realmente pública», M.S. GIANNINI, *ibid.*, p. 42.

[9]   J. MOREAU, *Droit administratif, op. cit.*, p. 265; R. CHAPUS, *Droit administratif général*, I, *op. cit.*, no 680. Los principales ejemplos de la revaloración de esta forma de organizar y hacer funcionar un servicio público son la explotación de los transportes públicos de interés local (ley del 29 de junio de 1973 y decreto del 29 de octubre de 1980), de los puentes y carreteras con peajes (ley del 12 de julio de 1979), de los programas de televisión (ley del 29 de julio de 1982, art. 79), la ejecución del servicio público hospitalario (ley del 31 diciembre de 1970 y decreto del 9 de mayo de 1974) (*ibid.*).

[10] El principal estudio en este ámbito es el de J. L. MESTRE, *Introduction historique au droit administratif français*, Paris, PUF, 1985, y del mismo autor, *Un droit administratif à la fin de l'ancien régime: le contentieux des Communautés de Provence*, Paris, LGDJ, 1976.

[11] J. L. MESTRE, *Introduction historique au droit administratif français, op. cit.*, p. 45 et seq.

[12] *Ibid.*, p. 47, también *ibid.*, p. 54, al igual que la bibliografía aquí citada.

[13] *Ibid.*, p. 245 et seq.

Por otra parte, el cocontratante del señor feudal, de la comuna o del rey, y más tarde de la administración comunal o real, sustituyó totalmente al que le concedía el servicio, de modo de poder ejercer las prerrogativas del poder público frente a terceros. «G. Chevrier ha señalado que dentro del «mundo jurídico» medieval, «el contrato se combina con el estatuto del cual no es la antítesis rigurosa, puesto que «se pasa de uno a otro dentro de una misma operación.»[14] Más tarde, el cocontratante de la administración feudal, comunal o real tendrá un motivo especial para obtener remuneración por el perjuicio que le hayan causado las medidas de la administración tomadas en contra de sus intereses (hecho del príncipe).[15] Es en esta época que se creó la teoría de la imprevisión, según la cual, cuando un hecho imprevisible provoca un perjuicio insoportable para el concesionario, debe buscarse el equilibrio financiero del contrato mediante la participación de la administración en la pérdida financiera y la obligación de la otra parte contratante de garantizar el funcionamiento normal del servicio.[16]

La concesión de servicio público constituye el caso más importante de contrato de servicio celebrado entre personas públicas y particulares. Es cierto que la práctica ya ha presentado - y la jurisprudencia y la doctrina han aceptado - casos de concesiones de servicio público otorgadas a personas públicas. Esta sección estará consagrada solamente al tipo clásico de concesión, en la que el concesionario es un particular, a menudo persona jurídica de derecho privado.

Las formas de confiar un servicio público a particulares, tal como se han formulado en el marco del derecho francés, son tres. Es posible que la administración confíe a un particular, a través de un contrato, la gestión de un servicio público en su propio nombre y bajo su responsabilidad: se trata de la transferencia de servicio público. También es posible que, mediante contrato, la administración confíe a un particular su representación dentro del contexto de una determinada actividad; esta representación puede ser global o parcial, pero en el fondo, en todos los casos, la administración continúa siendo el verdadero gestor del servicio público en cuestión; en estos casos se trata de *contratos de mandato*, y no de contratos de concesión. Por último, existen los casos en los que el particular es llamado a trabajar *en asociación* o *en colaboración* con la administración en la ejecución de un servicio público; la administración conserva la gestión del servicio público, pero permite mediante contrato que particulares también realicen actos de gestión, en su propio nombre y bajo su propia responsabilidad. Esta última hipótesis se aproxima más a la primera, y en este contexto, es más afín a la concesión de servicio público. Es cierto que una parte muy importante de la jurisprudencia relativa a los contratos que se ocupa de los contratos de servicio

---

[14] *Ibid.*, p. 50 et seq.
[15] *Ibid.*, p. 266 et seq.
[16] *Ibid.*, p. 267 et seq. Sobre la teoría de la imprevisión: J. L. Mestre, *Un droit administratif à la fin de l'ancien régime: le contentieux des Communautés de Provence, op. cit.*, p. 375 et seq.; J. Vidal, *L'équivalent des aides en Languedoc*, Thèse, Montpellier, 1960, p. 280 et seq.

público se desarrolló con ocasión de actividades de servicio público que no eran completamente concedidas, sino a las que el particular había sido llamado por contrato a participar en asociación o en colaboración. En ambos casos, el particular, actuando en su propio nombre, compromete su responsabilidad. Pero volvamos a los detalles de estas tres fórmulas.

Se observan algunas características comunes entre los distintos casos de la transferencia de servicio público.[17] El particular se encarga, total o parcialmente, mediante contrato, de un servicio público. Tiene la posibilidad de realizar todas las actividades para el buen funcionamiento del servicio. Dentro del marco de esta libertad, está sometido a dos limitaciones: aquellas previstas por el contrato, pero también aquellas que se derivan del derecho de la administración de dar seguimiento a los asuntos del servicio delegado, puesto que la administración es y sigue siendo siempre el garante del buen funcionamiento del servicio ante el conjunto de los administrados.[18] Por otra parte, el administrado entra en las obligaciones de servicio público, y eventualmente se encarga del ejercicio del poder público cuando es consecuencia de la naturaleza del servicio delegado.[19] En cualquier caso, se someterá a todas las obligaciones de respeto de los principios fundamentales de funcionamiento del Estado y del servicio, aun cuando esto no esté previsto en el contrato en sí, puesto que se trata de una consecuencia evidente de su posición jurídica. Finalmente, el particular hace funcionar el servicio con su propio capital, aunque es cierto que hoy en día, en la mayoría de los casos, se produce una confusión de capitales.[20] Este funcionamiento implica naturalmente la responsabilidad personal del particular por sus actos de gestión, en la medida en que sea quien los lleva a cabo.[21]

---

[17] Respecto a la delegación de servicio público: H. G. HUBRECHT, *Le contrat de service public, op. cit.*, p. 46 et seq.; CH. BETTINGER, *La concession de service et de travaux publics*, Paris, Berget Levrault, 1978, quien, en lugar del término transferencia (*dévolution)*), utiliza el término delegación (*délégation*), y G. DUPUIS, *Sur la concession de service public*, D. 1978, chr., p. 222, quien habla de traspaso (*transfert*). Respecto a la noción de delegación de servicio público, ver también los artículos relacionados de C. CHENNAND-FRAZIER, *RDP* 1995, 175, J.-C. DOUENCE, *RFDA* 1993, 942 et G. MARCOU, *RFDA* 1994, 691. Y para la problemática más general ver J. M. AUBY, en su comentario en la sentencia del C.E., 26 de junio de 1974, *Sté la maison des isolants de France, RDP*, 1974, p. 1486 et seq.

[18] Conclusiones Blum, C.E., 11 de marzo de 1919, *Cie générale française des tramways*, S. 1911.3.1. Ver también H. BARTHÉLEMY, *L'Etat et le contrat, RDP*, 1911, p. 146, et JOSSE, conclusiones *en*: C.E., 18 de junio de 1940, *Cie P.L.H. et autre, RDP*, 1931, p. 142.

[19] La concesión del derecho de ejercicio del poder público no es una consecuencia necesaria del contrato de delegación de servicio público y, por lo tanto, no se debe considerar este elemento como una condición *sine qua non* de su existencia. Este es el resultado de la sentencia del Tribunal de Conflictos, del 6 de noviembre de 1978, *Bernardi, R.T.D.S.S.*, 1979, p. 81, com. F. Moderne. El Tribunal de Conflictos dictaminó que la persona de derecho privado se había encargado de la ejecución de un servicio público sin por ello estar dotada de privilegios del poder público. Apenas un año antes, P. AMSELEK y J. WALINE se preguntaban lo contrario en ocasión de la sentencia C.E., 13 de octubre de 1978, *A.D.A.S.E.A. du Rhône* (D. 1979, J., p. 249). Más generalmente: H. G. HUBRECHT, *Le contrat de service public, op. cit.*, p. 52 et seq.

[20] *Ibid.*, p. 54.

[21] A. DEMICHEL, *Le contrôle de l'Etat sur les organismes privés, Essai d'une théorie générale*, Paris, LGDJ, 1960, vol. II, p. 537; B. LEROUSSEAU, *La responsabilité des personnes privées gérant un service public administratif, AJDA*, 1977, p. 403 et seq.; A. DE LAUBADÈRE, F. MODERNE, P. DELVOLVÉ, *Traité des contrats administratifs, op. cit.*, p. 288 et seq.

Sin embargo, las diferenciaciones entre los elementos característicos de los casos de delegación de servicio público a particulares ha llevado a la jurisprudencia y a la doctrina a establecer distinciones entre distintos casos, teniendo como corolario la concesión de servicio público.

La concepción clásica de la *concesión de servicio público* se refleja en las conclusiones del comisario del gobierno Chardenet en el caso *Cie générale d'éclairage de Bordeaux v. Ville de Bordeaux:*[22] se trata de un contrato mediante el cual una entidad pública confió a una empresa privada el funcionamiento de un servicio público, con su propio capital y asumiendo sus propios riesgos y peligros, y con la contraprestación de una remuneración mediante las tasas cobradas a los usuarios.[23] Esta concepción, que siempre encuentra resonancia en la jurisprudencia del Consejo de Estado,[24] ha sido objeto de críticas respecto a algunos de sus elementos, sobre todo, debido a la propia evolución de la jurisprudencia.

La entidad pública que realiza la concesión es el Estado, las entidades locales, las regiones. La persona pública que ejerce el poder público dispone, de conformidad con el principio de legalidad tal como lo concibe el derecho administrativo francés, del derecho de organizar y de hacer funcionar los servicios públicos de la manera que considere más idónea para satisfacer el interés público.[25] Por consiguiente, tiene plena libertad para elegir la concesión como modo de organización y de funcionamiento del servicio público, con base en una descripción detallada de las condiciones de organización y de funcionamiento y en un pliego de condiciones que forma parte integrante del contrato. Además, como la administración tiene la libre elección del modo de organización de sus servicios, también tiene plena libertad para elegir a su concesionario. Por lo tanto, no está obligada a ajustarse a las disposiciones del derecho público de la licitación, etc.[26] Así, cuando la jurisprudencia admite la legalidad de la libre elección del cocontratante de la administración, se encuentra necesariamente en el ámbito de la delegación - pero no estrictamente de la concesión - de servicio público. Por otra parte, cuando la misma ley

---

²² C.E., 30 de marzo de 1916, p. 125, *S.* 1916, 3, p. 17, concl., com. Hauriou, *D.* 1916, 3, p. 25, concl., *RDP*, 1916, p. 206 et 388, concl., com. Jèze, *Grands Arrêts, op. cit.*, no 34.

²³ En este sentido: R. Chapus, *Droit administratif général*, I, no 675 et seq.; A. de Laubadère, F. Moderne, P. Delvolvé, *Traité des contrats administratifs, op. cit.*, p. 285; J. Moreau, *Droit administratif, op. cit.*, p. 265 et seq.

²⁴ C.E., dictamen (*Section de l'Intérieur*), 14 de octubre de 1980, *AJDA*, 1983, p. 193, com. J. M. Auby, *EDCE*, 1980 1981, no 32, p. 196. Ver también: C.E., 10 de abril de 1970, *Beau et Lagarde*, p. 243, *C.J.E.G.*, 1971, p. 195, com. Virole, C.E., 11 de diciembre de 1963, *Ville de Colombes*, p. 612.

²⁵ R. Chapus, *Droit administratif général*, I, *op. cit.*, no 676; J. Moreau, *Droit administratif, op. cit.*, p. 266. El principio de *intuitus personae* evidentemente sufre una excepción en caso de monopolio, como por ejemplo en el caso de la ley del 8 de abril de 1946 sobre l'EDF y el GDF. *Ibid.*

²⁶ Ver también, T.C., 6 de junio de 1989, *Préfet de la région d'Ile de France, préfet de Paris c. Cour d'appel de Paris, Sté d'exploitation et de distribution d'eau (S.A.E.D.E.) c. S.A. Lyonnaise des eaux et ville de Paniers, RFDA*, 1989, p. 457, concl. Stirn. J. Moreau señala que «para las concesiones en particular, el principio de la libre elecció se impone a causa del *intuitus personae* que domina la materia « (*op. cit.*, p. 278). El Consejo de Estado solo ejerce un control mínimo respecto a este punto, el del error manifiesto de apreciación.

determina que alguna explotación es una concesión de servicio público, la jurisprudencia se siente obligada a aceptar la aplicación del principio de la libre elección del cocontratante, incluso si no se reúnen los elementos característicos de la concesión.[27]

El concesionario tradicionalmente ha sido un particular, en la mayoría de los casos, una sociedad anónima. La evolución ha llevado a la aparición de concesionarios que, cada vez más, son personas de derecho público, como se verá en la Sección II de este Capítulo.[28] Algunas veces se trata de una concesión obligatoria de un servicio público. Cuando se trata de una concesión de una persona pública a otra, la igualdad de las partes no influye en la existencia de la concesión según la concepción clásica. Sin embargo, en tiempos modernos, el concesionario es muy a menudo una sociedad de economía mixta.[29] Esto no quiere decir que el concesionario privado, del tipo tradicional, haya desaparecido: la distribución del agua, en la medida en que no es realizada directamente por los municipios, en Francia sigue siendo concedida a particulares.[30] Una última particularidad del derecho francés que merece destacarse es que en muchos casos, y sobre todo en las grandes concesiones de servicio público de la actualidad, la propia ley establece la concesión, así como la naturaleza jurídica de la persona del concesionario.

El objeto de la concesión de servicio público es un servicio público.[31] Las primeras concesiones que tuvieron lugar en Francia, en tiempos modernos, se referían a actividades comerciales e industriales de la administración, aquellas que después dieron lugar a la aceptación de la idea de servicio público industrial y comercial. Este pasado ha llevado a ciertos autores a pensar que los servicios públicos administrativos no pueden ser objeto de contrato y que, por lo tanto, no pueden ser concedidos.[32] Por otra parte, a partir del momento

---

[27]   R. CHAPUS, *Droit administratif général*, I, *op. cit.*, no 676 *in fine*, quien observa que la ley del 29 de junio de 1982 sobre la telecomunicación audiovisual había previsto que algunos servicios de televisión serían objeto de «contratos de concesión de servicio público», aunque no se presentaba el elemento de la remuneración del concesionario por parte de los usuarios. Sobre este tema: C.E. Ass., 16 de abril de 1986, *Cie luxembourgeoise de télévision*, AJDA, 1986, p. 284, chron. M. Azibert et M. Fornacciari, *J.C.P.*, 1986 no 20617, com. M. Guibal, RDP, 1986, p. 847, concl. O. Dutheillet de Lamothe.

[28]   A. DE LAUBADÈRE, F. MODERNE, P. DELVOLVÉ, *Traité des contrats administratifs*, I, *op. cit.*, p. 285 et seq. Ver también: T.C., 28 de mayo de 1979, *Syndicat communautaire d'aménagement de la ville nouvelle de Cergy Pontoise*, D. 1979.I.R.386, com. P. Delvolvé.

[29]   A. DE LAUBADÈRE, F. MODERNE, P. DELVOLVÉ, *ibid.*, p. 286.

[30]   R. CHAPUS, *Droit administratif général*, I, *op. cit.*, no 681. Lo mismo puede decirse de los teatros municipales y los casinos, así como de las funerarias (*ibid.*).

[31]   No es el objeto de este estudio, profundizar en teoría la jurisprudencia sobre una cuestión tan debatida como el de la noción de servicio público. Entre numerosos estudios, se puede citar a título ilustrativo J. L. DE CORAIL, *La crise de la notion juridique de service public en droit administratif français*, LGDJ, 1954; J. CHEVALLIER, *Essai sur la notion juridique de service public*, *Publications de la Faculté de Droit de l'Université d'Amiens*, no 7, 1977; R. CHAPUS, *Le service public et la puissance publique*, RDP, 1968, p. 235. Ver especialmente respecto a estos temas y más generalmente sobre la cuestión de la concesión de servicio público: P. DELVOLVÉ, *Les arrêts relatifs à la 5ème et à la 6ème chaînes de télévision et la théorie de la concession de service public*, RFDA, 1987, p. 1 et seq.; F. MODERNE, *Les arrêts et le contentieux de la concession de service public*, RFDA, 1987, p. 11 et seq.

[32]   Ver los análisis de H. G. HUBRECHT, *Le contrat de service public, op. cit.*, p. 81 et seq.

en que se considere como elemento necesario del concepto de concesión, la satisfacción pecuniaria del concesionario mediante las tasas recibidas de los usuarios, y dado que el funcionamiento de los servicios públicos administrativos en principio no se realiza sobre una base financiera, surgen problemas doctrinales que no se pueden dejar fácilmente de lado.

Duguit[33] y Jèze[34] ya pensaban que no existe un servicio público que no pueda ser concedido. Duguit incluso señaló que la historia muestra que en el pasado se había concedido todo tipo de servicios públicos a particulares.[35] En el derecho administrativo francés moderno se han considerado como concesiones de servicio público el funcionamiento de la red de autopistas, de túneles, de puentes y plazas de estacionamiento, de servicios de salud cuando el funcionamiento de un hospital se confía a un particular;[36] otro ejemplo es la concesión contratos de interés nacional.[37] Sin embargo, se han expresado reservas sobre la verdadera naturaleza de la concesión de autopistas como concesión de servicio público,[38] mientras que en el caso del servicio público de salud se ha puesto en el carácter mismo de concesión de servicio público.[39] Las reservas se abandonaron con respecto a las autopistas cuando la sentencia *Epoux Merlin*[40] las caracterizó como concesiones de obras y de servicios públicos, y después que la sentencia *Demoiselle Ruban*[41] aceptó la naturaleza de imposición de peajes y excluyó así el carácter comercial de estos servicios públicos.[42] En lo que concierne a los servicios de salud, la opinión que prevaleció al final es la que defendía el carácter de verdadera concesión de servicio

---

[33] L. Duguit, *De la situation des usagers particuliers à l'égard des services publics, RDP*, 1907, p. 411.

[34] G. Jèze, *Principes généraux du droit administratif*, 3e éd., vol. II, *op. cit.*, p. 64.

[35] L. Duguit, *ibid.*

[36] R. Chapus, *Droit administratif général*, I, *op. cit.*, no 681 3 et 4; A. de Laubadère, F. Moderne, P. Delvolvé, *Traité des contrats administratifs*, I, *op. cit.*, p. 288.

[37] A. de Laubadère, F. Moderne, P. Delvolvé, *ibid.*

[38] Se trataba de saber si había realmente concesión de obras y servicio público, como lo han sostenido: D. Vignes, *Les autoroutes*, D. 1960, I, p. 85, et J.P. Boivin, en sus comentarios sobre el caso C.E., *Epoux Merlin*, 14 de febrero de 1975, D. 1945, p. 145, o simplemente de obras públicas, como lo han sostenido: J. Cathélineau, *Diversité et particularisme des concessions de travail public*, C.J.E.G., 1968, doc. p. 27 y Colin, en sus comentarios sobre T.C., 28 de junio de 1965, *Dlle Ruban c. Sté de l'autoroute Estérel Côte d'Azur*, D. 1966, p. 380.

[39] A. de Laubadère fue el primero en sostener que se trataba de una concesión de servicio público administrativo, en: *AJDA*, 1971, *chr. de législation*, p. 90 et seq. Muy interesante es la opinión de J.A. Mazères, *Le service public hospitalier, à la croisée des interventions publiques et privées*, R.T.D.S.S., 1974, p. 271 et seq., quien considera que se no se trata de delegación sino de asociación de un particular a la satisfacción de objetivos de servicio público. Como lo observa H. G. Hubrecht, *Les contrats de service public, op. cit.*, p. 94, Mazères sigue la terminología muy especial de G. Braibant, quien da a esta categoría de asociación un contenido muy amplio. Ver G. Braibant, *Le droit administratif français, op. cit.*, p. 115 et seq.

[40] C.E. Ass., 14 de febrero de 1975, *Epoux Merlin*, p. 110, *AJDA*, 1975, p. 229, chron. M. Franc et M. Boyon, D. 1976, p. 144, com. Boivin, *RDP*, 1975, p. 1705, com. Waline, *CJEG*, 1975, p. 128, com. Virole.

[41] T.C., 28 de junio de 1965, *Dlle Ruban c. Sté de l'autoroute Estérel Côte d'Azur*, D. 1966, comm. Colin, p. 390, C.J.E.G., 1966, com. Virole, p. 1.

[42] Bibliografía especial posterior: E. Zoller, *La crise des concessions d'autoroutes, RDP*, 1979, p. 167; B. Touret, *Le régime juridique des concessions d'autoroutes, AJDA*, 1972, p. 372; H. Maisl, *Les concessions d'autoroutes, RDP*, 1973, p. 909.

público: de hecho, es una opinión que satisface plenamente a la opinión tradicional, puesto que se trata de un servicio público que se confía, mediante contrato, a un particular que tiene un objetivo financiero; este objetivo se satisfará mediante las tasas que perciba de los usuarios del servicio, y el servicio se prestará bajo la propia responsabilidad del cocontratante de la administración. Por otra parte, es un servicio público administrativo, ya que predominan los elementos de derecho público.[43]

La concesión de servicio público también implica, en su concepción original, que el contratante de la administración actúa bajo su propia responsabilidad y que es personalmente responsable por sus actos. Esta es la razón por la que, según la jurisprudencia, los contratos que celebre con terceros no son ni pueden ser administrativos.[44] En este sentido, la concesión de servicio público difiere del mandato, en virtud del cual un particular se encarga de ciertas actividades de servicio público por cuenta de la administración que controla este servicio y que ejerce estas actividades en su totalidad. El contrato de mandato, de realizar actos «por cuenta de» la administración contratante, no constituye una concesión. El mandatario celebra contratos administrativos con terceros, porque actúa por cuenta de la administración.[45] La jurisprudencia y la doctrina han desarrollado una serie de criterios de hipótesis de representación para los casos en que las disposiciones no son ni explícitas ni claras.

Es por esta misma razón que el contrato de gestión remunerada con base en una fórmula de participación en los resultados (*régie intéressée*) no se acepta como una concesión. Según la jurisprudencia de *Marc et Béranger*,[46] no se trata de una concesión de servicio público, puesto que el cocontratante se encarga por contrato del funcionamiento de un servicio público por cuenta de la administración. Además, el director no se presenta como autor de sus actos. Su satisfacción financiera no depende de las ganancias realizadas, sino de otros resultados financieros estipulados con la administración, como por ejemplo, los ahorros obtenidos, la mejora del servicio, etc.[47]

[43]   Bibliografía especial posterior: J. A. MAZÈRES, *La participation des établissements privés à but non lucratif au service public hospitali*er, *R.T.D.S.S.*, 1979, p. 25 et seq.; J. BEER CABEL, *L'exécution du service public hospitalier par des établissements privés*, AJDA, 1979, no 1, p. 13.

[44]   A. DE LAUBADÈRE, F. MODERNE, P. DELVOLVÉ, *Traité des contrats administratifs*, I, *op. cit.*, p. 163 et seq., et 288 et seq., así como todos los manuales de derecho administrativo francés. Ver también J.F. PREVOST, *A la recherche du critère du contrat administratif. La qualité des contractants*, RDP, 1971, p. 817 et seq.

[45]   Y. BRAND, *Le mandat comme fondement des contrats administratifs entre personnes privées*, J.C.P., 1981, I, p. 3032. Conclusiones Braibant *en*: C.E., 13 de diciembre de 1963, *Syndicat des praticiens de l'art dentaire du département du Nord*, D. 1954, p. 55; A. COUDEVYLLE, *La notion de mandat en droit administratif*, AJDA, 1979, p. 7; H. G. HUBRECHT, *Le contrat de service public, op. cit.*, p. 159 et seq.; M. HECQUART THÉRON, *Essai sur la notion de réglementation*, Paris, LGDJ, 1977, p. 167 et seq.; J. A. MAZÈRES, *Que reste t il de la jurisprudence Sté entreprise Peyrot, Mélanges P. Couzinet*, Toulouse, Université des sciences sociales, 1975, p. 475.

[46]   C.E., 19 de enero de 1912, *Marc et Béranger*, p. 75.

[47]   J. DE SOTO, comentario en C.E., 10 de marzo de 1950, *Département de la Seine*, D. 1950, II, p. 454; M. WALINE, *La notion de régie intéressée*, RDP, 1948, p. 337 et seq. Ver también O. FOUQUET, comentario en: C.E., 21 de octubre de 1985, *Sté des transports Michel Delattre*, AJDA, 1986, p. 105; R. CHAPUS, *Droit administratif général*, I, *op. cit.*, no 684.

La gestión de un servicio público bajo arrendamiento o aparcería (*affermage*) constituye un caso intermedio: el servicio se concede en su totalidad al cocontratante de la administración, quien debe hacerlo funcionar en su propio nombre y pagar a la autoridad pública - en la mayoría de los casos un organismo local - una suma fijada de antemano, un alquiler. La diferencia entre los ingresos obtenidos y el alquiler constituyen la ganancia del «arrendatario» o «aparcero».[48]

Otro caso intermedio, que sin embargo se aproxima más al de la concesión con la cual se le confunde con demasiada frecuencia, es aquel que dio lugar a una jurisprudencia muy importante y que se remonta a las sentencias *Thérond*[49], *Epoux Bertin*[50] y *Grimouard*. En el caso *Thérond*, se trataba de un particular que, en el marco de sus otras actividades privadas, había aceptado con respecto a la ciudad de Montpellier, la tarea de recoger los perros vagabundos o los animales encontrados muertos en la vía pública. En el caso *Epoux Bertin*, la administración había encargado a particulares, por contrato, la tarea de ofrecer servicios de alojamiento y alimentación a los emigrantes soviéticos de la región de París, hasta que estos fueran repatriados. El caso *Grimouard* era un poco diferente, puesto que se trataba de un caso en el cual el contrato en sí constituía una manera de ejecución del servicio público; en lugar de adoptar actos administrativos unilaterales, se establecían contratos que constituían modos de ejecución de un servicio público.[51] En todas estas hipótesis, se está en presencia no exactamente de concesiones de un servicio público en su totalidad, sino de *asociaciones* o de *colaboración* en el marco de la ejecución de un servicio público, con particulares que normalmente ejercen otras actividades privadas.[52] Como escribe Chapus, se trata de lo que queda cuando se exceptúa de la delegación de servicio público el contrato de gestión

---

[48]   J. M. AUBY, *Actualité de l'affermage de service public, Mélanges Péquignot*, Montpellier, Centre d'études et de recherche de l'Université de Montpellier, 1984, p. 29; G. MONSARRAT, *Concessions des communes et des syndicats de communes*, Paris, 1948, p. 4 et 148; J. DUFAU, *Concessions de service public, J.C.A.,* fasc. 530; J. P. NEGRIN, *L'intervention des personnes morales de droit privé dans l'action administrative*, Paris, LGDJ, 1971, p. 70; A. DE LAUBADÈRE, F. MODERNE, P. DELVOLVÉ, *Traité des contrats administratifs*, I, *op. cit.*, p. 317 et seq.; R. CHAPUS, *Droit administratif général, op. cit.,* no 685. Por lo tanto, los pliegos de condiciones aplicables a los arrendamientos no son aplicables a las concesiones: C.E., 19 de junio de 1970, *Commune de Berre l'Etang c. Ville de Marseille et Sté des eaux de Marseille*, p. 1098. Ver también: C.E., 4 de junio de 1982, *Ville de Dreux c. Sté lyonnaise des eaux et de l'éclairage, AJDA*, 1982, no 246, que iguala el arrendamiento a la concesión de servicio público.

[49]   C.E., 4 de marzo de 1910, *Thérond*, p. 193, concl. Pichat, *D.* 1912, 3, p. 57, *RDP*, 1910, p. 249, com. Jèze, *S.* 1911, 3, p. 17, com. Hauriou, *Grands Arrêts, op. cit.*, no 24.

[50]   C.E., 20 de abril de 1956, *Epoux Bertin*, p. 167, *AJDA*, 1956, 2, p. 221, chron. J. Fournier et G. Braibant, p. 272, concl. M. Long, *D.* 1956, p. 433, com. A. de Laubadère, *RDP*, 1956, p. 869, com. M. Waline, *Grands Arrêts, op. cit.*, no 92.

[51]   C.E., 20 de abril de 1956, *Ministre de l'Agriculture c. Consorts Grimouard, D.* 1956, p. 429, concl. Long, com. Waline, *AJDA*, 1956, II, p. 187 et 221, concl., chron. Fournier et Braibant, *Rev. Adm.*, 1956, p. 496, com. Liet Veaux, *Grands Arrêts, op. cit.*, no 92. J. CHEVALLIER, L'association au service public, *J.C.P.*, 1974, p. 2667, y del mismo autor, comentario en: T.C., 24 juin 1968, *Sté d'approvisionnement alimentaire, D.* 1969, p. 117.

[52]   G. BRAIBANT, *Le droit administratif français, op. cit.*, p. 116; A. DE LAUBADÈRE, F. MODERNE, P. DELVOLVÉ, *Traité des contrats administratifs*, I, *op. cit.*, p. 294; H. G. HUBRECHT, *Les contrats de service public, op. cit.*, p. 67 et seq.; R. CHAPUS, *Droit administratif général*, I, *op. cit.*, no 615 et seq.

remunerada con base en una fórmula de participación en los resultados, el arrendamiento o la propia concesión de servicio público *stricto sensu*.[53]

De todos estos análisis se desprende claramente que, según las ideas clásicas, para que haya concesión de servicio público es necesario que el beneficio del concesionario se base en los recaudos provenientes de lo pagado por los usuarios del servicio. Este elemento, que parece perpetuarse a través de la jurisprudencia del Consejo de Estado, es útil porque ayuda a distinguir la concesión del citado contrato de gestión remunerada y del arrendamiento; pero al mismo tiempo, es anacrónico. Cuando de hecho, Chardenet, en 1916, incluyó este elemento en su definición de la concesión de servicio público, más que dejar una definición de autoridad para las generaciones futuras, deseaba describir el estado de derecho de su época; describía una institución tal como la reconocía a través de la práctica ya desarrollada. Por esto es que A. de Laubadère opina que este elemento debe ser remplazado por una concepción más general en la cual la ganancia del concesionario se determina según el resultado financiero de la explotación. De este modo, el contrato de gestión remunerada (*régie intéressée*) y el arrendamiento (*affermage*) no están menos excluidos.[54] G. Dupuis también quiere dar una nueva dimensión a la concesión de servicio público y observa con agudeza que la concesión consiste, en el fondo, en un traspaso de la totalidad de un servicio público a un particular, es decir, de lo que concierne tanto a las funciones que constituyen el servicio como a su parte financiera, los costos y los beneficios, elemento que solo se puede encontrar en la concesión de servicio público. Por otra parte, cabe señalar que la adopción de este criterio no presenta un problema de confusión con

---

[53] R. Chapus, *ibid.*, no 686. Para no dejar lugar a ambigëdades sobre este punto del análisis, hay que hacer dos observaciones: en primer lugar, que si el contenido y objeto de la «concesión» no son un servicio público, no hay concesión de servicio público; en segundo lugar, que es posible que el contenido y el objeto de la concesión sean la ejecución de obras públicas y de servicio público. En la primera categoría se engloba un buen número de casos en los que la ley utiliza abusivamente el término «concesión», aunque no se trate de un servicio público; ello no significa, sin embargo, que estos contratos no deban considerarse algunas veces como contratos administrativos. Se trata, en efecto, a de particularidades del derecho francés. Así, por ejemplo, la concesión de las accesiones a la ribera del mar por depósito de materiales (aluviones) o por retirada del mar *(lais et relais de la mer)* se refiere a una cosa que no es parte del dominio público y en realidad constituye una venta según la sentencia C.E., 8 de enero de 1958, *AJDA*, 1958, II, p. 54, concl. Long. Por lo tanto, el contrato en cuestión es administrativo por determinación de la ley del 28 de pluvioso del año VIII, art. 4. También lo son las llamadas concesiones de dominio, que son contratos que permiten al particular la ocupación de la propiedad pública. Este carácter también se debe exclusivamente a la ley, y en especial al art. 84 del *Code du domaine de l'Etat*. Más específicamente: A. de Laubadère, F. Moderne, P. Delvolvé, *Traité des contrats administratifs*, I, *op. cit.*, p. 322 et seq. La segunda categoría ha sido reiteradamente consagrada por la jurisprudencia, sobre todo con ocasión de la construcción y gestión de autopistas y plazas de estacionamiento: C.E., 14 de febrero de 1975, *Epoux Merlin*, antes citada, en lo que se refiere a las autopistas, C.E., 10 de abril de 1970, *Beau et Lagarde*, arriba citada en lo que concierne a plazas de estacionamiento. Esta categoría es completamente diferente a la concesión de obras públicas, que también puede contener el derecho del concesionario a hacer funcionar la obra pública a cambio de una remuneración determinada según el resultado financiero de la gestión y que, por lo tanto, es diferente porque no se trata de un servicio público. Ver A. de Laubadère, F. Moderne, P. Delvolvé, *Traité des contrats administratifs*, I, *op. cit.*, p. 309 et seq. et J. Cathelineau, Diversité et particularisme des concessions de travaux publics, *op. cit.*, p. 27 et 53.

[54] A. de Laubadère, F. Moderne, P. Delvolvé, *Traité des contrats administratifs*, I, *op. cit.*, p. 297.

el contrato de gestión remunerada por la razón suplementaria de que en esta última hipótesis no se está en presencia de una delegación de servicio público, sino de un mandato de gestión por cuenta del verdadero gestor del servicio.[55] G. Braibant simplifica aún más las cosas considerando que existe concesión de servicio público cuando la administración encomienda por contrato la ejecución de un servicio público a un particular que se pone bajo su autoridad.[56]

Fue Otto Mayer quien estableció claramente las bases del derecho de concesión de servicio público en el derecho administrativo alemán, y quien determinó mediante su enseñanza el futuro de esta cuestión de derecho administrativo.[57] A él se debe la consideración particular según la cual la concesión como acto jurídico se coloca fuera del ámbito de los contratos, aunque es verdad que muy a menudo va acompañada de un contrato: el contrato administrativo y su problemática no afectan a la concesión de poderes públicos, que sólo puede tener lugar mediante un acto administrativo unilateral; cuando este acto está acompañado por un contrato, este solo puede ser de derecho privado.[58] La relación entre concesionario y concedente pertenece al derecho público.[59]

«El país clásico de los servicios públicos concedidos (*verliehenen öffentlichen Unternehmungen*) es no obstante, de hecho, Francia, donde, aparte de las concesiones de «servicios públicos» de ferrocarriles, tranvías, autobuses, barcos a vapor, pompas fúnebres, incluso los servicios de recogida de perros callejeros y otros servicios de este tipo, son concebidos como servicios públicos concedidos».[60]

La ciencia jurídica alemana, con el número reducido de casos de concesión de servicios públicos que ha presentado, se encuentra del lado opuesto del derecho francés. Esta observación solo vale a primera vista. Por otra parte, en algunos de sus elementos, la concepción alemana se aproxima mucho al derecho griego.

---

[55] G. Dupuis, *Sur la concession de service public, op. cit.*, p. 26. Según Ch. Bettinger, *La concession de service public et des travaux publics, op. cit.*, p. 24, es concesión de servicio público el contrato mediante el cual una autoridad pública llamada autoridad concedente encarga a otra persona pública o privada de hacer funcionar un servicio público durante un corto período o de ejecutar una misión de servicio público en colaboración con dicha autoridad, bajo su control y con una contrapartida de una asistencia financiera pública que sirva de complemento a las remuneraciones que el concesionario percibe respecto a los usuarios.

[56] G. Braibant, *Le droit administratif français, op. cit.*, p. 115.

[57] Que O. Mayer llama concesión de empresa pública en la traducción francesa de su obra, *Le droit administratif allemand*, III, *op. cit.*, p. 153 et seq. El término «empresa pública» que este autor utiliza no se refiere solamente a las actividades empresariales de la administración, sino de manera general a la función administrativa, es decir, que incluye la actividad puramente administrativa de la función ejecutiva. O. Mayer utiliza también el término «servicio público», que no debe sin embargo confundirse con la terminología francesa. Mayer de hecho utiliza esta expresión en su sentido prejurídico, es decir, político que, como lo nota también M. Hauriou, era conocida y utilizada durante todo el siglo XIX; J. Rivero, Hauriou y el advenimiento de la noción de servicio público, *Etudes offertes à Achille Mestre*, Paris, Sirey, 1956, p. 461 et seq.

[58] F. Fleiner, *Institutionen des deutschen Verwaltungsrechts, op. cit.*, p. 323.

[59] *Ibid.*; W. Jellinek, *Verwaltungsrecht, op. cit.*, p. 527.

[60] W. Jellinek, *ibid.*, p. 526.

La concesión de servicio público (*Verleihung öffentlicher Unternehmung,* concesión de empresa pública según la traducción de Otto Mayer, *Konzession, Beleihung, Verwaltung durch beliehene öffentliche Unternehmer*) es el resultado del hecho que el Estado y las demás autoridades públicas se han reservado el ejercicio del poder público, ya sea porque se trata de privilegios propios de los príncipes de ataño, o porque así lo quiere la ley. El particular solo puede ejercer esta administración pública si la administración se lo permite, es decir, si la administración lo hace concesionario de esta función administrativa. Por lo tanto, la naturaleza exacta del servicio concedido no es de especial interés.[61] El ejemplo más sencillo de esto es la concesión a un particular del derecho soberano de proceder a una expropiación forzosa para que pueda instalar su empresa, caso que nunca se clasificaría entre las concesiones en derecho francés, dado que el objeto de la operación no es un servicio público. Los ejemplos clásicos han sido, sin embargo, los ferrocarriles, los telégrafos, el servicio postal, etc., que la ley, en la Alemania del siglo XIX e inicios del XX, reservó al Estado.[62]

El acto de concesión constituye un acto de derecho público, es decir, una expresión unilateral de la voluntad pública que puede, en el marco del principio de la legalidad, determinar derechos y obligaciones.

Sin embargo, se ha celebrado toda una serie de contratos de concesión de funciones administrativas. Como escribió acertadamente Walter Jellinek, «incluso el contrato de distribución de energía eléctrica al Estado libre de Lippe, que en Francia seguramente sería considerado una «concesión de servicio público», es de derecho privado, contrato según el cual los litigios derivados del mismo serán competencia de un tribunal de arbitraje.»[63]

Las relaciones que se crean entre el concedente (*Konzendent*) y el concesionario (*Konzessionär*) son de derecho público,[64] pero las que existen entre este

---

[61] «La situación del concesionario presenta la mayor afinidad material con la de un cuerpo de la misma administración... La diferencia es que este otro sujeto del derecho, por su origen y en virtud de su condición de persona jurídica de derecho público, existe para que su actividad sea de la administración pública, mientras que aquí este sujeto está investido de la facultad de gestionar una parte de administración pública, como accesorio y por un acto especial que lo somete, la concesión». O. MAYER, *Le droit administratif allemand,* IV, *op. cit.,* p. 154-155.

[62] Con frecuencia, la concesión de servicio público está acompañada de, o ella misma constituye, una concesión de un derecho de uso especial respecto a una cosa pública (*«concession d'un droit d'usage spécial sur une chose publique»*), como lo apuntó O. MAYER, *ibid.,* vol. III, p. 248 et seq. Esta terminología también se encuentra en gran parte del derecho alemán moderno. Por otra parte, el derecho administrativo alemán conoció desde el principio los casos de la creación *ab initio* de una función que la ley considera como de interés público, es decir, un servicio público, que después se entrega a una persona jurídica especialmente creada para su gestión. El ejemplo de la *Reichsbank* siempre ha sido citado por los autores, especialmente por P. LABAND, *Das Staatsrecht des Deutschen Reichs, op. cit.,* p. 133, O. MAYER, *ibid.,* p. 155. En lo que concierne a las diversas actividades que han sido objeto de concesión, ver también F. FLEINER, *Institutionen des deutschen Verwaltungsrechts, op. cit.,* p. 324 et seq.; W. JELLINEK, *Verwaltungsrecht, op. cit.,* p. 527 et seq.; H.J. WOLFF, O. BACHOF, *Verwaltungsrecht,* I, *op. cit.,* p. 405 et seq.; H. SCHNEIDER, Informationsfreiheit und Rundfunkgenehmigung, *NJW,* 1961, p. 53 et seq.; J. AUBERT, *Fernmelderecht,* 2e éd., Hombourg, Berlin, Bonn, von Decker, 1962, p. 99.

[63] *Verwaltungsrecht, op. cit.,* p. 527.

[64] «La concesión es un permiso (*Erlaubnis*) en el que se basa un derecho enteramente de derecho público», H.J. WOLFF, O. BACHOF, *Verwaltungsrecht,* I, *op. cit.,* p. 40. Se trata de la opinión de O. MAYER, *Le droit administratif allemand, op. cit.,* p. 163 et seq.

último y los usuarios del servicio son de derecho privado, siendo que los contratos acordados entre ellos son, al igual que en el derecho francés, de derecho privado.[65]

El concedente del servicio público debe ser competente, es decir, estar investido por ley de la facultad para proceder a otorgar la concesión de la actividad en cuestión a particulares. Si no existe una ley al respecto, la concesión debe hacerse por una ley, como ya lo había subrayado Otto Mayer, que deberá entenderse como «un acto individual de la ley», y «esta ley tendrá entonces la naturaleza de un acto administrativo.»[66] La cobertura legislativa es necesaria, bien porque el ejercicio de la función administrativa contempla, entre otros, actos de la autoridad pública, como por ejemplo, los actos de policía, etc., bien porque la concesión implica violaciones de las libertades públicas. La necesidad de un acto legislativo se explica también por el hecho que, mediante el acto de concesión, se imponen obligaciones al administrado contratante; pero, como lo ya lo señaló Otto Mayer, la sumisión voluntaria del administrado a la voluntad de la administración contratante libera al Estado de promulgar una ley para darle una base legal a las obligaciones impuestas, incluso si estas constituyen violaciones a las libertadas públicas del concesionario.[67]

En lo que concierne a los derechos y obligaciones del concedente y del concesionario, el derecho administrativo alemán del siglo de oro de este modo de organización de los servicios públicos no conoció las distinciones doctrinales del derecho francés. La remuneración del concesionario mediante las tasas recibidas de los usuarios no constituye un elemento necesario de la noción alemana de concesión. Esta enseñanza es producto del estudio de las leyes de la época, especialmente la legislación de los ferrocarriles.[68]

---

[65] «Si la concesión se concede a una persona privada, sus relaciones con terceros seguirán estando sujetas al derecho privado; el concesionario celebrará con los usuarios de su empresa contratos de derecho civil, etc. En cambio, una corporación de derecho público (öffentliche Anstalt) tiene la facultad de organizar la empresa establecida sobre la base de la concesión en servicio público, incluso frente a terceros (tranvías urbanos, compañía de ferrocarriles del Imperio, etc.)». F. Fleiner, *Institutionen des deutschen Verwaltungsrechts, op. cit.,* p. 232 (traducción de la traducción al francés, p. 213, de donde se extrajo el texto). De todos modos, el acto de concesión puede conferir al concesionario la posibilidad de ejercer derechos de poder público, y este elemento sin duda alguna coloca al acto de concesión al margen del derecho privado, como ya lo observó W. Jellinek, *Verwaltungsrecht, op. cit.,* p. 527. Estas intrepretaciones jurídicas no presentaron problemas doctrinales particulares en Alemania, puesto que se trata de una simple trasposición de la doctrina de la teoría del Estado. Ver también O. Mayer, *Le droit administratif allemand, op. cit.,* p. 178.

[66] O. Mayer, *Le droit administratif allemand, op. cit.,* p. 167.

[67] *Ibid.;* F. Fleiner, *Institutionen des deutschen Verwaltungsrechts, op. cit.,* p. 321; W. Jellinek, *Verwaltungsrecht, op. cit.,* p. 526 et seq. Voir aussi les analyses sur le *Verwaltungsakt auf Unterwerfung,* au Chapitre I.

[68] El ejemplo principal de esto lo constituye la ley prusiana de concesión de ferrocarriles del 3 de noviembre de 1838. Ver también la ley prusiana conocida bajo el nombre de *Kleinbahngesetz* del 28 de julio de 1892, y también la ley suiza de ferrocarriles del 23 de diciembre de 1872. Para más ejemplos, ver F. Fleiner, *Institutionen des deutschen Verwaltungsrechts, op. cit.,* p. 320; R. Passow, *Die gemischt privaten und öffentlichen Unternehmungen, auf dem Gebiet der Elektrizitäts und Gasversorgung und des Straßenbahnwesens,* Jena; G. Fischer, 2e éd., 1923; K. Fritsch, *Handbuch der*

La ley prevé las condiciones y el estado de cada acto de concesión. Sus disposiciones son de derecho obligatorio para el Estado, pero para el concesionario, en la medida en que se refieren a las condiciones de la concesión, son del *jus cessans*: se aplicarán en la medida en que las partes no lo hayan estipulado otra cosa. Fuera de las condiciones de la concesión, es posible que la ley contenga también otras condiciones que permitan al particular ejercer la autoridad pública. Esta parte de la ley no constituye *jus cessans*, y el concesionario puede ser investido de menos autoridad, y nunca de más autoridad.[69]

El Estado u otra entidad pública que otorgue la concesión es responsable y competente para asegurar el buen funcionamiento del servicio en el marco de su poder de «vigilancia» sobre el particular-concesionario (*Aufsichtsrecht*). Este derecho de la administración está basado en la ley o, en todo caso, en una de las fuentes de la legalidad según la concibe el derecho administrativo alemán. También implica el derecho a dar órdenes al concesionario (*Auflage*). El Estado puede imponer lo que desee con el fin de satisfacer el interés general, pero solo a condición de que las propias bases del servicio no se alteren, pues de lo contrario, el objeto de la concesión no será el mismo que sirvió de base al acuerdo inicial entre las partes. El concesionario, sin embargo, está obligado a aceptar la ampliación del objeto de la función administrativa, bajo condición de indemnización por el perjuicio que los nuevos gastos puedan causar. El Estado también dispone del poder unilateral de hacer ejecutar el contrato imponiendo penas coercitivas, incluso directamente, a los empleados y obreros del concesionario, o de sustituirlo.[70] Además, el concesionario no puede transferir el servicio a otro particular, disponiendo de su derecho sin la autorización del concedente, caso que Otto Mayer clasificó entre los actos administrativos en beneficio de una *persona incerta*.[71]

Una vez expirado el plazo de la concesión, o si el concesionario es declarado caducado, queda a discreción del Estado proceder a una recompra del servicio (*Rückkauf*), con la obligación de indemnizar al particular. También es posible que la ley haya previsto que el particular acepte un derecho de la administración a readquirir el servicio cuando bien le parezca, cuya hipótesis también da derecho a indemnización. Laband ya había aclarado en un dictamen que, en caso de no existir una previsión legislativa especial, no se puede aceptar ningún derecho de recompra por voluntad exclusiva del Estado.[72]

Eisenbahngesetzgebung, im deutschen Reich und Preussen, Berlin, Springer, 3e éd., 1930; W. Glein, *Das Gesetz über Kleinbahnen und Privatanschlußbahnen vom 28. Juli 1892*, Berlin, F. Vahlen, 4e éd., 1907; del mismo autor, *Das Eisenbahnbaurecht*, Berlin, F. Vahlen, 1893; K. Kormann, *System des Rechtsgeschäftlichen Staatsakte*, op. cit., p. 39 et 330; W. Burckhardt, *Studien zum schweitzerischen Eisenbahnrecht*, 1911.

[69]   O. Mayer, *Le droit administratif allemand*, op. cit., p. 170 et seq.; W. Jellinek, *Verwaltungsrecht*, op. cit., p. 528.

[70]   W. Jellinek, *ibid.*; O. Mayer, *Le droit administratif allemand*, op. cit., p. 171 et seq.

[71]   *Ibid.*, p. 176. Ver también para los análisis ulteriores: F. Fleiner, *Institutionen des deutschen Verwaltungsrechts*, op. cit., p. 324 et seq.

[72]   La cuestión de la readquisición de la propiedad del servicio público ha sido objeto de un debate muy acalorado entre P. Laband y G. Meyer. Ambos estaban de acuerdo respecto a la inexistencia de

«La caracterización por el Tribunal de este contrato como administrativo se ha hecho sin ninguna razón, puesto que la distinción entre contratos comunes de derecho privado y otros regidos por el derecho público no resulta de ninguna disposición; como tampoco tiene consecuencias legales, habida cuenta que su vigor y efectos se han juzgado según las disposiciones existentes de la ley».[73] Este extracto del considerando de la sentencia 104/1939 del Tribunal de Casación griego determina con exactitud el derecho en el marco de la jurisdicción unitaria de los tribunales civiles: el Tribunal no tenía necesidad de caracterizar al contrato en cuestión, dado que la jurisdicción era unitaria, pero también porque, en cualquier caso, «la legalidad y las consecuencias [del contrato] se han juzgado según las disposiciones legales». Así pues, esta sentencia plantea la pregunta más crucial en lo que se refiere a los contratos administrativos: ¿la regulación diferenciada de determinados contratos en relación con los demás los convierte en contratos de derecho público *eo ipso*? ¿Derecho especial significa necesariamente derecho administrativo? ¿Se rigen estos contratos por algo distinto a la ley? Si no se rigen por la ley ¿por qué razón son administrativos?

No existe jurisprudencia abundante en el derecho griego en materia de contratos de servicio público.[74] Esto puede deberse al hecho de que con mucha

---

tal derecho del Estado. El primero consideraba la cláusula de este tipo como *pactum de vendendo* que, cuando el Estado procede a la declaración de su voluntad de recompra, se convierte en un contrato de venta de derecho civil. Según el segundo, se trata más bien de una expropiación. Según O. MAYER, el derecho de recompra no constituye en modo alguno una compraventa en el sentido jurídico del término. Este autor sin embargo no explica de qué se trata realmente. Ver P. LABAND, *Denkschrift über die Verstaatlichung der Hessischen Ludwigs Eisenbahn - Gesellschaft*, 1893; G. MEYER, *Erwiderung auf die Denkschrift des Herrn. Prof. Laband über die Verstaatlichung der Hessischen Ludwigs Eisenbahn Gesellschaft*. Ver también RÜTTIMANN, *Rechtsgutachten über die Frage, inwieweit durch die Eisenbahnkonzessionen der schweitzerischen Kantone und die Beschlüsse der schweitzerischen Bundesversammlung für die beteiligten Gesellschaften Privatrechte begründet werden;* CARRARD, A. HAUSLER, HILTY, *Drei Rechtsgutachten betreffend die rechtliche Natur der Eisenbahnkonzession*, 1877. Estas consultas son citadas en toda la bibliografía de la época y especialmente por O. MAYER, *Le droit administratif allemand, op. cit.*, p. 162 et seq. et 182 et seq., et F. FLEINER, *Institutionen des deutschen Verwaltungsrechts, op. cit.*, p. 324 et seq.

[73] Cass. (g) 104/1939, *Thémis* N', p. 502 et seq. y también 504.

[74] Los estudios de la doctrina griega consagrados especialmente a los contratos administrativos son especialmente los siguientes: D. PAPANICOLAÏDIS, *Droit des contrats administratifs*, Athènes, 1966; D. CORSOS, *Le contrat du droit administratif*, Athènes, 1961; del mismo autor, *La jurisprudence récente des tribunaux administratifs en matière de contrats administratifs*, EDDD, 1963, p. 53 et seq.; del mismo autor, *La théorie du fait du prince en droits français et hellénique*, EDDD, 1969, p. 28 et seq.; del mismo autor, *Le développement des relations contractuelles en droit administratif*, EDDD, 1968, p. 139 et seq.; del mismo autor, *Des observations générales sur le contrat administratif*, EDDD, 1960, p. 401 et seq.; N. MASSOURIDIS, *Les contrats de l'administration devant le Conseil d'Etat*, EDDD, 1958, p. 137 et seq., et 1959, p. 225 et seq. et 360 et seq.; A. TSITSÉCLIS, *Les contrats administratifs, caractéristiques et conséquences*, *Néon Dikaion*, 1958, p. 199 et seq., 389 et seq. et 510 et seq.; P.D. DAGTOGLOU, *La théorie de l'imprévision en contrats administratifs*, EEN, 1967, p. 204 et seq.; del mismo autor, *Problèmes d'interprétation des contrats administratifs*, NoB, 1978, p. 449 et seq.; H. KYRIACOPOULOS, *La théorie de l'imprévision et la jurisprudence du Conseil d'Etat hellénique*, EEN, 1935, p. 425 et seq.; K. KÉRAMEUS, *Conditions de modification de contrat administratif ratifié par la loi*, EDDD, 1977, p. 264 et seq.; A. GÉORGIADIS, P. PAVLOPOULOS, *La responsabilité des personnes publiques en droit des contrats administratifs*, NoB, 1987, p. 702 et seq.; J. TZÉVÉLÉKAKIS, *Contrats de l'administration et contentieux en annulation*, NoB, 1989, p. 1153 et seq.; S. FLOGAITIS, *Le contrat administratif, Notion et Nature*, Athènes, A.N. Sakkoulas, 1991.

frecuencia estos contratos contienen cláusulas de recurso al arbitraje. También se debe a la dualidad no resuelta de las jurisdicciones, ya que, hasta hace muy recientemente, el juez civil no reconocía el carácter administrativo de estos contratos. Por otra parte, hay que subrayar que, en la mayoría de los casos, no se trata exactamente de contratos de concesión de servicio público, sino de contratos de asociación o de cooperación en la ejecución de un servicio púbico, como este caso ha sido enseñado por la jurisprudencia del Consejo de Estado. La jurisprudencia griega no conoce o no parece haber conocido estas distinciones detalladas que, como ya hemos visto, no están desprovistas de consecuencias.

El contrato de servicio público se celebra entre el Estado u otra persona pública y un particular. La posibilidad del Estado de estipular obligaciones en el marco de un contrato de servicio público nunca ha sido cuestionada: ni por la jurisprudencia civil, ya que estos contratos no se consideraban como algo particular y que el Estado puede celebrar contratos como *fiscus*; ni por la jurisprudencia del Consejo de Estado griego, ya que este ha seguido desde el principio las enseñanzas de la jurisprudencia de su homólogo francés.[75] Con una diferencia esencial, según la cual el Consejo de Estado considera que solo una persona de derecho público puede celebrar un contrato administrativo, en rigurosa aplicación del criterio orgánico que cree impuesto por la propia Constitución.[76] Esta posición lleva a la jurisprudencia a situaciones absurdas,[77] cuando intenta extraer del contenido mismo del contrato elementos-criterios accesorios de los contratos administrativos. A esta opinión se debe, por otra parte, la jurisprudencia griega según la cual los contratos del concesionario con terceros son de derecho privado.[78] Estos contratos son de derecho privado porque son celebrados por una persona de derecho privado, condición privativa según la jurisprudencia del Consejo de Estado griego.[79]

El contrato de servicio público, y especialmente el de concesión de servicio público, ha tenido como ejemplos destacados en Grecia los de iluminación eléctrica, distribución del agua, transportes y ferrocarriles. Un caso muy particular, que debe clasificarse entre los contratos de asociación o de colabora-

---

[75] «Sin embargo, el Consejo de Estado griego no reconoce el carácter contractual, puesto que considera que hay actos contractuales que en realidad son actos unilaterlaes»: C.E.(g), 4373/1977. Ver también J. Tzévélékakis, Contrats de l'administration et contentieux en annulation, *op. cit.*, p. 1154.

[76] Tribunal Especial Supremo, 10/1987.

[77] Ver especialmente el Capítulo III.

[78] Ver C.E.(g) Ass., 327/1930.

[79] Esta solución correponde a la jurisprudencia anterior a la sentencia C.E., 23 de diciembre de 1921, *Société générale d'armement*, RDP, 1922, p. 74, concl. Rivet. Además, es necesario destacar que el derecho administrativo francés no extendió las consecuencias de la sentencia C.E. Ass., 31 de julio de 1942, *Montpeurt*, p. 239, *Grands Arrêts*, *op. cit.*, no 62, a los contratos administrativos. Ver en particular A. de Laubadère, F. Moderne, P. Delvolvé, *Traité des contrats administratifs*, I, *op. cit.*, p. 163 et seq., 166 et seq. et 75 et seq. Contrarios a la posición jurisprudencial: P.D. Dagtoglou, *Droit administratif général*, *op. cit.*, p. 257; E. Spiliotopoulos, *Manuel de droit administratif*, *op. cit.*, p. 183; J. Anastopoulos, Commentaire à l'arrêt 2655/1987, *EDD*, 1988, p. 26 et seq.; S. Flogaitis, Travaux publics, Nature juridique du contrat d'exécution de travaux publics, Juridiction des cours judiciaires, Commentaire d'arrêt, *NoB*, 1987, p. 1633.

ción en la ejecución de un servicio público, es aquel de los contratos celebrados por la Oficina Nacional de Turismo (*EOT*) con particulares destinados a la promoción y al desarrollo del turismo mediante la construcción de instalaciones turísticas sobre terrenos propiedad del Estado y cuya gestión se confiaba a la EOT. Si se acepta, junto con la jurisprudencia constante, que estos contratos son administrativos y no de derecho privado,[80] este es el único razonamiento en el que puede basarse tal consideración, dado que el turismo en Grecia constituye un servicio público. En cambio, no se trata de concesiones de servicio público, porque en ningún caso se está en presencia de una sustitución total del particular al Estado.

Cuando se habla de concesión de servicio público en derecho griego, no se siguen ni los criterios ni las distinciones de la jurisprudencia francesa. El criterio de la sustitución íntegra del particular por la persona pública concedente no se menciona en ninguna parte en la jurisprudencia *expressis verbis*; sin embargo, hay que considerarlo implícito en las sentencias de la jurisprudencia. En cambio, el elemento de la satisfacción financiera del particular a cambio de las tasas cobradas a los usuarios no se encuentra en la jurisprudencia griega, que no se plantea este asunto, como tampoco la jurisprudencia alemana.

La ratificación legislativa ha sido considerada por el derecho griego y la práctica como la condición necesaria para la celebración legal del contrato de concesión de servicio público.[81] Según la sentencia 1947/1955 del Consejo de Estado griego, esta ratificación se considera indispensable «cuando el contrato incluya cláusulas que creen obligaciones también para terceros, o cuando sea necesario para la legalidad de la estipulación de obligaciones por los representantes del Estado». Si la administración griega tuviera, como su homóloga francesa, el derecho a organizar y hacer funcionar los servicios públicos sin ninguna habilitación legislativa especial, no debería someter los contratos de concesión de servicio público al legislador.[82] Pero la administración griega no tiene esa competencia y así - sin subestimar las observaciones de la decisión antes citada- necesita o bien de una habilitación legislativa expresa o bien de una ratificación legislativa del contrato *a posteriori*. También hay que destacar en esta ocasión que, en todos los casos, en los demás supues-

---

[80] C.E.(g) Ass., 3707/1987.

[81] La opinión según la cual hay casos en derecho griego en los que el contrato de concesión de servicio público no necesita la ratificación legislativa (sugerida por N. Massouridis, *Les contrats de l'administration devant le Conseil d'Etat, op. cit.*, p. 360-361 et 369; J. Tzévélékakis, *Contrats de l'administration et contentieux en annulation, op. cit.*, p. 1160), no es correcta. En el derecho griego, el contrato de concesión de servicio público siempre necesita una ratificación cuando tiene consecuencias respecto a los derechos de terceros, o para remplazar la habilitación legislativa inexistente. Sobre esta cuestión, en general, ver: K. Kérameus, *Conditions de modification de contrat administratif ratifié par la loi, op. cit.*, p. 263.

[82] Ver supra la sentencia 2514/1993 del Consejo de Estado griego que confirma de la manera más clara el principio de la acumulación de criterios para que exista un contrato administrativo en el derecho público griego. Sin embargo, hay muchas decisiones de las cortes administrativas de apelación que, por referencia a la bibliografía francesa, insisten en el carácter alternativo de los criterios.

tos de administración por contrato, es necesario que la declaración de la voluntad de la persona pública se base en una habilitación legislativa especial. Esto es lo que impone la concepción griega del principio de la legalidad.[83]

Dado que, según el derecho griego, el contrato de concesión de servicio público sigue siendo ratificado por la ley, la doctrina y la jurisprudencia no han tenido que responder la pregunta de saber cómo la administración identifica al concesionario. De hecho, todo defecto de forma parece perder su importancia a partir del momento en que la ratificación legislativa cubre toda ilegalidad. Como ya se ha señalado, el carácter *intuitus personae* de este contrato en el derecho francés se debe a la concepción francesa del principio de legalidad según el cual la administración pública, en el ejercicio de su derecho de organizar los servicios públicos, es totalmente libre de elegir a su concesionario, es decir, a su colaborador; esta concepción no es la misma del derecho griego. Por el contrario, en el derecho griego, la libre elección del concesionario va en contra del principio de legalidad, que está garantizado constitucionalmente en el interés no solo del administrado, sino también de la administración, que solo puede satisfacer plenamente sus fines públicos mediante procedimientos de transparencia. Esta observación evidentemente no significa que no haya casos en los que, de acuerdo a las circunstancias, el interés público no se satisfaga mejor mediante la libre elección del concesionario. En todo caso, todos los demás contratos de servicio público son celebrados según los términos de la ley, como lo exige además el principio de legalidad.

La jurisprudencia griega no se contenta con el hecho de que el objeto de un contrato sea la organización y el funcionamiento de un servicio público para caracterizarlo como administrativo, tanto para las concesiones como para los demás contratos de servicio público.[84] Establece como condiciones, según el resto de la jurisprudencia de los contratos administrativos, de manera uniforme, la satisfacción de un objetivo de interés general, alternativamente de un propósito que la ley haya constituido en objetivo de interés general[85] y la sumisión del contrato a un régimen jurídico exorbitante. Así parece original con respecto al derecho francés. En realidad, por «objetivo de interés general» se quiere significar un servicio público.[86] Por otra parte, por régimen jurídico

---

[83] C.E.(g) 2123/1994.

[84] A excepción de C.E.(g) Ass., 322/1937.

[85] C.E.(g) Ass. 1031/95. Ver también, entre otros, C.E.(g), 3707/1987, 4617/1988, 4703-4/1987, 616/1987 y Tribunal Especial Supremo, 10/1987. En la decisión 1422/1992, la opinión minoritaria declaró expresamente que por finalidad pública se entiende finalidad de servicio público.
Es interesante destacar la sentencia del C.E.(g) Ass. 2931/1994. Esta decisión trataba de un contrato celebrado por la Oficina postal, persona jurídica de derecho público, para la construción de un edificio. Se había decidido que solo el objetivo de interés público era suficiente para caracterizar al contrato como de obras públicas, sin ninguna referencia a otros criterios. Según la opinión minoritaria que se refería indirectamente a la teoría francesa de los establecimientos públicos industriales y comerciales, la naturaleza de las obras en cuestión no difería en absoluto de las de cualquier otra explotación comercial.

[86] La opinión de J. Tzévélékakis es diferente, pues acepta que la finalidad pública constituye el elemento primordial en la búsqueda de la cuestión de saber si una relación jurídica que nace de la actividad de la administración pública es derecho público o privado. Se aproxima así a la mejor

exorbitante, la jurisprudencia entiende aquel que «determinado por las disposiciones y las condiciones de la licitación, garantiza a la persona pública contratante el ejercicio de la autoridad pública mediante la intervención en la relación contractual por medio de actos unilaterales».[87]

Así la jurisprudencia griega considera como nociones de mismo contenido a las cláusulas exorbitantes del derecho común y al régimen exorbitante, y que la ley y la licitación son en la misma medida fuentes del régimen exorbitante. Sin embargo, en el pliego de condiciones francés se sustituyen las cláusulas de la licitación al igual que las disposiciones legales especiales que, en el derecho griego, son muy detalladas.[88]

El estudio de la jurisprudencia griega lleva a la conclusión de que este régimen exorbitante, en la medida en que está previsto por la ley, no se debe considerar que coexiste con las cláusulas exorbitantes del derecho común o el régimen exorbitante del derecho francés, debido a que, en el derecho griego, constituye un conjunto de disposiciones que el legislador ha previsto, considerando que así se satisfará perfectamente el objetivo de servicio público. Por otra parte, según la jurisprudencia griega y con razón, todas las cláusulas del contrato constituyen derecho contractual para las partes contratantes: es decir que las disposiciones legales que rigen el contrato, las cláusulas de la licitación y las cláusulas especiales funcionan como condiciones contractuales vinculantes para ambas partes en el contrato.[89] El he-

---

forma de criterio de finalidad pública de la relación jurídica de derecho público. Para el resto, sigue la doctrina de STASSINOPOULOS (*Etudes juridiques*, Athènes, 1972, p. 39 et 65). Es cierto de todos modos que esta doctrina implica el concepto de servicio público.

[87]   C.E.(g), 616/1987.

[88]   Según la sentencia del C.E.(g) Ass. 1031/1995, el contrato también es administrativo cuando contiene cláusulas que no se conforman a la doctrina del derecho de los contratos privados.
La sentencia del C.E.(g) 1471/1995 retoma la noción griega de régimen exorbitante. Según la primera opinión, el régimen exorbitante solo puede derivarse de la ley, mientras que según la segunda opinión, también puede surgir de la licitación. La pregunta fue remitida a la Asamblea General.

[89]   Esta posición neta y clara del derecho administrativo griego parece seguir al derecho francés y la teoría francesa de la doble naturaleza del contrato administrativo. Las teorías francesas sobre este punto son dos, la de la doble naturaleza y la del acto mixto. La primera encuentra su cuna en las conclusiones de L. BLUM *en*: C.E., 11 de mayo de 1910, *Cie française des tramways*, p. 223, y los comentarios de M. HAURIOU *en*: C.E., 14 de febrero de 1902, *Blanteuil*, S. 1904, p. 81 y C.E., 21 de diciembre de 1906, *Syndicat Croix de Seguey Tivoli*, concl. Romieu, S. 1907, p. 37. Según esta interpretación, el contrato de concesión es, respecto a las relaciones entre partes contratantes, totalmente de naturaleza convencional, pero para las relaciones con terceros, es de naturaleza normativa. Esta tesis nunca ha sido repudiada ni por la jurisprudencia ni por la doctrina francesas. Ver las conclusiones de LETOURNEUR *en*: C.E., 25 de junio de 1948, *Société journal l'Aurore*, S. 1948, p. 69. Ver también J. DUFAU, *Les concessions de service public, op. cit.*, p. 38 et P. TESTE, L. CHAUDOUART, comentario en: C.E., 5 de mayo de 1961, *Ville de Lyon*, C.J.E.G., 1961, J., p. 175, conclusiones Braibant. Según la teoría del acto mixto, la parte de los pliegos de condiciones que tiene por objeto la organización y el funcionamiento del servicio público es de naturaleza normativa frente a todos, incluyendo al cocontratante de la administración. Esta es la opinión que representa a la escuela de Burdeos: L. DUGUIT, *De la situation des usagers particuliers à l'égard des services publics, op. cit.*, p. 411 y *Traité de droit constitutionnel*, I, *op. cit.*, p. 420; G. JÈZE, *Contrats administratifs*, I, *op. cit.*, p. 157; R. BONNARD, *Précis de droit administratif, op. cit.*, p. 715; L. ROLLAND, *Précis de droit administratif, op. cit.*, no 149. Esta opinión también la adoptan A. DE LAUBADÈRE, F. MODERNE, P. DELVOLVÉ, *Traité des contrats*

cho de que las cláusulas del contrato se apliquen a las relaciones entre ambas partes no constituye ninguna particularidad alguna en el derecho contractual, así como el hecho de que el contrato se rija por un régimen especial (exorbitante) no significa necesariamente que sea de derecho público. Derecho especial, exorbitante de derecho común, no equivale automáticamente a derecho público. Como lo decidió el Tribunal de Casación griego en la sentencia 104/1939, «el municipio de Trikala ... impuso las sanciones previstas por la ley y determinadas por el contrato revisado, para los casos de incumplimiento de las obligaciones estipuladas, hecho que se determinó según los términos del contrato».[90] Así, según la opinión minoritaria de un miembro del Consejo de Estado (Asamblea) en la sentencia 3707/ 1987, dictada a propósito de la ejecución de un contrato celebrado entre la EOT y un particular, bajo cuyos términos se había concedido un terreno a este último para desarrollar actividades turísticas, el contrato en cuestión es de derecho privado «puesto que, según sus términos, no reúne los elementos de un contrato administrativo».[91]

Esta opinión disidente no explicó su lógica, sino se limitó simplemente a rechazar la totalidad de la opinión mayoritaria; según esta opinión, el contrato es administrativo porque va dirigido a la realización de un objetivo de interés general y especialmente al desarrollo del turismo, y está sujeto a un régimen jurídico exorbitante determinado por las cláusulas del contrato y permite a la administración intervenir en la relación contractual.

El contrato de servicio público tiene dos aspectos en el derecho griego, aquel relativo a las relaciones entre las partes contratantes, y el que concierne a terceros.

En lo que respecta a las relaciones entre las partes contratantes, una vez celebrado el contrato, todas sus cláusulas son contractuales y su incumplimiento crea un recurso administrativo de plena jurisdicción y, por lo tanto, un recurso paralelo al recurso por abuso de poder.[92] El hecho de que el contrato sea ratificado por la vía legislativa no tiene importancia, ya que esta ratificación no refleja las relaciones entre las dos partes contratantes, que siguen siendo contractuales. Según el Consejo de Estado, se trata de interpretar cláusulas contractuales, lo que está fuera de la jurisdicción de anulación.[93] Así, en

---

administratifs, I, *op. cit.*, p. 105. Ver también P. LAROQUE, *Les usagers des services publics industriels*, Paris, Sirey, 1933; G. BRAIBANT, conclusiones en el caso *Ville de Lyon*, sentencia antes citada; Y. MADIOT, *Aux frontières du contrat et de l'acte administratif unilatéral; Recherches sur la notion d'acte mixte en droit public français, op. cit.*, p. 151 et seq.

[90] *Thémis*, 2e année, p. 503.

[91] P. 9. Según C.E.(g) Ass., 1947/1955, «la ratificación legislativa de un contrato no le confiere, por lo que se refiere a las relaciones entre las partes contratantes, el carácter de norma de derecho objetiva y no altera el carácter contractual del acto, que sigue siendo la fuente exclusiva de las obligaciones y derechos de las partes».

[92] Ver, por ejemplo, C.E.(g) Ass., 322/1937, 939/1933, 1618/1952, 1701/1958, 1417/1987.

[93] Ver C.E.(g) Ass., 88/1954: «Los términos (del contrato) no pierden su carácter convencional por el hecho de que el contrato había sido ratificado por el decreto legislativo...». Ver también C.E.(g), 182/1933, 213/1943, C.E.(g), 3505/1986.

la sentencia 322/1937 del Consejo de Estado (Asamblea), que se refería a las relaciones entre un municipio y la compañía de electricidad - y que tiene una importancia particular puesto que el único criterio elegido por el juez fue el del servicio púbico, el objeto del contrato - las cláusulas del contrato que rigen la organización y el funcionamiento del servicio público son de naturaleza general y el objetivo es de derecho público; el Consejo de Estado, como juez de anulación, sería competente para conocer los litigios derivados de la impugnación de actos administrativos adoptados en aplicación de dichas cláusulas, si la naturaleza de las relaciones entre las partes no prevaleciera en sus propios litigios.

El acto de concesión de servicio público es naturalmente complejo, en cuanto a su contenido, y se analiza como contrato *stricto sensu*, por una parte, y en parte en relación con la organización y el funcionamiento del servicio, por otra parte, y que es por naturaleza propia de carácter general y objetivo. Esto se desprende de la ley.[94] Sin embargo, estas cláusulas son también contractuales para las relaciones entre las partes contratantes, y crean recursos de plena jurisdicción. Por el contrario, cuando se trata de terceros que consideran que sus intereses están amenazados, ya sea porque el concesionario no ha cumplido sus obligaciones en la ejecución de las cláusulas, o porque la administración ha transformado su contenido de modo ilegal, estos pueden ejercer ante el Consejo de Estado un recurso por abuso de poder.[95] No disponen del recurso de plena jurisdicción, pero no por ello está privados del derecho al restablecimiento de la legalidad. Pueden, por ejemplo, ejercer un recurso por abuso de poder contra las cláusulas de la licitación, incluso si ya se ha celebrado el contrato, puesto que la cláusulas en su conjunto tienen una naturaleza normativa y rigen la formalización del contrato y, más generalmente, el servicio público.[96] En cambio, el cocontratante solo puede ejercer este recurso hasta la firma del contrato; esto, no solo porque a partir de ese momento pierde interés como condición de admisibilidad, sino también y especialmente porque, a partir de este momento, todas las cláusulas de la licitación, así como las disposiciones legales, se transforman para él en derecho contractual.

La jurisprudencia de los actos separables del contrato forma parte de ello. El contrato no se puede impugnar mediante un recurso por abuso de poder que solo puede ejercerse contra actos unilaterales de la administración.[97] Sin embargo, los actos unilaterales que precedieron la celebración del contrato pueden separarse del procedimiento contractual y ser impugnados mediante recurso por abuso de poder, tanto por terceros como por la otra parte contra-

---

[94] C.E.(g) Ass., 1347/1937.
[95] C.E.(g) Ass., 658/1933; Ver también C.E.(g), 1417/1987, 3708/1987, 1435/1988, 4741/1988. Ver también N. Massouridis, *Les contrats de l'administration devant le Conseil d'Etat, op. cit.,* p. 364 et seq.; J. Tzévélékakis, Contrats de l'administration et contentieux en annulation, *op. cit.,* p. 1163 et seq.
[96] C.E.(g) Ass., 659/1933, 737/1960.
[97] C.E.(g) Ass., 1123/1936.

tante, si este aún no ha adquirido esta condición.[98] Sin embargo, si el contrato no es administrativo sino de derecho privado, estos mismos actos no son separables y no pueden ser cuestionados ante el juez administrativo de anulación.[99] La jurisprudencia griega no responde la pregunta de si estos actos son actos administrativos ejecutorios o no. Sin embargo, se puede inferir de esta jurisprudencia que, según el Consejo de Estado griego, hay casos en los que el Estado, en sus relaciones contractuales, se comporta como una autoridad pública y en los que sus actos son actos administrativos ejecutorios, así como sus contratos son administrativos, y hay otros casos en los que se comporta como cualquier persona otra privada y sus actos son actos de una persona privada, al igual que sus contratos son de derecho privado.

Se debe destacar que esta jurisprudencia no sigue al derecho francés, según el cual los actos unilaterales de la administración que se refieren a relaciones de derecho privado son actos administrativos que son controlados en cuanto a su legalidad por el Consejo de Estado.[100] Estos actos son controlados solo en cuanto a los elementos de legalidad interior, puesto que a este nivel las características de la relación de derecho privado son evidentes, y solo el juez civil puede conocer su legalidad. Por el contrario, el control de la legalidad exterior es la consecuencia normal de la condición de acto administrativo ejecutorio, que el juez administrativo descubre en esta declaración de voluntad de la administración.[101]

La jurisprudencia griega recuerda los conceptos alemanes según los cuales el Estado funciona y se expresa a veces como poder público, y a veces como persona privada, como *Fiskus*,[102] y esto implica que el verdadero criterio de los contratos administrativos sea la respuesta a la pregunta de si

---

[98] C.E.(g) Ass., 489/1930, 735/1960, 616/1987, etc. La jurisprudencia griega sigue en este sentido a la jurisprudencia francesa. Evidentemente, la anulación del acto separable no conlleva automáticamente la derogación del contrato. La jurisprudencia francesa del Consejo de Estado (C.E., 9 de noviembre de 1924, *Chambre de commerce de Tamatave*, Rec. 1034 y C.E., 7 de febrero de 1936, *Département de la Creuse*, p. 171, D. 1937, p. 23, com. Blaevost), donde se determinó que «el acto por el cual el ministro aprobó el acuerdo ... es anulado», llevó a la pregunta de saber si queda algo de contractual en dicho contrato administrativo, que se analiza como dos declaraciones de voluntad opuestas. La pregunta también la plantean A. DE LAUBADÈRE, F. MODERNE, P. DELVOLVÉ, *Traité des contrats administratifs*, II, *op. cit.*, p. 1041, cit. 36 y D. POUYAUD, *La nullité des contrats administratifs*, Paris, LGDJ, 1991, p. 321 s. Reitera las opiniones de O. MAYER, según quien el contrato administrativo no existe. Sin embargo no se debe olvidar que un contrato solo son dos declaraciones de voluntad opuestas. Para algunas evoluciones jurisprudenciales recientes sobre el asunto de las consecuencias de la anulación del acto separable que autoriza la celebración de un contrato, ver el comentario de B. PACTEAU sobre C.E., 1 de octubre de 1993, *Sté le Yacht Club international de Bornes-les-Mimosas*, RFDA 1994, p. 248.

[99] C.E.(g), 4703-4/1987.

[100] La jurisprudencia que consagró la idea del acto separable, como toda jurisprudencia más reciente del Consejo de Estado, resulta de casos en que el contrato celebrado era de derecho privado. Ver C.E., 22 de julio de 1977, *Société «Cantieri Navali Santa Maria»*, p. 346; C.E., 17 de octubre de 1980, *Gaillard*, p. 378; T.C., 6 de julio de1981, *Eysseric c. Préfet de la Drome*, p. 505, D. 1981, J.R. p. 519, com. P. Delvolvé. Ver también: A. DE LAUBADÈRE, F. MODERNE, P. DELVOLVÉ, *Traité des contrats administratifs*, II, *op. cit.*, p. 1036 et 1045 et seq.

[101] Respecto a este asunto, J. LAMARQUE, *La décision administrative de droit privé*, *Mélanges M. Stassinopoulos*, *op. cit.*, p. 293 et seq.

[102] Opinión que siempre ha sostenido el Tribunal de Casación griego.

el Estado, al celebrar el contrato, ha actuado como poder público o no. El contrato solo es administrativo si el Estado se ha comportado como poder público; de lo contrario, se trata de una expresión del Estado como *Fiskus* y todo el procedimiento de la producción de su voluntad es de derecho privado. Por consiguiente, el verdadero criterio de la jurisprudencia griega en materia de contratos administrativos es la base de una relación de derecho público, y de ningún otro tipo.

La jurisprudencia que se refiere a la condición jurídica de los subalternos del concesionario concuerda con ella. Estos empleados están sometidos a un régimen de derecho privado, puesto que su calidad se basa en un contrato con el concesionario, persona de derecho privado. Sin embargo, su relación con el concesionario está muy influenciada por el derecho público, dado que ellos son colaboradores en la ejecución de un servicio público; así se rigen no solo por la parte contractual del acto de concesión sino también por la parte de naturaleza reglamentaria relativa a la forma de organizar y de hacer funcionar el servicio público, el número y calidad de los empleados, el buen desarrollo de las operaciones, la continuidad del servicio, el despido de los empleados, etc. De modo que estos empleados se deben conformar a las disposiciones de la ley que modifica la organización y el funcionamiento del servicio, así como a las disposiciones de reglamentación del derecho a huelga en los servicio públicos, que son concebidas en interés del funcionamiento continuo del servicio.[103] Se trata de aplicaciones concretas y de prolongaciones del principio en virtud del cual, en los contratos de concesión de servicio público, el Estado se comporta como una voluntad soberana al fundar una relación jurídica de derecho público.

La sentencia del Consejo de Estado griego 3505/1986 contiene los elementos del hecho del príncipe: la autoridad portuaria de El Pireo (*OLP*) celebró un contrato con un particular, y enseguida tomó una decisión que cambió radicalmente las condiciones financieras que sirvieron de base al contrato. La sentencia dictada no se pronunció sobre la cuestión del hecho del príncipe. Esto por la sencilla razón de que el cocontratante no había intentado el recurso de plena jurisdicción, sino simplemente había impugnado mediante un recurso por abuso de poder la legalidad del acto de la OLP que había provocado esta conmoción. Se trata de una sentencia, aunque no entra en la categoría de la verdadera concesión, sin duda corresponde al caso de la colaboración de un particular en la ejecución de un servicio público. Debe señalarse que esta decisión evitó toda referencia a la interpretación jurisprudencial francesa. Por otra parte, aceptó con razón que este acto era impugnable a través de un recurso por abuso de poder puesto que se trataba de una decisión administrativa adoptada en aplicación de una disposición legal que se encontraba fuera del contrato, de modo que el litigio no se derivaba realmente del contrato sino de un acto unilateral de la administración. En todo caso, el Estado nunca

---

[103] Ver C.E.(g) Ass., 1068/1935, relativo a las empresas *The Eastern Telegraph Company Ltd* et *Imperial and International Communications Co. Ltd (Cable and Wireless Ltd)*.

puede debilitar su capacidad de actuar como príncipe.[104] Las consecuencias de su acto evidentemente fueron objeto de una normativa, como es el caso en todos los sistemas jurídicos aquí analizados, sobre la base de la jurisprudencia del hecho del príncipe en Francia, sobre la base del principio *Treu und Glauben* en Alemania, sobre la base del principio de buena fe en Grecia tal como se ha concretado especialmente en el art. 388 del Código Civil griego.[105] Ninguna disposición constitucional prohíbe aumentar las obligaciones asumidas contractualmente por un particular frente al Estado u otra persona. El acto legislativo no es nulo, para contravenir principios más generales del derecho o porque, en virtud de una ley anterior o por contrato, el Estado se había obligado a no modificar una determinada situación legislativa o a no adoptar una determinada medida; la ley posterior puede en efecto abrogar la ley anterior, así como el legislador puede modificar las consecuencias del contrato, puesto que es superior a la prohibición. No existen límites para su omnipotencia, aparte de la Constitución.[106] En el derecho griego existe una prohibición de carácter constitucional, aquella que busca proteger los capitales provenientes del extranjero para fines de inversión en Grecia.

Sección II
El contrato de servicio público entre dos personas públicas

1. Los casos

«La experiencia demuestra que los municipios o las mancomunidades, así como otros organismos del mismo nivel, muy a menudo celebran contratos entre ellos en virtud de una habilitación legislativa o de una antigua costumbre, con la aprobación de la autoridad que los tutela; estos contratos se refieren a competencias administrativas que les han sido otorgadas por el Estado o les pertenecen dentro del marco de su autoadministración (Selbstverwaltung)».[107] El derecho alemán siempre ha admitido la posibilidad de que dos o varias personas públicas regulen entre sí, mediante contrato, el ejercicio de sus competencias. Una de las partes contratantes puede ser el Estado, como el *Reich*.[108] Esta concepción ha encontrado como base sólida la igualdad en derecho de las partes contratantes, todas autoridades de poder público, lo que satisface las condiciones doctrinales de Otto Mayer. De hecho, como se desprende claramente de la fórmula de Fleiner antes citada, solo se trata del reconocimiento de una práctica que tiene raíces muy profundas en Alemania. La desconfianza respecto a la idea de la creación de

---

[104] Ver anteriormente, cita 94 y Capítulo I.

[105] Ver, G. Koumantos, *La bonne foi subjective*, (en griego), Athènes, 1958; N. Papantoniou, *La bonne foi en droit civil* (en griego), Athènes, 1957. Especialmente respecto al art. 388 del Código Civil (g): M. Stathopoulos, *en*: A. Géorgiadis, M. Stathopoulos, *Code civil* (en griego), II, Athènes, Frères Sakkoulas, 1989, art. 388.

[106] Tribunal de Casación griego 438/1932, *Thémis*, 1933, p. 97 et seq.

[107] F. Fleiner, *Institutionen des deutschen Verwaltungsrechts, op. cit.*, p. 199 200.

[108] P. Laband, *Das Staatsrecht des deutschen Reiches*, 5e éd., Tübingen, Mohr (P. Siebeck), 1911, 2e vol., p. 167 et seq.

un mecanismo central y eficaz y la dispersión política del poder público en la Europa central necesariamente han llevado a la utilización del contrato como una de las formas de reglamentar su ejercicio.

Se han considerado ejemplos de tales contratos los contratos militares del art. 66 de la Constitución del *Reich* (1871), los contratos que regulan la organización de las Oficinas Postales y de Telégrafos según el art. 50 § 6 de la misma Constitución, los contratos de administración de los servicios aduanales (art. 36 § 1, 40 de la Constitución del *Reich*)[109]. Esta manera de ejercer la autoridad pública ha sido utilizada particularmente para la organización y el funcionamiento de escuelas por parte de varias municipalidades conjuntamente, o para la construcción de carreteras.[110] También se ha admitido la naturaleza de derecho público de los contratos de fusión de municipios,[111] o de contratos celebrados entre una Caja de Seguro Social y una organización profesional.[112]

Esto no significa en absoluto que todos los contratos celebrados entre dos personas públicas sean necesariamente legales o administrativos. Para que tales contratos sean legales, es necesario que cada una de las partes contratantes tenga la posibilidad jurídica, según el principio de legalidad, de celebrar el contrato. Esta posibilidad de las comunidades locales fue concebida en Alemania de una manera muy amplia, dado que una de las fuentes de la legalidad administrativa es la costumbre.[113] Para que el contrato sea administrativo, debe regular una relación o una situación jurídica de derecho público.[114] Si estas condiciones no se cumplen, el contrato no es administrativo, aunque se haya celebrado entre dos personas públicas. Por el contrario, se trata de un contrato de derecho privado, cuya posibilidad está reconocida por el derecho administrativo alemán, pero que no da origen a derechos y obligaciones de derecho privado.[115]

El objeto de estos contratos puede ser la regulación de derechos y obligaciones mutuas de las partes, así como puede ser de naturaleza normativa. Dado que, en esta segunda hipótesis, las declaraciones de voluntad no son yuxtapuestas sino paralelas y se enfocan en la creación de una norma de derecho, la doctrina se refiere al concepto de *Vereinbarung*.[116]

---

[109] P. LABAND, *ibid.*, p. 171.

[110] K. KORMANN, *System der rechtsgeschäftlichen Staatsakte, op. cit.*, p. 31.

[111] K. KORMANN, *ibid.*, p. 31; W. JELLINEK, *Verwaltungsrecht, op. cit.*, p. 253. Ver también los concordatos entre el Estado y la Iglesia (*ibid.*).

[112] J. SALZWEDEL, *Die Grenzen der Zulässigkeit des öffentlich rechtlichen Vertrages*, Berlin, de Gruyter, 1958, p. 41.

[113] Sobre la costumbre como fuente de derecho administrativo, ver, entre otros: H. MAURER, *Allgemeines Verwaltungsrecht, op. cit.*, § 4 no 19 et seq.; H. U. ERICHSEN, W. MARTENS, *Allgemeines Verwaltungsrecht, op. cit.*, § 7 VII, p. 110 et seq. Ver también más arriba, Capitulo I, Sección II.

[114] F. FLEINER, *Institutionen des deutschen Verwaltungsrechts, op. cit.*, p. 200; K. KORMANN, *System der rechtsgeschäftlichen Staatsakte, op. cit.*, p. 30 31.

[115] K. KORMANN, *ibid.*

[116] Como lo observa F. FLEINER, *op. cit.*, p. 82, quien sigue la teoría de BINDING, JELLINEK et TRIEPEL sobre la cuestión de *Vereinbarung*. Incluyó en esta categoría, especialmente, a los *Rezesse* del derecho

La posibilidad de celebrar contratos de este género fue prevista por la ley alemana de procedimiento administrativo no contencioso (VverfG, § 54, 1) de la federación como de los *Länder*, bajo la condición de que no fuese excluida por otras disposiciones legales (*Rechtsvorschriften*)[117].

No todos los contratos celebrados entre dos personas públicas que ejercen la autoridad pública y tienen por objeto una relación de derecho público son administrativos. No son administrativos los contratos que son del ámbito del derecho internacional, o del derecho constitucional, como por ejemplo aquellos llamados contratos de Estado (*Staatsverträge*), celebrados entre dos *Länder* o entre estos y el Estado federal. Estos contratos, por su propia naturaleza, se alejan del derecho administrativo.[118] El derecho alemán puede dar muchos ejemplos de ellos, como el contrato celebrado entre la Baja Sajonia y la región de Schleswig-Holstein para la creación de un Tribunal Superior Administrativo (*Oberverwaltungsgericht*) y un Tribunal Disciplinario (*Dienststrafhof*) comunes, del 8/15/11.1955. Se considera como contrato de derecho constitucional también el acuerdo formal celebrado entre dos o varios partidos políticos en coalición (*Koalitionsvereinbarung*).[119] Los contratos de carácter religioso celebrado entre el Estado y las Iglesias (que, en Alemania, constituyen personas de derecho público) tampoco son administrativos, excepto si se refieren al ejercicio de competencias estatales.[120]

Por el contrario, son administrativos los contratos que tienen por objeto la cooperación entre dos comunidades locales (según las §§ 5 y 18 *Schl-H Gesetzes über kommunale Zusammenarbeit*), aquellos celebrados entre una fundación de asistencia social (*Versorgungskasse*), comunidades locales y cajas de ahorro (*Sparkassen*) (según BGH MDR 1961, 123), los contratos celebrados entre comunidades locales y organismos de programación (*Plannungsträger et*

---

administrativo prusiano y cita a Gerwershausen, *(Wegerecht)*, H. Hoffmann, *(Wegebaulast)* et Bitters *(Handwörterbuch der preussissen Verwaltung)* (voir, *op. cit.*, p. 200, cit. 73). Para la categoría especial de los contratos de organización de servicios públicos, ver especialmente W. Burckhardt, *Die Organisation Rechtsgemeinschaft, Untersuchungen über die Eigenart des Privatrechts, des Staatsrechts und des Völkerrechts*, Basel, 1927. Ver también: M. Imboden, *Der Verwaltungsrechtliche Vertrag*, Basel, Helbing und Lichtenhahn (*Basler Studien zur Rechtswissenschaft*, Heft 48), p. 149. En el derecho suizo, el contrato homogéneo fue desarrollado básicamente como una manera de ejercer el poder público, en razón de las particularidades del sistema de gobierno suizo. *Ibid.*, p. 30 et seq.

[117] Ver entre otros: H. U. Erichsen, W. Martens, *Allgemeines Verwaltungsrecht*, *op. cit.*, § 26, p. 320 et seq.; H. Maurer, *Allgemeines Verwaltungsrecht*, *op. cit.*, § 14 no 12 et seq.; H.J. Wolff, O. Bachof, *Verwaltungsrecht*, I, *op. cit.*, p. 345, aunque estos análisis son del periodo anterior a la *Verwaltungsverfahrensgesetz*.

[118] H. J. Knack, *Verwaltungsverfahrensgesetz, Kommentar*, *op. cit.*, § 54 no 3 et seq.; K. Obermayer, *Kommentar zum Verwaltungsverfahrensgesetz*, *op. cit.*, p. 824 et seq. Para los contratos de derecho constitucional, ver entre otros: K.H. Friauf, *Zur Problematik des verfassungsrechtlichen Vertrages*, AöR 88 (1963), p. 307 et seq.

[119] H. J. Knack, *Verwaltungsverfahrensgesetz, Kommentar*, *op. cit.*, § 54 no 3. Voir aussi N. Achtenberg, Der öffentlich rechtliche Vertrag, *JA*, 1979, p. 356. Pour les *Koalitionsvereinbarungen*, ver K. Hesse, *Grundzüge des Verfassungsrechts der BRD*, 17e éd., C.F. Müller, Heidelberg, 1990, no 178. Ver también Ch. Sasse, Koalitionsvereinbarungen und GG, *JZ* 1961, p. 719 et seq., et A. Schüle, *Koalitionsvereinbarungen im Lichte des Verfassungsrechts*, Mohr (P. Siebeck), Tübingen, 1964.

[120] K. Obermayer, *Kommentar zum Verwaltungsverfahrensgesetz*, *op. cit.*, p. 825.

Plannungsverbände) (según la §1 BBauG), los contratos firmados entre varias comunidades locales que tengan por objeto la creación de servicios públicos comunes, como por ejemplo, escuelas de formación profesional. Es posible que estos contratos tengan consecuencias directas sobre los derechos de terceros, como por ejemplo cuando, mediante un contrato entre varias comunidades locales se crea un matadero común cuya utilización se declara obligatoria y cuyo derecho de uso se otorga a un círculo mayor de personas. Otros ejemplos, los contratos celebrados entre comunidades locales y ferrocarriles (*Eisenbahn*) que tienen por objeto la construcción de puentes (según la §5 *Eisenbahnkreuzungsgesetz*), o la determinación de una estación (según BGH)[121], los contratos mediante los cuales la administración de rutas departamentales (*Kreisstraßen*) se cede al Estado (según la §59, 1 BaySrtWG), o los contratos entre comunidades eclesiásticas (*Kirchengemeinden*) y comunidades locales, mediante los cuales se afecta la administración de los cementerios (según HessVGH),[122] etc.[123].

Es muy raro que lleguen ante un juez litigios derivados de tales contratos. Esta es la razón principal por la cual el estudio estadístico de la utilización de los procesos de administración es difícil. Sin embargo, estos raros casos de hecho demuestran que esta técnica de ejercicio de la administración es muy antigua.[124]

A diferencia de los desarrollos que han tenido lugar en Alemania, el Estado francés, con su tradición centralista, solo ha permitido recientemente en tres casos, y no en el mismo grado, el desarrollo de relaciones contractuales entre las diversas personas públicas. Esto por dos razones: por una parte, porque los organismos descentralizados no estaban llamados por ley a establecer relaciones jurídicas de este tipo, y, por otra parte, porque el Estado ejercía una tutela muy fuerte sobre sus actividades. No obstante, si bien el desarrollo reciente de la descentralización tuvo como fruto inevitable el contrato homogéneo, es decir, el contrato celebrado entre dos personas públicas, la doctrina francesa, habituada a los criterios del contrato administrativo elaborados por la jurisprudencia durante decenios a partir de contratos heterogéneos, es decir, contratos celebrados con un particular, ha enfrentado una dificultad específica en su caracterización jurídica.

---

[121] GVG § 13, VwGO § 40 (*Verwaltungsrechtsweg für Vertragsansprüche der Bundesbahn gegen Gemeinde*), *NJW*, 1975, p. 2015 et seq. Aussi, BVerwGE 44, p. 351 et seq.

[122] ESVGH, 28, p. 78 et seq.

[123] Para estos y otros ejemplos: K. OBERMAYER, *ibid.*, p. 824 et suiv.; H.-J. KNACK, *Verwaltungsverfahrensgesetz, Kommentar, op. cit.*, § 54 no 4.1; P. STELKENS, H.J. BONK, K. LEONHARDT, *Verwaltungsverfahrensgesetz, op. cit.*, § 54; F.O. KOPP, *Verwaltungsverfahrensgesetz mit Erläuterungen, op. cit.*, § 54.

[124] El estudio de H. MAURER et B. HÜTHER, *Die Praxis des Verwaltungsvertrags im Spiegel der Rechtsprechung*, Konstanz, Hartung Gorre Verlag, 1989, es único en su género. En una investigación jurisprudencial, pudieron aislar 28 casos de contratos homogéneos en el ámbito de la administración ordinaria, y 9 casos del ámbito del derecho social. De ello se deduce que, de un conjunto de 306 casos jurisprudenciales relacionados con contratos administrativos, solo el 9 % se refería a contratos homogéneos (*ibid.*, p. 82 et seq.).

«Los acuerdos celebrados entre administraciones para asegurar la marcha de los servicios públicos ciertamente constituyen uno de los puntos del derecho administrativo menos estudiados hasta el presente,» escribía Hauriou hacia fines del siglo pasado.[125] Estos temas solo se han venido a estudiar en Francia durante el último decenio, porque es ahora que han cobrado actualidad.[126]

La práctica y la doctrina han desarrollado esencialmente dos casos de contratos de derecho público celebrados entre dos o varias personas públicas: el primero, en el marco de la concesión de servicio público; el segundo, como caso de organización de un servicio público o de búsqueda de la satisfacción del interés general por la vía contractual.

La ley del 8 de abril de 1898 ya había previsto la posibilidad de que las cámaras de comercio se encargaran de un servicio público bajo concesión. El decreto del 30 de octubre de 1930[127] permitió a los departamentos, los municipios, las cámaras de comercio y a otras personas públicas crear mancomunidades mediante contratos, y concederles seguidamente el ejercicio de los servicios públicos que les conciernen. Fue necesario, sin embargo, esperar la ley del 8 de abril de 1946, que nacionalizó la electricidad y el gas y confió la gestión de las empresas de producción y distribución de la electricidad y el gas a dos personas públicas, para comprender de una vez por todas que se trataba de un acto de transferencia de un servicio público a personas públicas.[128] El problema jurídico era doble: por una parte, era necesario determinar la naturaleza jurídica de la persona pública que, aunque administrara un servicio público, ejercía actividades industriales y comerciales;[129] por otra parte, y esto es más importante para los fines de este análisis, se trataba de una persona pública determinada directamente por la ley como concesionario[130] de un servicio público, calidad que tanto la jurisprudencia, como la doctrina estaban habituadas a reconocer en las relaciones entre una persona pública y

---

[125] M. HAURIOU, comentario sobre la sentencia del C.E. 20 de enero de 1899, *Administration des pompes funèbres contre ville de Paris*, S. 1899, 3, p. 113.

[126] Ver especialmente, H. G. HUBRECHT, *Les contrats de service public*, Thèse, dactylographiée, Bordeaux, 1980.

[127] *Ibid.*, p. 254 et seq.

[128] J. M. AUBY, *La notion de concession et les rapports des collectivités locales et des établissements publics de l'électricité et du gaz dans la loi du 8 avril 1946, Cahiers de documentation juridique*, 1949, p. 2.

[129] Ver, por ejemplo, CH. BLAEVOST, D. 1947, chr. de législation, p. 97, et *Concessions et nationalisations, Actualité juridique, Travaux*, 1950, p. 243, según el cual estas personas jurídicas se rigen por el derecho privado. Además, R. DRAGO ha notado que en este caso, la noción de concesión de servicio público era difícilmente aplicable, dado que la forma contractual en realidad no era sino una ficción jurídica: *Les crises de la notion d'établissement public*, Thèse, 1950, p. 222. Sin embargo, este mismo autor, varios años después, invertía su problemática: *Revue Internationale de Droit Comparé*, 1958, p. 457. Ver también P. DELVOLVÉ, *Les concessions de transport et de distribution de gaz*, C.J.E.G., 1969, p. 172; A. DE LAUBADÈRE, F. MODERNE, P. DELVOLVÉ, *Traité des contrats administratifs*, I, *op. cit.*, p. 285 et seq., et 445 et seq.

[130] Respecto a este punto se plantea de nuevo la pregunta de la libertad de la administración de elegir a su concesionario, libertad que, en el derecho administrativo francés, es absoluta: A. DE LAUBADÈRE, F. MODERNE, P. DELVOLVÉ, *op. cit.*, p. 655; J. DUFAU, *Les concessions de service public*, Paris, Moniteur, 1979, p. 53 et seq.; CH. BETTINGER, *Les concessions de service public et de travaux publics*, Paris, Berget Levrault, 1978, p. 96 et seq.

una persona privada. Hoy en día, este caso de concesión de un servicio público está plenamente adoptado por el derecho administrativo francés[131] y, lo que es más, ha demostrado ser de una utilidad particular en la práctica, sobre todo en materia de urbanismo.[132]

Aunque el asunto de la concesión de servicio público a una persona pública encontró una respuesta positiva, se han presentado problemas de legalidad muy particulares respecto a otros contratos, relacionados con el ejercicio de ciertas competencias.

En primer lugar, hay casos de relaciones contractuales entre dos personas públicas en virtud de las cuales una se encarga del ejercicio de ciertas actividades por cuenta de la otra.[133]. Se pueden citar como ejemplo los contratos celebrados entre los Institutos Regionales de Administración y las comunidades locales, mediante los cuales estos organismos de formación profesional se encargan de la capacitación de ejecutivos de las comunidades descentralizadas, e incluso los contratos de la Oficina Nacional de Bosques con el Estado y las comunidades locales, que tienen por objeto la realización de estudios y obras para la protección y el desarrollo de los recursos de la riqueza forestal.[134] Estos casos no plantean cuestiones jurídicas particulares en la medida en que tratan del ejercicio de una actividad contractual dentro del marco de las competencias recíprocas de las partes.

Sin embargo, se ha identificado casos en los que se plantea saber si el ejercicio de la actividad contractual es legal. La transferencia de competencias se permite bien sea *stricto sensu* o bien en el marco de la teoría del mandato,[135] cuando esto está previsto por la ley misma: este es justamente el caso de la ley del 5 de julio de 1972 (art. 4 § 3), en virtud de la cual la región podía encargarse mediante contrato del ejercicio de competencias que le serían confiadas por las comunidades locales. Por otra parte, sobre la base de esta misma ley, ha

---

[131] Pero también de la jurisprudencia, por ejemplo T.C., 28 de mayo de 1979, *Syndicat communautaire d'aménagement de la ville nouvelle de Cergy Pontoise*, D. 1979, I.R. p. 386, com. Delvolvé, que se refería a una concesión de servicio público a una persona pública intercomunal. Muchos casos análogos son compendiados por A. de Laubadère, F. Moderne, P. Delvolvé, *Traité des contrats administratifs*, I, *op. cit.*, p. 445 et seq. Ver también J. Dufau, *Le domaine public*, Paris, Moniteur, 1977, p. 414 et seq.; C.E., 27 de octubre de 1978, *Ville de Saint Malo*, D. 1979. J., p. 366, com. Joly, relativo a la concesión a una ciudad de la construcción y explotación de un puerto de recreo, y C.E., 18 de diciembre de 1959, *Delansorme*, p. 692.

[132] F. Moderne, *Les concessions en matière d'urbanisme, in: Répertoire Dalloz, Collectivités locales*, p. 3325 1 et seq.

[133] Ver en especial, H. G. Hubrecht, *Les contrats de service public, op. cit.*, p. 259 et seq.

[134] Según H. G. Hubrecht, *ibid.*, p. 260. Por el contrario, según D. Flecher Bourjol, *Essai de typologie fonctionnelle des contrats passés entre l'Etat et les collectivités locales et établissements publics territoriaux*, B.I.I.A.P., 1976, p. 309 et seq., l'Office National des Forêts (la Oficina Nacional de Bosques) se convierte mediante estos contratos en un simple mandatario del Estado o de las comunidades locales.

[135] *«Avec l'accord et pour le compte»* (con el acuerdo y por cuenta de) es la frase corriente que se puede encontrar también en la ley 72.619 del 5 de julio de 1972. Voir H. G. Hubrecht, *ibid.*, p. 264 et seq. Por el contrario, los autores A. de Laubadère, F. Moderne, P. Delvolvé, *Traité des contrats administratifs*, I, *op. cit.*, p. 446 447, no están del todo convencidos de que el caso de la ley de 1972 entra realmente en esta categoría.

sido necesario considerar como ilícito el contrato celebrado entre la región y el Estado, conforme al cual se realizó una transferencia de competencias por parte de este último a la primera,[136] excepto si las circunstancias demuestran que se está en presencia de una concesión de servicio público, en cuyo caso el principio de legalidad, tal como se concibe en Francia, abarca también el poder enteramente discrecional de la administración para organizar sus servicios públicos.

Es posible que el ejercicio de ciertas competencias sea confiado mediante contrato a una persona pública, en el sentido de una administración en común. Este es el caso en el que dos o varias personas públicas se encargan conjuntamente de la ejecución de un servicio público.[137] Esta posibilidad a veces está prevista por la legislación y ha sido aceptada por la jurisprudencia después de la sentencia del Consejo de Estado del 11 de enero de 1935, *Gras*[138]: se trataba de un contrato entre el Estado y Aix-en-Provence, que determinaba las condiciones de funcionamiento del Conservatorio Nacional de Música de la ciudad. Una vez más, la persona pública que deseaba proceder a una administración en común se vio obligada a respetar el principio de legalidad. Esta hipótesis de contrato entre dos personas públicas se aproxima más que otras a la práctica correspondiente alemana. Además, presenta las características de la *Vereinbarung* tal como la concibió Fleiner, ya que se está en presencia de dos declaraciones de voluntad paralelas dirigidas a crear una regla de derecho.

Muchos casos han presentado en el derecho francés las características de la administración en común. Citaremos en especial los contratos que se refieren a la cooperación interuniversitaria,[139] el modo de funcionamiento de los centros hospitalarios universitarios,[140] la cooperación de comunidades locales con otras comunidades territoriales.[141] El caso más característico del derecho administrativo francés de nuestros días es el de los contratos que se llaman contratos programa, celebrados entre el Estado y las regiones. La posibilidad de celebrarlos la ofreció la ley del 29 de julio de 1982 y está reglamentada por

---

[136] Se trataba de un contrato según el cual ciertas competencias estatales en materia cultural pasarían a la región. Ver sobre todo D. FLECHER BOURJOL, *La politique contractuelle dans l'administration locale*, Thèse, Montpellier, 1978, p. 127 et seq. et 313 et seq.; P. FERRARI, C.L. VIER, *La réforme régionale, loi du 5 juillet 1972 portant création et organisation des régions*, AJDA, 1972, p. 491; J. HOURTICQ, *La loi du 5 juillet 1972 portant création et organisation des régions*, Rev. Adm., 1972, p. 635; M. BOURJOL, *La coopération interrégionale*, B.I.I.A.P., 1975, p. 463.

[137] La idea de la administración en común ya había llamado la atención de M. HAURIOU: comentario sobre la decisión del C.E., 20 de enero de 1899, *Administration des pompes funèbres contre ville de Paris*, citado antes, como de E. BAUDOT, *Recherches sur les rapports entre administrations publiques en droit administratif*, Thèse, Nancy, 1913, sobre todo 128 et seq. Este autor procede además a hacer una distinción entre administración en común obligatoria o impuesta por la ley, y administración en común en virtud de un contrato.

[138] C.E., 11 de enero de 1935, *Gras, S.* 1935, II, p. 102.

[139] Ley del 12 de noviembre de 1968, conocida como ley de orientación, o ley E. Faure.

[140] Decreto 58-1373 del 30 de diciembre de 1958. Ver también J.A. MAZÈRES, *Le service public hospitalier à la croisée des interventions publiques ou privées*, R.T.D.S.S., no 37 et 38, p. 289 et 290.

[141] H. G. HUBRECHT, *Les contrats de service public, op. cit.*, p. 282 et seq.

el decreto del 21 de enero de 1983.[142] Ya se ha realizado la experiencia de dos «generaciones»[143] de contratos programa, aquella que constituyó la ejecución del 11° Plan y la de 22 contratos celebrados en 1989. Aunque estos contratos hayan tenido muchos elementos de los contratos de adhesión a favor del Estado, puesto que el Primer Ministro, mediante una circular, no dejaba suficiente margen de maniobra a los prefectos de las regiones,[144] muchos problemas pudieron resolverse en la práctica.[145] Estos contratos fueron aceptados por el Tribunal de Conflictos y el Consejo de Estado como de naturaleza administrativa, en aplicación del criterio según el cual los contratos celebrados entre dos personas públicas se presumen administrativos.[146] Esto es muy útil para este análisis, dado que estos contratos no contienen sino simples cláusulas contractuales, mientras que su rescisión (art. 12-1 de la ley de 1982) o revisión están sujetas a reglamentaciones especiales (art. 12-1 de la ley de 1982 y art. 1 y 3 a 6 del decreto de 1983). En el caso *Synchrotron*, el Consejo de Estado decidió que terceros no pueden intentar recursos por abuso de poder contra las cláusulas de estos contratos debido a la naturaleza verdaderamente contractual del acto, y parece aceptar el principio de la responsabilidad de las partes en sus relaciones entre ellas, por incumplimiento de cláusulas contractuales.[147] Además, la pregunta planteada por Jacques Moreau es muy importante, saber si el Consejo de Estado aplicaría en estos contratos la jurisprudencia del hecho del príncipe.[148] La respuesta a esta pregunta depende mucho de

---

[142] La expresión contratos programa es por ende más antigua: los primeros contratos se celebraron en el marco del 11° Plan en virtud de la ley no 70-1221 del 23 de diciembre de 1970 y del decreto del 24 de diciembre de 1971 y remplazaron los «*programas de modernización y equipamiento.*» Ver también Y. Pimont, *Les contrats de plan, Rev. Sc. Fin.*, 1977, p. 697 et seq.; J. Dupont, *L'expérience des contrats de plan, Bulletin I.I.A.P.*, 1973, p. 160 et seq.; A. de Laubadère, F. Moderne, P. Delvolvé, *Traité des contrats administratifs*, I, *op. cit.*, p. 453 et seq.; F. Moderne, *Collectivités locales*, Dalloz, p. 3049 4 et seq.

[143] Según la expresión de J. Moreau, *en: La nature juridique des contrats de plan Etat region en droit français, REDP/ERPL*, vol. 1, no 2, 1989, p. 225 et seq.

[144] Como lo escribió J. Moreau, *ibid.*, p. 232.

[145] El problema más importante de estos contratos es el que se refiere a la ejecución de su parte financiera, puesto que las obligaciones de las dos partes se extienden por varios años, mientras que los gastos públicos siguen las previsiones del presupuesto, que es anual. Esta es la razón por la que se habla más de obligaciones de medios que de obligaciones de resultados. El mismo problema se encuentra también en el art. 12 § 2 de la ley del 29 de julio de 1982; frecuentemente se nota en el mismo texto de los contratos celebrados y ha sido consagrado por la jurisprudencia del 27 de julio de 1982 (Consejo constitucional 82,142 DC, *AJDA*, 1982, no 82, p. 652).

[146] J. Moreau, *La nature juridique des contrats de plan Etat région en droit français, op. cit.*, p. 239. La opinión de que estos contratos debieron ser considerados como de derecho público a partir del momento en que fueron celebrados entre dos personas públicas también la comparten A. de Laubadère, F. Moderne, P. Delvolvé, *Traité des contrats administratifs*, I, *op. cit.*, p. 467 et seq. Ver también las sentencias Civ., 1ère, 7 de enero de 1971, *AJDA*, 1972, II, p. 38, com. Valter, *C.J.E.G.*, 1972. J., p. 66, com. A. Carron.

[147] Tribunal Administrativo de Estrasburgo, 5 de diciembre de 1985, p. 442, *AJDA*, 1986, p. 100, com. C.A.G., *R.F.D.A.*, 1986, no 3, p. 369, concl. Raymond, com. Hubrecht; C.E. ass., 8 de enero de 1988, p. 3, *AJDA*, 1988, I, p. 159, cron. Azibert y M. de Boisdeffre, *R.F.D.A.*,1988, p. 25, concl. Dael. Esta decisión reafirmó la jurisprudencia del Tribunal Administrativo de Montpellier, 8 de julio de 1985, p. 433 et *AJDA*, 1986, no 16, p. 109, com. Turpin.

[148] J. Moreau, *La nature juridique des contrats de plan Etat région, op. cit.*, p. 240. Los contratos programa vistos a través del prisma del derecho comparado: A. Fioritto, *Contrat de plan français et «accord de programme» italien: une comparaison, REDP/ERPL*, vol. 1, no 2, 1989, p. 245 et seq.

la aceptación del hecho del príncipe como parte necesaria de la noción de contrato administrativo. Sin embargo, no hay razón para no aplicar esta jurisprudencia a los contratos administrativos de este tipo.

La categoría de contratos de administración en común presenta similitudes con otros casos de contratos entre personas públicas que se han desarrollado en el derecho francés. Sin embargo, existen considerables diferencias entre ellos.

En primer lugar, hay contratos mediante los cuales dos personas públicas determinan la manera concreta cómo van a ejercer sus competencias. Se ha recurrido a esta práctica cuando la ley de creación de las personas públicas describe las competencias en términos muy generales, lo que da lugar a confusiones de competencias.[149] Es cierto que nadie puede circunscribir (ni, por tanto, restringir) su propia competencia por contrato. Sin embargo, se ha admitido que esta circunscripción de competencias es legal a partir del momento en que la descripción de las competencias en el texto de la ley es general e incierta. Ejemplos clásicos de ello son los contratos celebrados entre la Electricité de France y el Comisariado de la Energía Atómica del 2 de julio de 1965.[150] Los elementos de la administración en común son aparentes en estos contratos; sin embargo, será necesario aceptar que a partir del momento en que la administración en común empieza a convertirse en restricción de competencias, su legalidad se vuelve problemática.[151] En este último caso, la legalidad se salva si la circunscripción mutua de competencias se ha concebido como un pacto con miras a determinar la manera de ejercer su competencia o su poder discrecional, es decir, la política (*policy*) que cada una de las partes contratantes se propone seguir.[152] Sin embargo, el incumplimiento de este pacto no puede estar viciado de ilegalidad, a menos que no se respeten los límites de la competencia, tal como la ha deseado el legislador y la entiende el juez. En este caso, estamos en presencia de nulidad del acto por ilegalidad, y no de responsabilidad contractual, puesto que las cláusulas incumplidas eran nulas, por haber sido estipuladas ilegalmente.

Luego existen diversos tipos de contratos o de actos de inspiración contractual, celebrados entre varias personas públicas, que han surgido en el derecho francés durante las últimas décadas y que están más alejados de la noción de contrato. Se trata de la riqueza jurídica que ha hecho aparecer la

---

[149] Para esta nueva concepción del principio de especialidad de la persona pública de descentralización funcional, ver especialmente J. CHEVALLIER, *Les transformations du statut de l'établissement public*, J.C.P., 1972, I, p. 2496.

[150] H. G. HUBRECHT, *Les contrats de service public, op. cit.*, p. 288 et seq. Ver también J. CHEVALLIER, Les rapports entre le C.E.A. et l'E.D.F., *AJDA*, 1969, p. 469.

[151] Ver también J. C. DOUENCE, *Recherches sur le pouvoir réglementaire de l'administration*, Paris, LGDJ, 1968, p. 119; C. BLUMANN, *La renonciation en droit administratif français*, Paris, LGDJ, 1974, p. 246.

[152] Según H. G. HUBRECHT, estos contratos son lícitos, dado que la ley procede a una descripción bastante detallada de las competencias de estas personas morales (*Les contrats de service public, op. cit.*, p. 289, cit. 2). Esta observación no es correcta, puesto que la doctrina, y sobre todo la jurisprudencia, se guardan el derecho de interpretar la ley de una manera clara y cierta.

economía de consenso (*konzertierte Aktion* en derecho alemán): en la mayoría de los casos, estos son acuerdos marco que regulan la organización y el ejercicio de actividades por parte de las comunidades locales que constituyen los servicios públicos estatales. Las autoridades locales descentralizadas se encargan de ejercer ciertas actividades estatales y colaboran con el Estado para la ejecución de una determinada política.[153] La característica general de estos casos es el hecho de que el Estado eligió el contrato en lugar del acto unilateral.[154]

2. El problema de la naturaleza jurídica de los contratos administrativos homogéneos, o ¿son administrativos estos contratos?

La falta de igualdad entre las partes constituye un elemento fundamental de la noción misma de contrato administrativo, señalaba G. Jèze.[155] Es la idea que recorre toda la obra de Péquignot,[156] como la jurisprudencia clásica francesa o griega. El desarrollo de contratos entre dos personas públicas, a saber, entre dos personas iguales jurídicamente, pone en crisis el fundamento doctrinal de la concepción tradicional francesa o griega de los contratos administrativos;[157] sería más exacto decir que demuestra que la posición doctrinal citada solo describía la práctica de la época. Se plantean dos preguntas: saber si estos acuerdos son contratos, y, en caso afirmativo, si estos contratos son administrativos.

Se desprende del análisis anterior que tanto la doctrina como la jurisprudencia alemanas han respondido a la primera pregunta, sin titubear, de modo afirmativo. Y, lo que es más, se considera que se trata de un contrato administrativo por excelencia, puesto que las dos voluntades son del mismo nivel e independientemente del hecho que, en un buen número de casos, se está en presencia de *Vereinbarungen*. Como ya se ha notado, la ciencia jurídica alemana actual no pone en duda el carácter contractual, aunque un tanto especial, de la *Vereinbarung*[158]. El derecho administrativo alemán también responde afirmativamente a la segunda pregunta, si el objeto del contrato es una relación o una situación de derecho público.

---

[153] Ver una ponencia detallada de este caso *en*: A. de Laubadère, F. Moderne, P. Delvolvé, *Traité des contrats administratifs*, I, *op. cit.*, p. 439 et seq. y especialmente 452 et seq.; D. Flecher Bourjol, *La politique contractuelle dans l'administration locale*, Thèse, Montpellier, 1978; del mismo autor, *Essai de typologie fonctionnelle des contrats passés entre l'Etat et les collectivités locales et établissements publics territoriaux*, *op. cit.*, p. 309; F. Moderne, *Les contrats des collectivités locales, II: Les procédures pseudo contractuelles*, Répertoire Dalloz, Collectivités locales, p. 3045; C. Barate, *Les relations contractuelles Etat collectivités locales*, Rev. Adm., 1977, p. 475 et seq.

[154] J. C. Douence, *Recherches sur le pouvoir réglementaire de l'administration*, *op. cit.*, p. 119; H. G. Hubrecht, *Les contrats de service public*, *op. cit.*, p. 292 et seq.

[155] G. Jèze, *Les contrats administratifs de l'Etat, des départements et des communes*, *op. cit.*, 1927, p. 8.

[156] G. Péquignot, *Théorie générale du contrat administratif, op. cit.*

[157] Esta es la razón por la que hay juristas que han considerado estos contratos como de derecho privado. Por ejemplo C. Barate, *Les relations contractuelles Etat collectivités locales*, *op. cit.*, p. 480. Por otra parte, la jurisprudencia más antigua en varias oportunidades ha aceptado el carácter de derecho privado de los contratos entre dos personas públicas: C.E., 2 de agosto de 1920, *Ville de Rennes*, p. 799; C.E. Ass., 13 de febrero de 1942, *Ville de Sarlat*, p. 49, *RDP*, 1943, p. 349, concl. Leonard, nota R.B.

[158] Ver el Capítulo I.

El derecho administrativo francés, por haber conocido el fenómeno contractual en un proceso históricamente inverso, ha dudado en gran medida tanto de la naturaleza contractual de los actos como de su naturaleza administrativa. La cuestión presenta un interés particular en el derecho griego, puesto que la jurisprudencia no es lo suficientemente amplia. Además, en Francia o en Grecia, como en Alemania, estos contratos rara vez hicieron surgir litigios ante el juez. La particularidad del derecho griego es que la respuesta a la pregunta de saber si estos contratos entran en del concepto de contrato administrativo de la ley 1406/1983 es de importancia constitucional.

Existe contrato cuando se trata de un acto jurídico constituido por las declaraciones de voluntad que coinciden por parte de dos o más partes, que se presentan bajo intereses yuxtapuestos. Sin embargo, para responder a la pregunta planteada, será necesario investigar cada vez si se está en presencia de los elementos constitutivos del contrato.

La coincidencia de declaraciones de voluntad implica la capacidad de realizar actos jurídicos, y más concretamente, obligarse bajo contrato, expresión de voluntades de manera tal que una encuentra a la otra, y sobre todo, libertad contractual.[159] La doctrina francesa ha prestado mucha atención a este último elemento a propósito de los contratos celebrados entre dos personas públicas.

Puede escribirse con acierto que a veces la libertad contractual de las partes está considerablemente restringida, o no existe, y que, por consiguiente, no se trata de contratos verdaderos. Un ejemplo característico, según esta opinión, es el caso de la ley francesa del 8 de abril de 1946 antes citada, que estableció la nacionalización de la electricidad y del gas, que impuso a las comunidades locales como concesionarios obligatorios a las personas públicas creadas por la misma ley.[160] Otro ejemplo: los contratos previstos por la ley del 10 de agosto de 1970 y que las comunidades locales se vieron obligadas a celebrar con el Estado en el marco del desarrollo de nuevas ciudades.[161]

El problema de la libertad de la voluntad reaparece cuando se pasa a la determinación del contenido de los contratos las cláusulas estipuladas por las partes.[162] En el primer párrafo, se citó el ejemplo de los contratos programa celebrados entre el Estado y las regiones, en los que las circulares del Primer Ministro

---

[159] Ver muy especialmente los análisis de H. G. Hubrecht, *Les contrats de service public, op. cit.*, p. 304 et seq.

[160] R. Drago, *La crise de la notion d'établissement public, op. cit.*, p. 222. En este sentido se ha hablado de concesiones necesarias de servicios públicos: J. L'huillier, *Commentaire de la loi du 8 avril 1946*, Paris, Sirey, leyes anotadas de 1946, p. 339.

[161] A. Heymann, *Les villes nouvelles*, Paris, Berger Levrault, 1974; J. Morand, Le statut des agglomérations nouvelles en France, *J.C.P.*, 1971, I, p. 2420; A. de Laubadère, F. Moderne, P. Delvolvé, *Traité des contrats administratifs, op. cit.*, p. 455; F. Moderne, *Répertoire Dalloz, Collectivités locales, op. cit.*, p. 3045 13.

[162] Muy característico respecto a este punto es el artículo de J.C. Douence, *Les conventions entre personnes publiques, Mélanges Stassinopoulos*, Athènes, Paris, LGDJ, 1974, p. 113 et seq., donde el autor expresa la opinión según la cual los contratos celebrados entre peronas públicas se convierten en institución diferente a la del contrato. Así niega el caracter realmente contractual de estos casos.

solo dejaron un margen de maniobra a los prefectos de las regiones. En muchos casos, de hecho, se trata claramente de contratos de concesión, desde el punto de vista jurídico[163] o sociológico. No obstante, si el derecho público francés experimenta una cierta dificultad para admitir la naturaleza contractual de estos casos, no ocurre lo mismo para el derecho griego, que siempre aceptó la existencia de lo que llamamos «contratos obligatorios», es decir, contratos que son impuestos por la ley a las partes contratantes, ya sea en cuanto a su oportunidad, en cuanto a la persona del cocontratante, o bien en cuanto a su contenido.[164]

Los autores franceses han expresado dudas acerca de la naturaleza contractual de estos actos, puesto que los intereses de las partes no son contradictorios y que, en una buena cantidad de casos, el contenido de estos contratos es normativo. Según estas opiniones, los intereses de las dos partes coinciden porque ambas sirven para el mismo propósito: el interés público.[165] La administración pública tiene un solo objetivo, satisfacer al interés general. En los contratos entre varias personas de derecho público, se está en presencia de dos intereses públicos, que no tenemos que combinar puesto que coinciden.[166] Además, según las mismas opiniones, no se trata de contratos, dado que su contenido no es la armonización de dos voluntades sino un contenido de carácter normativo,[167] especialmente si se está en presencia de contratos que regulan la forma en que se ejercerán las competencias.[168]

En realidad, estas opiniones siguen demasiado ligadas a concepciones obsoletas del interés público, que la doctrina jurídica moderna de ningún modo considera como unitaria.[169] Por otra parte, hoy en día no se considera más al estado como el único que expresa el interés público, concepción que se escon-

---

[163] Ver las observaciones de H. G. HUBRECHT, *Les contrats de service public, op. cit.*, p. 309. Muchos autores que se niegan a reconocer el caracter realmente contractual de estos actos se refieren con demasiada frecuencia a la categoría jurídica de actos condición del sistema conceptual de L. DUGUIT: *Traité de droit constitutionnel, op. cit.* Algunos aceptan que el acto contiene varios actos condición. Ver C.L. VIER, *Le procédé contractuel dans l'administration économique*, Thèse, Paris II, 1972. A. DE LAUBADÈRE, Administration et Contrat, *Mélanges J. Brette de la Gressay*, Bordeaux, Brière, 1967, p. 453; M. FLEURIET, *Les techniques de l'économie concentrée*, Paris, 1974; D. FLECHER BOURJOL, *La politique contractuelle dans l'administration locale, op. cit.*, p. 282.

[164] H. BATTIFOL, *La crise du contrat et sa portée*, *Archives de philosophie du droit*, 1968, p. 13 et seq.; G. BALIS, *Principes généraux de droit civil* (en griego), *op. cit.*, p. 228-229, que incluso se refiere expresamente al derecho público.

[165] Según las opiniones alemanas que hiciera conocer en Francia L. DUGUIT, *Traité de droit constitutionnel*, Tome I, *op. cit.* Las opiniones alemanas fueron aceptadas por el derecho griego a través de la doctrina del derecho privado.

[166] L. FAVOREU, *Un contrat administratif d'un type nouveau: les conventions de recherche de la D.G.R.S.T. et de la D.R.H.E.*, AJDA, 1965, p. 442.

[167] Ver todo este debate en: H. G. HUBRECHT, *Les contrats de service public, op. cit.*, p. 317 et seq. Ciertos autores han hablado de actos mixtos, que son en parte de naturaleza contractual y en parte normativos, como lo ha indicado Y. MADIOT, *Recherches sur la notion d'actes mixtes en droit public français*, Paris, LGDJ, 1971. Otros autores han hablado de contratos de poder, M.H. BERNARD DOUCHEZ, *Recherche sur la coopération entre personnes publiques*, Thèse, Toulouse, 1979, p. 650 et seq.

[168] Por ejemplo F. MODERNE, *Répertoire Dalloz, Collectivités locales, op. cit.*, p. 3045 9.

[169] Para el interés público, seimpre es clásico el estudio de P. HÄBERLE, *Öffentliches Interesse als juristisches Problem, Eine Analyse von Gesetzgebung und Rechtsprechung*, Bad Homburg, Athenaeum, 1970. También, D. TRUCHET, *Les fonctions de la notion d'intérêt général dans la jurisprudence du Conseil d'Etat*, LGDJ, Paris, 1977.

de detrás de todas estas teorías.[170] Tal concepción es natural para el derecho francés,[171] que siempre ha reservado al Estado un lugar que nunca adquirió o que perdió pronto en otros países, donde se aceptó temprano el policentrismo en la organización de los poderes públicos. Por otra parte, revela una cierta inercia de interpretación del fenómeno de los poderes públicos en un país como Francia, que sin embargo se hace cada vez más policéntrica, lo que demuestran los nuevos métodos de la administración contractual. Toda expresión del interés público, aunque se trate de varios representantes de una misma persona pública (por ejemplo el Ministerio de Agricultura y el Ministerio de Industria), manifiesta, concibe y sirve al interés público de modos diferentes, o mejor dicho, expresa intereses particulares en el seno del antagonismo de los intereses que es una de las características de la manera policéntrica moderna de organización del poder público.[172]

En cuanto a la segunda pregunta relativa al contenido normativo de los contratos, se debe señalar que, por una parte, esta observación no corresponde totalmente a la realidad y, por la parte, que esto no constituye un problema para la teoría y la jurisprudencia de los contratos administrativos. Para empezar, no existe contrato de servicio público que no contenga derechos subjetivos. El contenido normativo de muchos de estos contratos coexiste con la parte puramente contractual, que regula los derechos y obligaciones recíprocas de las partes y que son la razón de ser del contrato. Es muy raro que el contrato sea completamente obligatorio, es decir, que las partes no puedan tener ninguna influencia ni sobre la decisión de celebrar el contrato ni respecto a su contenido o sobre la elección del cocontratante. Si, en este caso, la forma contractual es elegida por la ley, es también porque se trata de una reglamentación, aunque solo sea obligatoria para las partes, de derechos subjetivos y obligaciones recíprocas.[173]

---

[170] P. Häberle, *op. cit.* Ver también S. Cassese, *Le basi del diritto amministrativo, op. cit.*, p. 24 et seq.

[171] Ver los análisis de B. Delcros, *L'unité de la personnalité juridique de l'Etat*, Thèse, Paris, 1974, p. 174 et seq.

[172] «Como ya se ha mencionado, tras la imposición del Estado multiclase, todo interés común puede ser reconocido y protegido. Las leyes que reconocen los diversos intereses públicos no pueden jerarquizarlos entre sí ni definir cómo uno se superpone a otro. Por ello, hay muchos intereses públicos contrapuestos. Por consiguiente los diversos servicios públicos dan lugar a la expresión de intereses que se contraponen entre sí»: S. Cassese, *Le basi del diritto amministrativo, op. cit.*, p. 225.

[173] «En la fase de intercambio de servicio y de dinero, se encuentran, en efecto, los rasgos característicos del comercio jurídico y, por consiguiente, la posibilidad para cada parte de comprometerse únicamente en función del compromiso de la otra»: H. G. Hubrecht, *Le contrat de service public, op. cit.*, p. 330. Otros autores han recurrido a la noción de acto colectivo en el sentido que le había dado L. Duguit, *Traité de droit constitutionnel*, I, *op. cit.*, p. 398 et seq. Otros en cambio recurren a conceptos de coautores de un acto administrativo unilateral, o de acto-condición. Ver como análisis: H. G. Hubrecht, *ibid.*, p. 323 et seq. et A. de Laubadère, F. Moderne, P. Delvolvé, *Traité des contrats administratifs*, I, *op. cit*, p. 460 et seq., y también la bibliografía allí citada. Según Y. Pimont, *Les contrats de plan*, R.S.F., 1971, p. 717, los contratos programa no son simples declaraciones de intención, sino verdaderos contratos. Ver especialmente, C.E., Section, 31 de marzo de 1989, *Département de la Moselle*, concl. Fornacciari, *RFDA*, 1989, p. 466 et seq. Se trataba precisamente de la cuestión de la naturaleza jurídica de los contratos de distribución de servicios que fueron celebrados entre los departamentos y el Estado según la legislación francesa vigente en la actualidad. Según el Consejo de Estado, no surgió ningún problema por haber utilizado el contrato como medio de distribución de los servicios puesto que la ley lo prevé.

También será necesario observar que la práctica ha desarrollado casos en que las partes no han aceptado obligaciones precisas una frente a la otra, sino que simplemente han prometido observar ciertos comportamientos, en la medida de lo posible. Frente a esta hipótesis, la mayor parte de la doctrina francesa expresa dudas en cuanto a su naturaleza verdaderamente contractual. Sin embargo, es necesario destacar que esto es un asunto de interpretación de las cláusulas del contrato en cuestión en cada caso y de las declaraciones de voluntad, es decir, hay que determinar si las partes realmente han deseado obligarse bajo el contrato con todas las consecuencias que derivan del mismo.[174] Además, la aceptación de asumir un determinado comportamiento es también un contrato. Si el comportamiento prometido no tiene lugar, se debe aceptar que la norma de la responsabilidad contractual también está en juego. Solo se puede pedir a la otra parte el cumplimiento de la promesa, es decir, el comportamiento prometido, pero esto se puede exigir. En estos contratos casi siempre se encuentran derechos subjetivos y obligaciones, y donde se trazan tales derechos y obligaciones, se trata de un contrato. La parte normativa del contrato no crea ningún problema. De hecho, no existe contrato de servicio público que no esté marcado por la parte normativa. Esta parte constituye su objetivo, es la razón por la que se ha celebrado el contrato. Los principios generales del derecho administrativo según los cuales no se puede intervenir mediante contrato en el ámbito de la legislación, del poder normativo o del ejercicio de la competencia, son aplicables a esta parte del contrato.[175] Esta es la razón por la que se ha señalado antes que estos contratos son ilegales en la medida en que limitan o afectan el ejercicio de las competencias.

Por último, cuando se trata de una concesión de servicio público, es necesario aceptar que en derecho administrativo francés se puede aplicar el principio de la imprevisión, porque el contrato no difiere en absoluto de aquel de igual contenido celebrado entre el Estado y un particular.[176] También en el derecho alemán se debe mantener este principio, por aplicación de la disposición de la § 60 VwVfG,[177] como también en el derecho griego, en virtud de la disposición del art. 388 del Código Civil. En cuanto a la teoría del hecho del

---

[174] Analíticamente, P. ROUBIER, *Droits subjectifs et situations juridiques*, Paris, Dalloz, 1963.

[175] Ver también C.E., 20 de enero 1978, *Syndicat national de l'enseignement technique agricole public*, *AJDA*, 1979, p. 37 et seq., concl. M. Denoix de Saint Marc.

[176] H. G. HUBRECHT, *Les contrats de service public, op. cit.*, p. 344 et seq.; A. DE LAUBADÈRE, F. MODERNE, P. DELVOLVÉ, *Traité des contrats administratifs*, I, *op. cit.*, p. 445 et seq. Además, como lo observa también P. DELVOLVÉ, *Les concessions de transport et de distribution de gaz*, C.J.E.G., 1969, p. 169 et seq. et 183 et seq., en los contratos de concesión de servicios de transporte y distribución de gas, se encuentran normas análogas a aquellas que rigen los litigios de otras concesiones de servicio público. C. BURON, *Les contrats d'aménagement conclus entre l'Etat et les villes moyennes*, AJDA, 1976, p. 510 et seq. y especialmente p. 517, como también Y. PIMONT, para los contratos programa del decreto no 70-1221 del 23 de diciembre de 1970: *Les contrats de plan, op. cit.*, p. 697 et seq., y en especial la p. 718.

[177] Ver, por ejemplo, K. OBERMAYER, *Kommentar zum Verwaltungsverfahrensgesetz, op. cit.*, p. 893 et seq.; H.-J. KNACK, *Verwaltungsverfahrensgesetz, Kommentar, op. cit.*, § 60; F.O. KOPP, *Verwaltungsverfahrensgesetz, op. cit.*, § 60 et seq.; P. STELKENS, H.J. BONK, K. LEONHARDT, *Verwaltungsverfahrensgesetz*, § 60.

príncipe,[178] no existe ninguna razón para la diferenciación en relación con los demás casos del derecho francés. Se puede aceptar lo mismo para el derecho alemán y el griego, por aplicación del principio *rebus sic stantibus* tal como se mantiene en la § 60 VwVfG y en el art. 388 del Código Civil, respectivamente.

Surge una pregunta cuando no se trata de concesión sino de la organización en común de un servicio público. Si nos situamos en el derecho francés, debemos admitir que, a partir del momento en que estas teorías se aplican para remediar el desarreglo financiero del contrato, estas difícilmente se mantienen, porque las partes colaboran en la misma medida en este esfuerzo común. No obstante, solo se pueden excluir las condiciones particulares de cada caso que favorezcan su aplicación. Se debe aceptar la misma solución en derecho alemán y griego, en el marco de los principios y disposiciones indicados anteriormente.

A partir del momento en que se trate de contratos, la siguiente pregunta se refiere al carácter administrativo o no de tales contratos. La respuesta a la primera pregunta seguramente ha llevado a considerar elementos que imponen el carácter administrativo. Como ya se mencionó, en el marco del derecho francés, el contrato celebrado entre dos personas públicas y que tiene por objeto la organización de un servicio público solo puede ser administrativo, al igual que el contrato estipulado entre dos personas públicas se presume administrativo. La decisión del Tribunal de Conflictos, en el caso *Union des Assurances de Paris*, de 1983, planteó la pregunta jurídica sobre una base clara: «un contrato celebrado entre dos personas públicas reviste, en principio, un carácter administrativo.»[179] Según el criterio del derecho alemán, para que el contrato sea administrativo, es necesario que tenga por objeto la fundación, la transformación o la derogación de una relación jurídica del ámbito del derecho público, independientemente del carácter público o privado de los signatarios (§ 54 VwVfG). De hecho, los dos criterios coinciden, al menos en el sentido de que la relación jurídica en que se basa un contrato de servicio público es de derecho público, sobre todo cuando es el producto de la voluntad común de dos personas públicas.[180] Es la misma lógica que entre la juris-

---

[178] Es lo que enseña la jurisprudencia del C.E., 2 de octubre de 1978, *Ville de Saint Malo*, antes citada, com. Joly. A propósito de un contrato de concesión de construcción y funcionamiento-explotación de un puerto de recreo celebrado entre el Estado y la ciudad de Saint Malo, el Consejo de Estado decidió que el perjuicio causado por un acto unilateral del Estado a su cocontratante debe ser reparado, incluso si no se había previsto ninguna cláusula de reparación en el pliego de condiciones. *Ibid.* Voir aussi C.E., 17 de enero de 1986, *Ville de Montpellier*, p. 52.

[179] T.C., 21 de marzo de1983, *Union des Assurances de Paris*, p. 537, *AJDA*, 1983, p. 356, concl. Labetoulle, *D.* 1984, p. 33, com. J. B. Auby et H. G. Hubrecht, *Rev. Adm.* 1983, p. 368, com. B. Pacteau. Se trataba de un contrato celebrado entre el Estado y el Centro Nacional para la Explotación de los Oceanos, en virtud del cual la gestión administrativa y financiera de un barco oceanográfico se dejaba al Estado. El Comisario de Gobierno Labetoulle basó esta presunción en la observación de que en este caso, se encontraban dos gestiones públicas. De ello se desprende que esta presunción no funciona en casos de establecimientos públicos industriales y comerciales. Ver también R. Chapus, *Droit administratif général*, I, *op. cit.*, no 400 et seq.

[180] K. Obermayer, *Kommentar zum Verwaltungsverfahrensgesetz*, *op. cit.*, p. 817 et seq.; H.-J. Knack, *Verwaltungsverfahrensgesetz, Kommentar*, *op. cit.*, §§ 2 et 4.1 et seq.; F.O. Kopp, *Verwaltungsver-*

prudencia del Tribunal de Conflictos y del Consejo de Estado: solo se reconoce una sola presunción en favor del carácter administrativo de los contratos celebrados entre dos personas públicas. En efecto, es posible que un contrato entre dos personas públicas se refiera a una relación jurídica de derecho privado; este contrato no puede ser administrativo. En el mismo orden de ideas, los contratos celebrados entre dos personas públicas que crean, modifican o derogan una relación jurídica de derecho público o, más aún, que tienen por objeto la organización y funcionamiento de un servicio público o el ejercicio de ciertas competencias en el marco de la organización y funcionamiento de un servicio público, son contratos administrativos.

---

fahrensgesetz, op. cit., § 54, no 6 et seq.; P. Stelkens, H.J. Bonk, K. Leonhardt, *Verwaltungsverfahrensgesetz, op. cit.*, p. 511 et seq.; H. U. Erichsen, W. Martens, *Allgemeines Verwaltungsrecht, op. cit.*, p. 280 et seq.

CAPÍTULO III
CONTRATOS DISTINTOS A LOS DE SERVICIO PÚBLICO

«Los contratos públicos son contratos celebrados bajo las condiciones previstas en este código por los entes públicos para la realización de obras, suministros y servicios». (art. 1 del Código de Contratación Pública). «Los contratos del Estado son contratos escritos cuyos elementos constitutivos son los pliegos de condiciones previstos en el Capítulo VI del Título Primero». (art. 9 § 1 del mismo Código)[1]. Al principio, solo los contratos del Estado fueron objeto de una normativa especial que tuvo lugar con la ley del 31 de enero de 1833; esta ley después fue completada y modificada varias veces, para ampliar su campo de aplicación a las entidades locales. Por consiguiente, un contrato público en derecho francés es el contrato mediante el cual el cocontratante de la administración «se compromete a suministrar a esta una prestación, en el sentido más amplio, mediante el pago de un precio».[2]

Al igual que el derecho de la concesión de servicio público, el derecho específicamente francés de los contratos estudiados en este capítulo tiene sus raíces en el pasado y particularmente en el derecho y las prácticas de los señores feudales franceses y del Estado que se desarrollaron a través de los siglos. Por eso no debe sorprender el afán del legislador francés, justo después de la Revolución, por determinar la jurisdicción del contencioso resultante.

Desde 1424, cuando el Duque de Bretaña quiso hacer reparar las murallas de la ciudad, se puede descubrir entre los testimonios existentes al derecho moderno de las obras públicas en líneas generales, con todas las prerrogativas de la administración para intervenir directamente durante la concepción y ejecución de las obras, dirigirlas personalmente, etc.[3] El estudio del derecho

---

[1] Ver A. DE LAUBADÈRE, F. MODERNE, P. DELVOLVÉ, *Traité des contrats administratifs*, I, *op. cit.*, p. 244 245.

[2] *Ibid.*, p. 245. Ver también J. MOREAU, *Droit administratif, op. cit.*, p. 262 et seq.; R. CHAPUS, *Droit administratif général*, I, *op. cit.*, no 1175 et seq.; J. KAHN, *La notion juridique de marché public, Marchés publics*, octubre de 1968, p. 37 et seq.; M. FLAMME, *Traité théorique et pratique des marchés publics*, 2 vol., Bruxelles, Bruylant, 1969; del mismo autor, *Les marchés de l'administration, Analyse du droit positif et essai doctrinal sur les contrats de fournitures et de travaux publics*, Bruxelles, Bruylant, 1955.

[3] J. L. MESTRE, *Introduction historique au droit administratif français, op. cit.*, p. 48; J.P. LEGUAY, *La ville de Rennes au XVe siècle à travers les comptes des Miseurs*, Thèse, Lettres, Rennes, 1968, p. 23, 144, 173.

romano, y especialmente de los principios según los cuales el arrendatario de un campo tenía derecho a una reducción del alquiler cuando circunstancias imprevisibles redujeran la producción,[4] ha llevado la práctica gradualmente a la idea de la participación del propietario de las obras en los perjuicios causados al constructor, y esto desde el siglo XIV.

La creación del Consejo del Rey extendió su jurisdicción a esta categoría de litigios. En el siglo XVIII, todos los litigios por obras públicas, así como los de suministro, gestión de minas, etc., eran de su competencia en virtud de una multitud de disposiciones.[5]

Esta categoría unitaria de contratos, propia del derecho francés, no existe ni en el derecho alemán ni en el griego. Evidentemente, se conocen los distintos contratos de este tipo, pero no son parte de un mismo concepto genérico.

Las contrataciones públicas distintas de los simples contratos de la administración francesa conocidos habitualmente como pequeños contratos corrientes, contratos con base en factura simple o contratos contra factura (*petits contrats courants, contrats sur simple mémoire* ou *contrats sur facture*), y que se refieren a obras, suministros o servicios que no exceden de un determinado valor (180.000 FF);[6] por lo tanto, esos contratos pueden celebrarse sin procedimiento especial o incluso verbalmente.[7] De ahí que la calidad del contrato público esté condicionada por la importancia que el contrato tiene para la economía nacional, lo que además constituye la razón por la que está sometido a normas especiales. No son contratos públicos, según la definición anterior, no solo los contratos de importancia financiera secundaria, sino también los contratos de concesión de servicio público, los contratos celebrados con los usuarios de servicio público o aquellos que son parte del dominio público, las licitaciones,[8] los contratos de personal o los contratos de seguro. En cambio, los contratos de obras públicas, de suministro, corrientes o de servicios, de servicios intelectuales o los contratos públicos industriales, constituyen contratos públicos.

---

[4]   *D.*, 19.2.15.2 *en*: 7/19.2.25.6/ CJ, 4.65.8. cita de J. L. Mestre, *Introduction historique au droit administratif français, op. cit.*, p. 129 et seq., y más generalmente sobre esta temática: *ibid.*, p. 128 et seq. Sobre las modalidades de elección del cocontratante, licitaciones, etc., *ibid.*, p. 250 et seq.

[5]   *Ibid.*, p. 191 et seq. Ver también M. Antoine, *Le Conseil du roi sous le règne de Louis XV*, Paris, Genève, Droz, 1970; R. Dareste, *La justice administrative en France ou Traité du contentieux de l'administration*, Paris, A. Durant, 1862.

[6]   Decreto del 8 de enero de 1985, art. 123 Código de Contrataciones Públicas para los contratos del Estado y el art. 321 para los contratos de comunidades locales y los establecimientos públicos que estas crean. Ver R. Chapus, *Droit administratif général*, I, *op. cit.*, no 1175.

[7]   Sobre la posibilidad de celebrar contratos orales: C.E., 22 de diciembre de 1965, *Acquaviva*, p. 873, *RDP*, 1966, p. 598; C.E.,14 de marzo de 1984, *Electricité municipale de Vy les Filain*, *AJDA*, 1984, no 138.

[8]   Según la observación de R. Chapus, *ibid.*, no 1175. Por el contrario, estos autores consideran este caso como contratos públicos: A. de Laubadère, F. Moderne, P. Delvolvé, *Traité des contrats administratifs*, I, *op. cit*, p. 267 268. Ver también: A. Gervais, *Le régime juridique des offres de concours*, *RDP*, 1954, p. 645; J. Georgel, *Offres de concours*, *J.C.A.*, fasc. 535; L. Richer, *Le marché public: problèmes actuels de définition*, *C.J.E.G.*, 1986, p. 37.

Cabe destacar que el Código de Contratación Pública no es la única fuente de derecho de los contratos que son contrataciones públicas. Existen además, como fuentes de derecho de una determinada especificidad, las Condiciones Generales de Contratos Administrativos (*Cahiers des clauses administratives générales (C.C.A.G.)*[9] y las Condiciones Generales de Contratos Técnicos (*Cahiers des clauses techniques générales (C.C.T.G.)*[10]. Ambos son redactados por los servicios y aprobados por decreto. Sin embargo, no son aplicables directa y automáticamente a los contratos del género, pero es necesario que cada contrato se refiera expresamente a ellos; así se convierten en derecho del contrato. Con mayor razón, el contrato puede derivarse de las cláusulas de estos pliegos de condiciones.[11]

No todos los contratos públicos son necesariamente contratos administrativos. Según la jurisprudencia y doctrina unánimes, para ser administrativos, es necesario que estos contratos tengan las características exigidas por la jurisprudencia, excepto si se trata de contratos administrativos por voluntad de la ley. De hecho, aquí debemos referirnos a la observación que resulta de un estudio analítico según el cual la teoría francesa de los contratos administrativos le debe mucho, si no todo, a las disposiciones legislativas concretas, algunas de las cuales se remontan a los tiempos revolucionarios, que tenían por objeto reservar ciertos litigios a la jurisdicción administrativa. Se trata de contratos administrativos «*por determinación de la ley*».

Para ser exacto, el legislador no se pronunció sobre el problema esencial y no determinó que estos contratos eran administrativos; sencillamente deseó que los litigios que se derivan de la ejecución de ciertos contratos fueran competencia de los tribunales administrativos. Del mismo modo, y movido por consideraciones de política legislativa inversas, el legislador adjudicó otros casos de litigios a los tribunales civiles.[12] Hoy que la jurisprudencia adminis-

---

[9]   Cláusulas administrativas generales aplicables a los contratos públicos de obras, ratificadas por el decreto del 21 de enero de 1976; Cláusulas administrativas generales aplicables a los contratos públicos de suministros corrientes y de servicios, ratificadas por el decreto del 27 de mayo de 1977; Cláusulas administrativas generales aplicables a los contratos públicos de servicios intelectuales, ratificadas por el decreto del 26 de diciembre de 1978; Cláusulas administrativas generales aplicables a los contratos públicos industriales. Se refieren a los contratos públicos del Estado, de las personas públicas excepto por aquellas que son establecimientos públicos industriales y comerciales, comunidades locales, así como las personas públicas que estas crean: A. DE LAUBADÈRE, F. MODERNE, P. DELVOLVÉ, *Traité des contrats administratifs*, I, *op. cit.*, p. 247 248.

[10]   Los *Pliegos de condiciones técnicas generales* son ratificados por decreto, pero solo se refieren a los contratos del Estado: A. DE LAUBADÈRE, F. MODERNE, P. DELVOLVÉ, *ibid.*, p. 248.

[11]   *Ibid.*

[12]   Los contratos celebrados por el servicio de presupuesto en relación con ingresos ordinarios (decretos del 22 de abril de 1905 y del 6 de noviembre 1930, C.E., 13 de junio de 1928, *Uzan*, p. 746), los litigios resultantes de la ejecución de contratos de arrendamiento de derechos municipales que son percibidos sobre las plazas públicas, mataderos, etc. (decreto del 17 de mayo de 1809, T.C., 4 de agosto de 1877, *Cie de Langeac*, p. 825). Sin embargo, la competencia de la interpretación del contrato siempre recae, como asunto prejudicial, en la jurisdicción administrativa (T.C., 25 de mayo de 1950, *Lecavelier*, p. 659), los contratos de acceso a extranjeros a los hospitales (ley del 7 de agosto de 1851), los contratos que se celebran según el art. 861 del Código Rural y que se refieren a los arrendamientos rústicos de comunidades locales y los contratos que se estipulan según el art. 425 del mismo

trativa se ha desarrollado, justamente porque, según la ley, los tribunales administrativos eran competentes para conocer estos litigios, se ha podido sostener que es más bien la verdadera naturaleza administrativa de estos contratos lo que impuso esa solución al legislador, es decir, que no se trata de contratos por determinación sino *por predeterminación de la ley*.[13] Esta posición, corriente entre los autores franceses, se considera inviable desde el punto de vista de la metodología de la historia de las instituciones. Por lo demás, algunos contratos que son administrativos por determinación de la ley no contribuyen a este esfuerzo doctrinal, debido a que su naturaleza nunca satisfaría los criterios del contrato administrativo establecidos por la jurisprudencia.[14]

Los contratos de obras públicas son contratos administrativos en virtud del art. 4 de la ley del 28 de pluvioso del año VIII, que hizo competentes a los consejos de prefectura para conocer los litigios que derivan de su conclusión o ejecución. «El consejo de prefectura decidirá… sobre las dificultades que puedan surgir entre los empresarios de obras públicas y la administración, con respecto al sentido o la ejecución de las cláusulas de sus contratos». Según el art. 85 del Código del Dominio del Estado (antiguamente, artículo del decreto ley del 17 de junio de 1938), «los litigios relativos a contratos que incluyan la ocupación del dominio público, sea cual fuera su forma o denominación, celebrados por el Estado, las instituciones públicas o sus concesionarios, deben ser oídos en primera instancia por el tribunal administrativo». Según el art. 4 de la ley del 28 de pluvioso del año VIII, «el consejo de prefectura decidirá… sobre lo contencioso de los dominios nacionales», cuya regla, según el Consejo de Estado, abarca todas las hipótesis de venta de inmuebles del Estado. Disposiciones análogas previeron la competencia de los tribunales administrativos en materia de contrato respecto a las fuentes termales pertenecientes al Estado (decisión de los cónsules del 28 de floreal del año VIII), para los contratos de endeudamiento público del Estado (ley del 17 de julio de 1790 y del 26 de septiembre de 1793), o las concesiones coloniales (art. 176 de la ordenanza del 9 de febrero de 1827). Por último, el decreto del 11 de junio de 1806 concedió al Consejo de Estado los litigios derivados de los contratos de suministros del Estado.

Los contratos de obras públicas, «cualquiera que sea la naturaleza de las estipulaciones incluidas en los contratos pertinentes, (…) tienen por su mismo objeto el carácter de contratos administrativos», según el Consejo de Estado,

---

Código y que se refieren a los arrendamientos pesqueros en los ríos públicos. Ver J. Georgel, *Contrats par détermination de la loi*, J.C.A., fasc. 500. En especial en lo que concierne a los contratos de acceso de extranjeros a los hospitales, también se sostiene la opinión contraria, por ejemplo J. du Bois de Gaudusson, *L'usager du service public administratif*, *op. cit.*, p. 61.

[13] El término fue concebido por G. Vedel, *Remarques sur la notion de clause exorbitante, Etudes offertes à Achille Mestre*, Paris, Sirey, 1954, p. 527 et seq. De la misma opinión: R. Chapus, *Droit administratif général*, I, *op. cit.*, no 611, quien prefiere incluso la expresión de contratos administrativos según su objeto (*contrats administratifs par leur objet*). A. de Laubadère, F. Moderne, P. Delvolvé, *Traité des contrats administratifs*, I, *op. cit.*, p. 131 et seq.

[14] El ejemplo principal de esto es la venta de inmuebles del Estado del art. 4 de la ley del 28 de pluvioso del año VIII.

23 de marzo de 1956, *Ministre de l'Agriculture c. Consorts Grimouard.*[15] Esta jurisprudencia que constituyó la respuesta de la jurisdicción superior a la tendencia cada vez más frecuente de los cocontratantes, de los particulares y de la administración, de utilizar tipos de contratos de derecho privado en la ejecución de obras públicas,[16] marca el límite de la tolerancia del Consejo de Estado respecto a esa práctica, límite que fue trazado por la disposición legislativa. Los contratos de obras públicas, independientemente de su contenido, son contratos administrativos, puesto que así lo ha querido el legislador. Esta es la lectura correcta del tan debatido fallo *Grimouard.* Es evidente que, para que haya contrato administrativo, siempre es necesario que una de las partes contratantes sea la administración, una persona pública.[17]

En ciertos casos, tanto el Consejo de Estado como el Tribunal de lo Contencioso se inspiraron en la teoría del mandato para caracterizar como administrativo al contrato de obras públicas celebrado con un particular por una empresa mixta, persona privada. Se trata de la jurisprudencia del caso *Peyrot,*[18] que fue el resultado de la interpretación de contratos de construcción y de explotación de autopistas primero, y posteriormente, de túneles.[19] Esta jurisprudencia, poco convincente en sus consideraciones, tal vez encuentra su base no declarada en el hecho de que se trata de la construcción y de la explotación del dominio público. En efecto, nos encontramos ante una inercia de la jurisprudencia, que duda en abandonar una controversia que por tradición le pertenece a la competencia judicial impuesta por la naturaleza privada de dos partes contratantes.[20] Así es como se refugió en la idea del mandato. Con base en esta misma idea del mandato, la jurisprudencia ha considerado como administrativo al contrato celebrado por una empresa mixta y cuyo objeto era la ejecución

---

[15] *D.* 1956, p. 429, concl. Long, com. P.L.J., *Grands Arrêts, op. cit.,* no 92.

[16] Ver las observaciones de A. DE LAUBADÈRE, F. MODERNE, P. DELVOLVÉ, *Traité des contrats administratifs,* I, *op. cit.,* p. 259, y P.L. JOSSE, *Coup d'arrêt à la dégradation continue de la notion de marché de travaux publics,* E.D.C.E.,1956, p. 34.

[17] C.E., 15 de diciembre de 1976, *S.C.I., Résidence Gallieni,* p. 542, *RDP,* 1977, p. 495, com. Waline. En todo caso, es posible que el contrato celebrado entre dos personas privadas sea administrativo, si se está en presencia de un caso de mandato explícito: C.E., 2 de junio de 1961, *Leduc,* p. 365, *AJDA,* 1961, p. 345, concl. Braibant.

[18] T.C., 8 de julio de 1963, *Sté Entreprise Peyrot, Sté de l'autoroute Estérel Côte d'Azur,* p. 787, *D.* 1963, p. 534, concl. Larry, com. Josse, *J.P.C.,* 1963 II, 13375, com. Auby. Ver también J.P. COLIN, *La nature juridique des marchés de travaux passés par les sociétés d'économie mixte concessionnaires de travaux publics, AJDA,* 1966, p. 474. La interpretación del Tribunal de lo Contencioso es muy interesante, aunque se basa en la posición arbitraria, y en todo caso empírica, según la cual, el Estado es quien construye las autopistas, con la consecuencia de que el régimen jurídico tradicionalmente creado en el marco de esta actividad estatal puede también extenderse a los casos en que el Estado confía la realización de estos trabajos a empresas mixtas que actúan por cuenta del Estado. De esta manera, que, sin embargo, no es la misma de la jurisprudencia del mandato explícito, esta actividad está sujeta al derecho público, sin importar que la misma sea asumida directamente por el Estado o no. *Ibid.*

[19] C.A. Paris, 2 de diciembre de 1964, *Société française du tunnel sous le Mont Blanc, J.P.C.* 1965, II, com. Auby; C.E., 24 de abril de 1958, *Société française du tunnel sous le Mont Blanc,* Rec. 255.

[20] R. CHAPUS, por ejemplo, considera que es evidente que los contratos que comprenden una ocupación del dominio público son, por su propio objeto, administrativos, *Droit administratif général,* I, *op. cit.,* no 613.

de obras sanitarias y de distribución.[21] No hay que perder de vista que esta excepción también tiene por objeto la construcción del dominio público.

Como se ha observado, los contratos en los que el cocontratante no será remunerado directamente por la administración no son contratos de ejecución de obras públicas. Cuando, además de la construcción, el cocontratante acepta explotar las obras teniendo como remuneración los derechos pagados por los usuarios, se trata de una concesión de obra pública.[22] Cuando, por el contrario, en esta misma hipótesis, la remuneración por la construcción y por la explotación de la obra por parte del cocontratante es sufragada por la administración, se trata de un contrato de empresa de obras públicas.[23]

La misma noción de obra pública ha tenido ampliaciones muy importantes en casos en los que se reconoce en la obra la ejecución de un objetivo de servicio público,[24] o en casos de contrato mixto, donde el elemento de obra pública coexiste con los demás,[25] o, por último, cuando se trata de un contrato relacionado con la ejecución de una obra pública sin que el mismo sea un contrato de obras públicas.[26] Existe una aplicación particular de estas hipótesis en la *licitación*, que consiste en la oferta por parte de un particular a una

---

[21] C.E., 30 de marzo de 1975, *Société d'équipement de la région montpelliénaine*, p. 326, AJDA, 1975, p. 345, chron. Franc et Boyon; T.C., 7 de julio de 1975, *Commune d'Agde*, p. 797, J.C.P. 1976, II, p. 18171, com. Moderne, D. 1977. J., p. 8, com. Ch. Bettinger; J.A. Mazères, *Que reste t il de la jurisprudence Peyrot?*, *Mélanges Couzinet*, *op. cit.*, p. 475; Y. Brand, *Le mandat comme fondement des contrats administratifs entre personnes privées*, J.C.P., 1981, I, p. 3032; P. Delvolvé, *De la nature juridique des sociétés d'économie mixte et de leurs marchés de travaux*, RDP, 1979, p. 351. Ver también A. de Laubadère, F. Moderne, P. Delvolvé, *Traité des contrats administratifs*, I, *op. cit.*, p. 263, y especialmente cit. 13, donde proceden a un análisis detallado de las opiniones de Odent y Delvolvé en lo que concierne a la interpretación de los fallos *Peyrot*, *Commune d'Agde* et *Payan* (T.C., 15 de enero de 1977, p. 793): R. Odent, *Contentieux administratif*, Institut d'Etudes Politiques, Paris, 1977 1978, p. 561; P. Delvolvé, *Jurisprudence en matière de contentieux administratif*, D. 1979, p. 261 et seq.

[22] Ver el Capítulo II, Sección I.

[23] Como lo observan A. de Laubadère, F. Moderne, P. Delvolvé, los contratos de empresa de obras públicas y las concesiones tienen otra característica en común, su duración. En ambos casos, los contratos se estipulan por largos periodos, más largos que aquellos de los contratos de obras públicas (*Traité des contrats administratifs*, I, *op. cit.*, p. 255, cit. 3). Para los contratos de empresa de obras públicas, ver C.E., 26 de noviembre de 1971, *Société S.I.M.A.*, p. 723, RDP, 1972, p. 239, concl. Gentot et p. 1245, com. Waline, AJDA, 1971, p. 649, chron. Labetoulle et Cabanes.

[24] Se trata de un caso clásico de concesión de obra y de servicio público, para lo cual véase el Capítulo II, Sección I.

[25] Ver una serie de ejemplos *en*: A. de Laubadère, F. Moderne, P. Delvolvé, *Traité des contrats administratifs*, I, *op. cit.*, p. 257 y especialmente cit. 6.

[26] C.E., 20 de junio de 1956, *Ministère de l'Agriculture c. Consorts Grimouard*, arriba citado, donde se trataba de contratos celebrados con particulares, propietarios de terrenos sobre los que se construirían obras públicas. C.E., 7 de noviembre de 1950, *Meunier*, D.P. 1931, 3, p. 29, com. Montsarat, donde se decidió que el contrato de transporte de materiales para la construcción de una vía pública es un contrato de obras públicas. Por el contrario, según C.E., 14 de mayo de 1943, *Commune de Joinville le Pont*, p. 122, el contrato de crédito estipulado por un municipio para encontrar los créditos necesarios para la ejecución de una obra pública, no es un contrato de obras públicas. Igualmente, según C.E., 31 de julio de 1912, *Sté des granits des Vosges*, p. 912, concl. L. Blum, no hay contrato de obras públicas cuando el objeto del contrato es únicamente el suministro de materiales de construcción de una obra pública sin ninguna otra participación en la ejecución de la obra. Ver muy analíticamente *en*: A. de Laubadère, F. Moderne, P. Delvolvé, *ibid.*, p. 265 et seq.

persona pública de una prestación en efectivo o en especie en la ejecución de una obra pública. Si bien la naturaleza de este acto se ha puesto en duda,[27] la jurisprudencia lo ha aceptado como contrato administrativo en una amplia interpretación del art. 4 de la ley del 28 de pluvioso del año VIII.[28]

El decreto ley del 17 de junio de 1938 puso fin a un debate de la jurisprudencia y la doctrina a favor de la opinión según la cual todo contrato, sea cual sea su nombre o denominación, relacionado con la ocupación del dominio público, y celebrado por el Estado, los organismos descentralizados y sus concesionarios, es competencia de la jurisdicción administrativa y, en consecuencia, un contrato administrativo. A pesar de las reticencias iniciales, se aceptó rápidamente que esta cláusula de competencia también significaba la aplicación de las reglas de los contratos administrativos,[29] con la única observación que, según la jurisprudencia, solamente los concesionarios de servicio público están incluidos en la noción de «concesionario» en los términos de la ley de 1938.[30]

La clasificación de los contratos de venta de inmuebles del dominio privado del Estado entre los contratos administrativos, como consecuencia de la competencia del Consejo de Estado,[31] causa problemas muy particula-

---

[27] Según R. CHAPUS, no se trata de un contrato de obra pública, *Droit administratif général*, I, *op. cit.*, § 1175. Según G. JÈZE, *Les contrats administratifs de l'Etat, des départements, des communes et des établissements publics*, *op. cit.*, p. 151, no se trata de contrato, sino de una declaración unilateral de voluntad que crea una obligación. En cambio, la licitación, a pesar de su nombre, solo crea contrato si la oferta es aceptada por la administración. Los autores A. DE LAUBADÈRE, F. MODERNE, P. DELVOLVÉ hablan de contrato unilateral (*Les contrats administratifs*, I, *op. cit.*, p. 267).

[28] Según la jurisprudencia, la licitación que se refiere directamente a la ejecución de una obra pública es un contrato administrativo: C.E., 9 de marzo de 1906, *Gau Basc*, p. 225, concl. Romieu; C.E., 14 de diciembre de 1973, *Ministère des P. et T. c. Marie*, p. 726; C.E., 12 de octubre de 1979, *Touchard*, p. 713.

[29] R. CHARLIER, Los contratos que incluyen una ocupación del dominio público según el decreto ley del 17 de junio de 1938, *J.C.P.*, 1943. I, p. 370, según el cual la legislación simplemente se ajustó a la naturaleza excepcional del dominio público. De todas formas, la primera jurisprudencia publicada después de la entrada en vigor de la nueva legislación se exige si la competencia administrativa también implicaba la aplicación de las reglas de derecho administrativo sobre esta materia. La cuestión fue introducida rápidamente a favor del derecho administrativo y, por consiguiente, en favor del carácter administrativo de los contratos, por parte del Tribunal de lo Contencioso y del Consejo de Estado: T.C., 12 de diciembre de 1942, *Sté Méditerranéenne de combustibles*, p. 320, D. 1944, *J.*, p. 18, com. Waline; C.E., 21 de enero de 1949, *Compagnie générale frigorifique*, p. 27; C.E., 5 de diciembre de 1952, *Haydt*, p. 557, S. 1954, 3, p. 21, com. Plantey; C.E., 22 de abril de 1977, *Michaud*, p. 185, *AJDA*, 1977, no 66, p. 441, concl. M. Franc. Además, la jurisprudencia procedió a una extensa interpretación de la expresión domino público (C.E., 28 de enero de 1970, *Cons. Philip Bingisser*, p. 58, *AJDA*, 1970, p. 349, chron. R. Denoix de Saint Marc et D. Labetoulle), y todos los contratos relativos a la ocupación del dominio público fueron asimilados, en cuanto al derecho aplicable, a los contratos de ocupación del dominio público: C.E., 19 de febrero de 1965, *Brangeon*, p. 118, *AJDA*, 1965, p. 398, com. Laporte.

[30] C.E., 10 de julio de 1956, *Société des steeple chases de France*, p. 587, S. 1956, p. 156, concl. Chardeau, *RDP*, 1957, p. 522, com. Waline. Esta decisión también fue importante porque se trataba de un contrato estipulado entre dos personas de derecho privado. Ver también T.C., 23 de febrero 1981, *Société Socamex*, p. 501, *RDP*, 1982, p. 545.

[31] Ver en sentido analítico, G. JÈZE, *Les contrats administratifs de l'Etat, des départements, des communes et des établissements publics*, *op. cit.*, p. 232 et seq.; R. ODENT, *Contentieux administratif*, II, *op. cit.*, p. 511; A. DE LAUBADÈRE, F. MODERNE, P. DELVOLVÉ, *Traité des contrats administratifs*, I, *op. cit.*, p. 140.

res en el seno de la doctrina francesa de los contratos administrativos, por una razón muy sencilla: si ella pudo clasificar todos los demás casos de contratos administrativos dentro de la idea de contratos por «*predeterminación*» de los «*verdaderos*» criterios de los contratos administrativos, en ningún caso es posible hacer los mismo en esta hipótesis. Esto porque se ha deseado probar, aunque sin jurisprudencia, que esta competencia del Consejo de Estado no significa en absoluto la aplicación de las reglas y de los criterios publicistas que rigen los contratos administrativos.[32] Sin embargo, es verdad que el Consejo de Estado no solo aplica con frecuencia la legislación especial que regula estos contratos, sino, lo que es más, extiende su jurisprudencia y su competencia a todo contrato de venta de inmuebles de dominio privado del Estado, aunque su competencia legal solo concierne a los inmuebles que se han convertido en propiedad del Estado en la época de la Revolución y por causa de la misma.[33]

Los contratos de suministros y de servicios constituyen por excelencia el caso de contratos administrativos por determinación de la ley que después siempre han dado lugar a debates doctrinarios y a una jurisprudencia llena de matices, que tuvo como consecuencia que se dejara una serie de casos fuera de la jurisdicción administrativa. Por eso es que existen contratos de suministros y de servicios abandonados a la jurisdicción civil, a pesar de la letra de la ley. Según la opinión dominante en derecho administrativo francés, esta es la prueba por excelencia de la existencia de un contrato administrativo *per se,* puesto que la aplicación de estos criterios también va en contra de la ley.[34] Las frases utilizadas por la jurisprudencia son más o menos del mismo tenor, aunque con variantes: el contrato no constituye un contrato de suministro, no está entre las disposiciones del decreto del 11 de junio de 1806, etc.[35]

La práctica administrativa recurrió a la preparación de pliegos de condiciones que abarcan varias subdivisiones. Los contratos de suministros corrientes se rigen por las cláusulas administrativas generales aplicables a los contratos de suministros corrientes y de servicios, aprobado por decreto.[36] Sus disposiciones, que, para ser aplicadas cada vez, requieren de una mención especial en el mismo texto del contrato,[37] abarcan no solo los suministros sino

---

[32] Se trata de una idea que ya era la de E. LAFERRIÈRE, para quien los contratos de este tipo no debían ser competencia de la jurisdicción administrativa sino en los casos donde se estaba en presencia «de verdaderos actos del poder público a los que se agrega un elemento contractual» (*Traité de la juridiction administrative et des recours contentieux*, I, *op. cit.*, p. 549). La idea o pregunta fue reforzada por G. JÈZE, *Les contrats administratifs*, *op. cit.*, p. 235 236, para transformarse en la posición asumida por A. DE LAUBADÈRE, F. MODERNE, P. DELVOLVÉ, *Traité des contrats administratifs*, I, *op. cit.*, p. 141.

[33] C.E., 24 de julio de 1925, *Commune de Villes sur Auzon*, p. 732, C.E., 8 de noviembre de 1974, *Epoux Figueras*, p. 545. Ver también H. DEMENTHON, *Traité du domaine de l'Etat*, Paris, Dalloz, 6e éd., 1964.

[34] En especial A. DE LAUBADÈRE, F. MODERNE, P. DELVOLVÉ, *Traité des contrats administratifs*, I, *op. cit.*, p. 269 et seq.

[35] Por ejemplo, C.E., 14 de mayo de 1924, *de Lambilly*, p. 468; C.E., 2 de noviembre de 1928, *Meilleveux*, p. 1125; C.E., 11 de mayo de 1956, *Société Gondrand*, p. 202.

[36] Decreto no 77 699 del 27 de mayo de 1977, modificado por el decreto no 81 100 del 2 de febrero de 1981.

[37] Art. 1 § 2.

también los servicios para los cuales no se ha preparado un pliego de condiciones específico en razón de sus singularidades.[38]

El caso de los contratos de transporte y, sobre todo, de transporte marítimo, es un caso especial de contrato de servicios corrientes desarrollado por la jurisprudencia; este es un caso que ha dado origen a problemas doctrinales muy específicos, por el hecho de que reaparecen las características de la concesión de servicio público.[39] Se ha podido sostener que el Consejo de Estado no acepta automáticamente su competencia y estos contratos como contratos de suministros y de servicios; que, por el contrario, no los considera como contratos de derecho público sino a partir del momento en que estos contratos se hayan celebrado bajo condiciones distintas a las del derecho privado, o si se trata de contratos de concesión de servicio público.

Sin embargo, una lectura cuidadosa de la jurisprudencia suscita algunas interrogantes. En realidad, la jurisprudencia citada es mucho más reservada. Se basa, en primer lugar, en el principio de que se trata de contratos celebrados por el Estado con el fin de satisfacer los intereses de sus servicios; sin embargo, procede a comparar estos contratos con los de derecho privado con frases de construcción negativa, lo que no permite deducir una respuesta clara y cierta a la pregunta jurídica. Se inscribe simplemente en el marco de la jurisprudencia más general que se refiere a los contratos de suministros, que el Consejo de Estado ha querido determinar restringiendo al mismo tiempo su ámbito de competencia.[40]

---

[38] A las comunidades locales y a las personas públicas que estas crean, sencillamente se aconseja seguirlas: A. DE LAUBADÈRE, F. MODERNE, P. DELVOLVÉ, *ibid.*, p. 272 et seq.

[39] Esta es la razón por la cual la distinción a veces es especialmente difícil. Se señala el ejemplo, y también la jurisprudencia, en el que la ejecución de un servicio público no pone en contacto al concesionario con el público, por ejemplo, cuando el objeto del contrato es transportar el correo (contrato de transporte). A. DE LAUBADÈRE, F. MODERNE, P. DELVOLVÉ, *Les contrats administratifs*, I, *op. cit.*, p. 49. Según C.E., 29 de enero de 1909, *Compagnie de messageries maritimes*, p. 111, concl. Tardieu, se trata de un contrato de concesión de servicio público.

[40] Estas son las sentencias del C.E., 19 de junio de 1918, *Société des voiliers français*, p. 597, y del T.C., 25 de marzo de 1922, *de Malgraive*, p. 288. En el primer caso, mediante contrato celebrado entre el Estado y una compañía naviera, esta última se encargaba de transportar carbón y otros materiales a Tahití, según los términos y usos del Ministerio de la Marina y con la competencia de la jurisdicción administrativa en caso de litigio. El Consejo de Estado consideró que los contratos celebrados entre el Estado y una compañía naviera para los transportes que interesaban a sus diversos servicios, se rigen por el decreto del 11 de junio de 1806 que determina la competencia de la jurisdicción administrativa según la cual (art. 13) todos los contratos celebrados por los Ministros y que sirven a las necesidades de sus Ministerios son, sin distinción, competencia de la jurisdicción administrativa y del Consejo de Estado, excepto cuando se trate de transportes al margen de todo contrato que contenga normas especiales («*en dehors de tout marché contenant des règles spéciales*») (*ibid.*, p. 597). Enseguida, el Consejo de Estado constató que en el caso en cuestión no se trataba de un contrato de aquellos estipulados por el público en general, puesto que el art. 2 del contrato había previsto de manera explícita que el contrato se regiría por los términos y usos del Ministerio de la Marina, y también porque el acuerdo de las partes según el cual todo litigio sería competencia de la jurisdicción administrativa, si no puede ser obligatorio para dicha jurisdicción, constituye de todos modos un indicio de su voluntad de estipular contratos diferentes a los de derecho privado. Se deduce claramente de estas consideraciones que el Consejo de Estado, sin haber dado realmente un fundamento para su decisión, aceptó su jurisdicción por determinación de la ley; que debió utilizar, además, criterios para eventualmente negar su competencia, pero que no lo hizo.

Se pueden hacer observaciones análogas con motivo de otros dos casos particulares de la gran categoría de los contratos de suministros y de servicios: se ha preparado un pliego de condiciones especial, *las cláusulas administrativas generales (C.C.A.G.). aplicables a los contratos públicos de servicios industriales*,[41] y se aplica cada vez que el contrato se refiere expresamente a sus disposiciones;[42] abarca los casos que no tratan simplemente de un suministro o de una oferta de servicios, sino de la construcción de lo que se va a suministrar. Las *cláusulas administrativas generales (C.C.A.G.). aplicables a los contratos públicos de servicios intelectuales*, que son también una subdivisión de los contratos de suministros y de servicios,[43] abarcan los estudios, los trabajos intelectuales, las investigaciones, etc. Se considera que estos contratos son administrativos solo si la aplicación de los criterios de la jurisprudencia lo comprueba en cada caso concreto. Sin embargo, es preciso señalar que, en estos casos que no se caracterizan por una abundancia jurisprudencial, como en los demás casos de aplicación de criterios extralegislativos para calificar a los contratos de suministros o de servicios como contratos administrativos, la fraseología de la jurisprudencia es muy cuidadosa y con frecuencia bastante indefinida; esta jurisprudencia es ante todo el producto de un esfuerzo reiterado del Consejo de Estado por trazar un límite para su jurisdicción en un ámbito que, por naturaleza, es muy vasto. No es raro que la jurisprudencia abandone a la jurisdicción civil una serie de casos que se le presentan, y más frecuentemente,

---

En el segundo caso, el Tribunal de lo Contencioso debía decidir acerca del carácter del contrato mediante el cual el Sr. Malgraive se había encargado ante el Estado del transporte de cereales para el servicio de abastecimiento de las unidades de las fuerzas armadas en Constantine. Por lo tanto, consideró que, en virtud de la legislación vigente, esos contratos son competencia del Consejo de Estado y que serían de competencia judicial únicamente en el caso en que la administración, «independientemente de todo contrato», hubiera deseado dirigirse al transportista en las mismas condiciones que el público en general. (*ibid.*, p. 288). También en este caso, el juez acepta la jurisdicción del Consejo de Estado, sin sentirse obligado a motivar su decisión, a partir del momento en que se trata de una simple aplicación de la ley; declara, además, que habría recurrido a criterios (negativos), si hubiera suficientes elementos para convencerlo de que no se trataba de un contrato de suministros y de servicios de aquellos que la ley desea que sean competencia del Consejo de Estado (al margen de todo contrato).

Estas son las únicas conclusiones seguras que se pueden inferir de esta jurisprudencia: concretamente, que la jurisprudencia solo recurre a criterios si estos la llevan a negar la norma impuesta por la ley, que es competencia de la jurisdicción administrativa.

[41] Ratificado por el decreto no 80-809 del 14 de octubre de 1980.

[42] Art. 1. Por otra parte, no es directamente aplicable a las comunidades locales, a las que simplemente se recomienda su aplicación, A. DE LAUBADÈRE, F. MODERNE, P. DELVOLVÉ, *Traité des contrats administratifs*, I, *op. cit.*, p. 275; F. LAMSON, *Les marchés industriels*, R.P.D.A., 1955, chron., p. 126; J. DAUMARD, *Les sous traitants dans les marchés industriels*, AJDA, 1962, p. 6; del mismo autor, *Les marchés industriels de la défense nationale*, Paris, LGDJ, 1963.

[43] Fue ratificado por el decreto del 26 de diciembre de 1978. Desde el inicio de la década del 60, el decreto no 62928 del 2 de agosto de 1962 había introducido la categoría de los contratos de estudios y de definición: A. DE LAUBADÈRE, F. MODERNE, P. DELVOLVÉ, *Traité des contrats administratifs*, I, *op. cit.*, p. 276 et seq., donde se encontrará una explicación analítica de los casos. Ver también los estudios especiales: L. FAVOREU, *Les conventions de recherche de la D.G.R.S.T. et de la D.R.M.E.*, AJDA, 1963, p. 443, *Les marchés publics de prestations intellectuelles*, Colloque Nanterre (*Association pour le droit public de l'entreprise*), 1981, Paris, Moniteur, 1982; F. MODERNE, *Les marchés d'ingénierie et d'architecture*, Collectivités locales, III, p. 3705 1 et seq.; Y. FOURTUNE, *La rémunération de l'ingénierie publique*, Mon. trav. publ., 1977, p. 107.

con frases de construcción negativa. Salvo que fuera necesario mantener como *ultimum refugium* de todo criterio de contrato administrativo, la referencia del contrato celebrado a un pliego de condiciones.[44]

«Los contratos celebrados por la administración para garantizar el funcionamiento de los servicios públicos y la ejecución de obras de interés general para el aprovechamiento de bienes públicos, los compromisos pecuniarios contratados por el Estado o por las administraciones locales para hacer frente a las necesidades que tienen la misión de satisfacer, son actos de gestión; el interés público los motiva, pero la autoridad pública no interviene en ellos…El litigio de actos del poder púbico es de naturaleza administrativa, pero la naturaleza de los actos de gestión solo es administrativa si lo determina la ley», escribió Laferrière en 1887,[45] es decir, una década después de emitirse la decisión del caso *Blanco*.[46]

Consecuente con sus ideas que, en realidad, describían a la jurisprudencia de su tiempo, Laferrièrre clasificó los actos convencionales del Estado en tres categorías:[47] en primer lugar, cuando la administración actúa *«como administrador de su dominio privado»*, los contratos que celebra son de derecho privado, si se exceptúan aquellos que la ley deja a la jurisdicción administrativa; en segundo lugar, cuando la administración actúa para gestionar sus servicios públicos, la competencia también incumbe a la jurisdicción civil, pero en este caso, «las excepciones son numerosas, pueden resultar de disposiciones generales de la ley y también de disposiciones especiales, y la jurisprudencia se niega menos a extenderlas por vía de analogía»;[48] en tercer lugar, cuando la administración actúa como poder público «y el acuerdo de voluntades que se produce entre esta y terceros no es más que un accesorio y la condición del acto administrativo que la misma realiza», el contrato es administrativo *«por naturaleza»*, y la competencia de la jurisdicción administrativa tiene su fundamento no en la voluntad de la ley sino en el principio mismo de la separación de poderes.[49] Se trata del acto de concesión de servicio público. En cambio, se clasifican en el segundo caso e incluso entre las hipótesis de excepción a favor de la jurisdicción administrativa, los casos previstos por la ley, entre ellos los contratos de obras públicas y, más concretamente: «las controversias que sur-

---

[44] Según la jurisprudencia del C.E., 17 de noviembre de 1967, *Roudier de la Brille*, p. 428, *AJDA*, 1968, p. 98, chron. jurispr. Massot et Dewost, a cuya posición recurren los autores A. DE LAUBADÈRE, F. MODERNE, P. DELVOLVÉ, *Traité des contrats administratifs*, I, *op. cit.*, p. 280 281, a la vez que, no obstante, mantienen una reserva, *ibid.*, p. 281, cit. 3. Consideraciones análogas: L. FAVOREU, *Les conventions de recherche de la D.G.R.S.T. et de la D.R.M.E., op. cit. La jurisprudence Roudier de la Brille est cependant d'une application problématique*. Ver más adelante.

[45] E. LAFERRIÈRE, *Traité de la juridiction administrative et des recours contentieux*, I, *op. cit.*, p. 436 437.

[46] T.C., 8 de febrero de 1873, *Blanco, Grands Arrêts, op. cit.*, no 1. Esta decisión es considerada por la escuela de servicio público como la cuna del derecho administrativo. El Comisario del gobierno David señaló en sus conclusiones que no existe competencia de la jurisdicción administrativa en los casos en que el Estado acepta obligaciones como toda persona privada y, de esta manera, se somete a las reglas del derecho civil.

[47] E. LAFERRIÈRE, *Traité de la juridiction administrative et des recours contentieux*, I, *op. cit.*, p. 534 et seq.

[48] *Ibid.*, p. 535.

[49] *Ibid.*, p. 535 et 437 438.

gen entre la administración y los empresarios de obras públicas siempre se han remitido a la jurisdicción administrativa.»[50]

De este análisis se infiere claramente que, según Laferrière, solo la concesión constituye verdaderamente «por su propia naturaleza» un contrato administrativo, porque solo esta lleva la marca del ejercicio del poder público. En todos los demás casos de contratos administrativos, es por voluntad del legislador, por determinación de la ley, a veces, solo se siguen las prácticas y las tradiciones francesas de los tiempos antiguos. Solo el ejercicio del poder público puede darle a un contrato automáticamente el carácter administrativo.

Tres sentencias de principios de siglo, *Terrier*[51], *Thérond*[52] y *Société des granits porphyroïdes des Vosges*[53], constituyen, en la memoria o la mitología de los contratos administrativos, los albores y la piedra angular.

Las sentencias *Terrier* (C.E., 6 de febrero 1903) y *Thérond* (C.E., 4 de marzo de 1910) van juntas: en las mismas se decidió, por una parte, que los contratos de las comunidades locales con particulares pueden también ser administrativos y, por otra parte, que la participación en la ejecución puede hacer que un contrato sea administrativo y así hacerlo formar parte de la competencia del Consejo de Estado. La segunda cuestión determinaba la primera: en realidad, la búsqueda de un criterio se exigía porque era la única forma de poder darle una respuesta afirmativa a la competencia del Consejo de Estado. Hasta esa época, la jurisprudencia calificaba como de derecho privado a todos los contratos celebrados por las comunidades locales, excepto por aquellos que la ley confiaba expresamente a los tribunales administrativos; mediante los fallos *Terrier* y *Thérond*, se decidió que las comunidades locales pueden celebrar contratos administrativos, al igual que el Estado. El criterio se da, en el caso *Terrier*, en las conclusiones del Comisario del gobierno Romieu solamente, mientras que en el caso *Thérond*, se da en el mismo texto de la sentencia.

Terrier se había encargado mediante contrato de la eliminación de los animales peligrosos. Con motivo de este contrato, que se había celebrado con una comunidad local, Romieu quiso sistematizar la jurisprudencia para poder justificar la competencia del Consejo de Estado: «todo aquello que concierne a la organización y el funcionamiento de los servicios públicos propiamen-

---

[50]   *Ibid.*, II, p. 115.

[51]   C.E., 8 de febrero de 1903, *S.* 1903, 3, p. 25, concl. Romieu, com. Hauriou.

[52]   C.E., 4 de marzo de 1910, *Thérond, S.* 1911, 3, p. 17, concl. Pichat, com. Hauriou, *RDP*, 1910, p. 249, com. Jèze. Algunos meses más tarde, el Tribunal de lo Contencioso relativizó las conclusiones de esta decisión, y aceptó que un contrato celebrado entre dos personas en el marco del funcionamiento de un servicio público puede ser de derecho privado por su objeto que, en el caso concreto, era que una persona pusiera un inmueble a disposición de la otra: T.C., 4 de junio 1910, *Cie d'assurances «Le Soleil»*, p. 446, concl. Feuilloley, *RDP*, 1920, p. 474, com. Jèze. Según Feuilloley, quien siguió el criterio objetivo sobre este punto, todo alquiler de inmueble con el propósito de la instalación de laboratorios ... de servicios públicos... pertenece a la jurisdicción administrativa. Ver también R. CHAPUS, *Responsabilité publique et responsabilité privée, op. cit.*, no 96, p. 108 et seq.

[53]   C.E., 31 de julio de 1912, *Société des granits porphyroïdes des Vosges*, p. 90, concl. L. Blum, *D.* 1916.3., p. 335, concl. *RDP*, 1914, p. 145, com. Jèze, *S.* 1917.3, p. 15.

te dichos, generales o locales..., constituye una operación administrativa que, por su naturaleza, es del ámbito de la jurisdicción administrativa».[54] La importancia de esta sentencia no reside solo en la relación entre servicio público y jurisdicción, sino mucho más en la extensión de esta competencia administrativa a todos los servicios públicos, incluyendo aquellos que son locales.[55] Una vez establecido este primer elemento, Romieu procedió a una sistematización ulterior de los actos de poder público y de los actos de gestión, con el objetivo de circunscribir la competencia administrativa y limitarla únicamente al primer caso. Retoma la teoría de Hauriou,[56] quien había deducido de la antigua distinción entre actos de poder público y actos de gestión, una nueva distinción entre gestión pública y gestión privada: se trata de un acto y, por consiguiente, de un contrato que no es competencia de la jurisdicción administrativa, bien sea cuando el servicio público tiene por objeto la gestión de su dominio privado y actúa como persona privada, o cuando la administración, mientras actúa como persona pública, se coloca voluntariamente en el lugar de un particular. Bajo esta hipótesis, según Romieu, se está en presencia de dos casos: cuando la administración celebra con particulares un contrato de derecho privado «que no supone por sí mismo la aplicación de ninguna regla especial respecto al funcionamiento de los servicios públicos, al efectuar una de estas operaciones corrientes que los particulares realizan cotidianamente».[57] Si, en la primera frase, se puede descubrir un pequeño elemento de lo que más tarde se ha llamado cláusula exorbitante de derecho común, en la segunda, hay algo más importante, porque es más seguro: un concepto empírico-histórico del criterio de los contratos que les impide ser administrativos

Thérond se había encargado, mediante contrato celebrado con una comunidad local, de la captura de perros vagabundos. El Comisario del gobierno Pichat había concluido que se trataba de un contrato del tipo de contratación de servicios previstos en los arts. 1710, 1779 y 1780 del Código Civil, que tenía por objeto la ejecución de un servicio público y el carácter de concesión. El juez decidió, por el contrario, que el contrato tenía «por objeto garantizar un servicio público» y «así las dificultades que pudieran resultar del incumplimiento o la mala ejecución del servicio son competencia del Consejo de Estado, a falta de un texto que atribuya el conocimiento de estos hechos a otra jurisdicción».[58] Este fallo por lo tanto se inspiró mucho en las conclusiones del Comisario del gobierno, porque fue este quien había vinculado el contrato en

---

[54] *Grands Arrêts, op. cit.,* no 12.

[55] En efecto, según la opinión general de la época y también de la jurisprudencia, los contratos de las comunidades locales como todos los que son el resultado de su funcionamiento y su actividad, incumben a los tribunales ordinarios, salvo en los casos en que la ley específicamente lo reserva a la jurisdicción administrativa. Además, se debe señalar que los fallos *Terrier* y *Thérond* tuvieron un antecesor en cuanto a este punto de vista: C.E., 13 de diciembre de 1889, *Cadot*, p. 1148, concl. Jagerschmidt, *S.* 1892.3, p. 17, com. Hauriou.

[56] Según las observaciones muy pertinentes de J. RIVERO, *Hauriou et l'avènement de la notion de service public, Etudes offertes à Achille Mestre, op. cit.,* p. 461 et seq.

[57] *Grands Arrêts, op. cit., Terrier,* citada antes.

[58] *Ibid.,* no 24. Ver G. JÈZE, *Les contrats administratifs de l'Etat, des départements, des communes et des établissements publics, op. cit.,* p. 21 et seq.

cuestión a la noción de concesión.[59] Por otra parte, también se debe señalar que la sentencia adopta el criterio de servicio público sin olvidar que la ley hubiera podido reglamentar de otro modo el asunto de la competencia. El Consejo de Estado, de hecho, no excluyó la hipótesis de la gestión privada de un servicio público, pero esta pregunta no se planteó en el contexto del caso bajo estudio, como en la jurisprudencia de *Terrier*.

Las sentencias *Terrier* y *Thérond* entonces constituyen la continuidad del pensamiento de Laferrière. El fallo C.E., 31 de julio de 1912, *Société des granits porphyroïdes des Vosges*, es considerado[60] como la cuna de la teoría según la cual un contrato que no tiene nada que ver con la ejecución de un servicio público puede ser administrativo por otra razón, en especial cuando contiene cláusulas exorbitantes de derecho común. Según Léon Blum, Comisario del gobierno, «cuando se trata de contrato, es preciso buscar, no solo el propósito para el cual se celebró el contrato, sino lo que este contrato es por su propia naturaleza...; es necesario que este contrato en sí mismo, y por su propia naturaleza, sea de aquellos que solo una persona pública puede celebrar, que sea, por su forma y su contextura, un contrato administrativo». Se trataba, en efecto, de un contrato en virtud del cual un particular se encargaba de la provisión de piedras a la ciudad de Lille, para pavimentar las calles, y que «tenía por único objeto la entrega de suministros según las reglas y condiciones de los contratos celebrados entre particulares». El Consejo de Estado, fiel a su tradición de interpretar de modo restrictivo su competencia por determinación de la ley sobre contratos de suministros y de servicios, y de vincular la existencia de un contrato administrativo a la ejecución de un servicio público, negó su competencia. Por otra parte, en este caso, el Consejo de Estado tenía un problema de jurisdicción muy particular, dado que el decreto del 11 de junio de 1806, en su art. 13, no incluía los contratos de suministros y de servicios de las comunidades locales entre los que colocaba bajo la autoridad de la jurisdicción administrativa.[61] Esta decisión constituye la mejor aplicación de las conclusiones del Comisario del gobierno Romieu en el caso *Terrier*.[62]

---

[59] De hecho, la concesión encuentra su aceptación total no solo en la obra de LAFERRIÈRE, sino también en la jurisprudencia anterior. En lo referente a la jurisprudencia del Consejo de Estado, se señalan las sentencias: C.E., 26 de agosto de 1831, *Ministre de l'Intérieur*; C.E., 4 de mayo de 1983, *Ville de Bar le Duc*; C.E., 7 de diciembre de 1854, *Ville d'Aire*; C.E., 17 de enero de 1868, *Ville de Paris*; T.C., 12 de diciembre de 1874, *Ville de Paris*. Por otra parte, el Tribunal de Casación también había aceptado la competencia de la jurisdicción administrativa en materia de concesiones, a partir de sus fallos del 24 de junio de 1851 y del 2 de marzo de 1870. Ver también T.C., 12 de diciembre de 1874, *Ville de Paris*. Para las informaciones necesarias, ver E. LAFERRIÈRE, *Traité de la juridiction administrative et des recours contentieux*, I, *op. cit.*, p. 551 552, y especialmente cit. 1 et 2.

[60] Ver también A. DE LAUBADÈRE, F. MODERNE, P. DELVOLVÉ, *Traité des contrats administratifs*, I, *op. cit.*, p. 148 et seq.; R. CHAPUS, *Droit administratif général*, I, *op. cit.*, no 604.

[61] Esta es la razón por la cual, incluso en 1919, M. HAURIOU, *en: Précis de droit administratif*, 9e éd., p. 906, escribió que estos contratos son de derecho privado. JÈZE ironiza respecto a esta posición, observando a propósito de la predicción de HAURIOU según la cual próximamente la jurisprudencia tendría un giro respecto a este punto, que ese giro ya se había producido, *en: Les contrats administratifs de l'Etat, des départements, des communes et des établissements publics*, *op. cit.*, p. 36 37, et cit. 1.

[62] La sentencia *Granits porphyroïdes des Vosges* constituye la consecuencia lógica de las sentencias *Terrier* y *Thérond* por dos razones que es necesario destacar; ambas resultan de las conclusiones del

La lectura muy concreta de la sentencia *Société des granits porphyroïdes des Vosges,* que la erigió en piedra angular de la teoría de las cláusulas exorbitantes del derecho común, criterio suficiente para caracterizar a un contrato como administrativo, prevaleció entre los teóricos franceses hasta los años cincuenta. No obstante, la jurisprudencia no parece sostener las interpretaciones de los teóricos.

Las sentencias emitidas en este período presentan ciertas características que son dignas de atención.

Una primera observación es que una abrumadora mayoría de estas sentencias de una u otra manera giran en torno de la noción de servicio público: a partir del momento en que el elemento de servicio público estaba presente en el contrato en cuestión, se trataba de un contrato administrativo, sin más consideración, excepto si el servicio público era industrial y comercial; en este caso, los contratos con los usuarios del servicio eran obligatoriamente de derecho privado. A pesar de la persistencia e insistencia de la jurisprudencia en esta regla, la doctrina francesa prestó mucha más atención a la jurisprudencia disidente, que fue rápidamente abandonada, según la cual los contratos de servicios públicos industriales también pueden ser administrativos en razón de su contenido y, especialmente, de las normas que contienen.

El mismo año de la concepción de servicio público industrial y comercial mediante la sentencia del Tribunal de lo Contencioso que se hizo célebre como fallo *Bac d'Eloca,*[63] el Consejo de Estado pronunció en otra decisión[64] el principio según el cual los contratos celebrados por estos servicios

---

Comisario del gobierno L. Blum más que del fallo en sí. En primer lugar, se retoma y consagra la jurisprudencia según la cual las comunidades locales pueden celebrar contratos administrativos. Estos contratos no son necesariamente administrativos: L. Blum, repitiendo palabra por palabra la famosa fórmula de Romieu, considera que la jurisprudencia siempre mantiene la distinción entre gestión privada y gestión pública. Segundo, el pensamiento de L. Blum no se aleja para nada de la noción de servicio público; no se puede saber lo que habría propuesto, si no hubiera constatado la existencia de este elemento en el caso concreto: «Cuando se trata de un contrato, no solo es necesario investigar el propósito para el cual se ha celebrado, sino lo que el contrato es por su propia naturaleza... Es bastante delicado precisar la naturaleza del contrato administrativo... Se puede decir que el contrato administrativo es aquel que permanece influenciado y teñido de alguna manera por el servicio público con miras al que se ha celebrado, el que, por consiguiente, crea y organiza un contacto, sea cual fuere, entre el cocontratante y el servicio público en cuyo interés se ha celebrado el contrato. Aunque un contrato de suministros es un contrato administrativo, conviene que participe, por muy poco que sea, del contrato de obras públicas o del contrato de concesión; es necesario que establezca relaciones precisas y constantes del proveedor o de sus agentes, ya sea con la comunidad o con el público. Debe asociar al proveedor en alguna medida a la gestión del servicio».

[63] C.E., 22 de enero 1921, *Société commerciale de l'Ouest africain, Grands Arrêts, op. cit.,* no 40.

[64] C.E, 23 de diciembre de 1921, *Société générale d'armement,* p. 1109, *RDP,* 1922, p. 74, concl. Rivet. Un análisis detallado de esta decisión en: G. JÈZE, *Les contrats administratifs de l'Etat, des départements, des communes, et des établissements publics, op. cit.,* p. 28 et seq. Ver también A. DE LAUBADÈRE, F. MODERNE, P. DELVOLVÉ, *Traité des contrats administratifs,* I, *op. cit.,* p. 152 et seq., donde se encontrará una jurisprudencia analítica; P. LAROQUE, *Les usagers des services publics industriels, op. cit.;* A. COCÂTRE ZILGIEN, *L'usager du service public industriel ou commercial en droit français, Rev. trim. droit comm.,* 1960, p. 265 et seq.

con los usuarios son de derecho privado, puesto que este servicio «se encuentra frente a los usuarios en la misma situación que un individuo común». Los teóricos sin embargo arrojaron luz más bien sobre la reserva hecha por la sentencia: «salvo si cláusulas especiales o de condiciones particulares de funcionamiento del servicio no otorgan a los acuerdos individuales celebrados entre dichos usuarios el carácter de contrato administrativo». Esta reserva estaba justificada puesto que, mediante su decisión en el caso *Société générale d'armement*, el Consejo de Estado abandonaba su posición estable según la cual los contratos de servicio público siempre son administrativos, para reconocer la calidad de servicios públicos industriales y comerciales, cuya existencia acababa de constatar. Este es exactamente el sentido de la frase precitada, como se desprende del resto del texto: «el Estado... no ha tenido la intención de gestionar este servicio dentro de condiciones jurídicas distintas de aquellas en las que funcionan las compañías de seguros privadas; los acuerdos celebrados por el intermediario de esta comisión con los asegurados no tienen carácter administrativo, sino que constituyen contratos de derecho común».

Posteriormente, el legislador modificó estas condiciones de funcionamiento,[65] de modo que el Consejo de Estado pudo decidir en su siguiente caso, *Les affréteurs réunis*,[66] que «la ley ... ha ... transformado las condiciones jurídicas en las que funcionaba, bajo el imperio de la legislación anterior, el servicio público de los seguros marítimos... al dictar ciertas disposiciones que actualmente diferencian claramente el modo de funcionamiento de este servicio público del de las empresas de seguros privadas», y que «en estas condiciones, los contratos... presentan el carácter de verdaderos contratos administrativos». Cabe destacar que esta sentencia, que permanece aislada, no esclareció la diferencia que existe entre el modo de funcionamiento del servicio entre las dos épocas. ¿Es posible que el Consejo de Estado ahora tuviera dudas acerca del hecho de saber si el servicio sería siempre un servicio público industrial y comercial? No lo dijo expresamente; sin embargo, señaló que esto ya no era como para todas las demás empresas privadas de seguros, es decir que negó el elemento que determinaría al servicio como industrial y comercial, lo que es lo mismo. Según el Comisario del gobierno Rivet, este caso no tenía por objeto un contrato de suministro y de servicios. Habiendo procedido a esta clasificación y constatado que se trataba de un servicio público, el Comisario del gobierno tenía la obligación de encontrar criterios, cláusulas contractuales para poder proponer la clasificación final. Sin embargo, no se debe perder de vista que el Consejo de Estado no tomó posición respecto a ninguna de estas cuestiones,

---

[65] La ley del 19 de abril de 1917 había reorganizado el sistema de los seguros estatales contra los peligros de guerra y había introducido dos elementos nuevos: a) hizo que el seguro fuese obligatorio y el Ministro podía determinar el importe del seguro, con la posibilidad de que el particular acudiera a compañías de seguro privadas para el resto; b) el importe del seguro sería pagado hasta el 75 % y el 25 % restante sería pagado después de que se efectuara el gasto del 75 % en la construcción o compra de un nuevo barco conforme la aprobación del Ministro: G. Jèze, *Les contrats administratifs de l'Etat, des départements, des communes et des établissements publics, op. cit.*, p. 29.

[66] C.E., 23 de mayo de 1924, *Les affréteurs réunis*, RDP, 1924, p. 390, S. 1926, 3., p. 10.

del mismo modo que no se refirió a las cláusulas del contrato. Además, según Jèze, ni siquiera se trataba de un contrato, sino de la imposición de un comportamiento obligatorio mediante la ley.[67]

Los contratos celebrados por los servicios públicos industriales y comerciales con sus usuarios siempre son de derecho privado, independientemente de las cláusulas que contengan, en aplicación de la jurisprudencia de *Campanon-Rey*,[68] que decidió a favor de la competencia unificada (bloque de competencia) del juez civil. Esto es de una importancia fundamental, pues ninguna cláusula, sean cuales sean sus características, puede transformar la naturaleza de estos contratos,[69] lo que significa que solo la naturaleza administrativa del servicio o el legislador pueden darle automáticamente carácter administrativo a estos contratos. Sin embargo, se ha podido sostener que la jurisprudencia de *Les affréteurs réunis* sigue vigente.[70] Esta última opinión puede ser aceptada en el sentido que se desarrolló anteriormente, es decir, que es cierto que el cambio en el modo de funcionamiento de un servicio puede implicar un cambio en la naturaleza jurídica de este servicio.

Otra observación que merece atención es que los contratos celebrados por la administración con particulares, que tienen por objeto la gestión del domino privado, también pueden ser administrativos. Al principio, esta hipótesis fue excluida y estos contratos eran considerados como de derecho privado por su propio objeto.[71] La nueva posición de la jurisprudencia se basa, o bien sobre la constatación de que el contrato en cuestión trata de la ejecución de un servicio público, o sobre la existencia de cláusulas exorbitantes de derecho común. Se trata de un caso de desarrollo completo y autónomo del criterio de la cláusula exorbitante de derecho común,[72] cuyos inicios se remontan a mediados de la década de los cincuenta.

---

[67] G. JÈZE, *op. cit.*, p. 31. Se puede notar la dificultad de aceptar el concepto de contrato obligatorio.

[68] C.E., 13 de octubre de 1961, *Etabliss. Companon Rey*, p. 567, *AJDA* 1962, p. 98, concl. Heumann, com. A. de Laubadère; T.C., 17 de diciembre de 1962, *Dme Bertrand*, p. 831, concl. J. Chardeau, *AJDA*, 1963, p. 88, chron. M. Gentot et J. Fourré.

[69] R. CHAPUS, *Droit administratif général*, I, *op. cit.*, no 605. Este principio también vale para el caso en que se crea una responsabilidad para el Estado por un perjuicio causado a un usuario por una obra pública: T.C., 24 de junio de 1954, *Dme Galland*, p. 717, *D.* 1955, p. 544, com. J. M. Auby, *ibid.*, p. 597 598; G. BRAIBANT, *Le droit administratif français, op. cit.*, p. 152; A. DE LAUBADÈRE, F. MODERNE, P. DELVOLVÉ, *Traité des contrats administratifs*, I, *op. cit.*, p. 175 et seq.

[70] P. AMSELEK, *Une méthode peu usuelle d'identification des contrats administratifs: l'identification directe*, *Rev. Adm.*, 1973, p. 633 et seq., y especialmente 641; del mismo autor, *La qualification des contrats de l'administration par la jurisprudence*, *AJDA*, 1983, p. 3 et seq. No obstante, la jurisprudencia ya es muy clara, sobre todo después de la sentencia *Dme Bertrand*.

[71] C.E., 26 de enero de 1951, *Société Minière*, p. 49, *S.* 1951.3, p. 33.

[72] Así, según la decisión C.E., 17 de diciembre de 1954, *Grosy*, p. 674, *D.* 1956, p. 527, concl. Rougevin Baville, que se refería a un contrato de alquiler de un inmueble que perteneció a una colonia (Martinica), se decidió que este contrato no contenía ni privilegios a favor de la autoridad administrativa, ni obligaciones particulares del señor Grosy por motivos de interés público y que, por lo tanto, el contrato era de derecho privado. Sin embargo, en la decisión T.C., 17 de noviembre de 1975, *Sieur Leclert*, p. 800, *D.* 1976, p. 340, com. Roche, que se refería a un contrato relativo a un inmueble que se encontraba en una zona de seguridad de un polígono de experiencias técnicas, se decidió, en cambio, que el contrato no era de derecho común. Ver también C.E., 20 de enero de

Una última observación importante es que, durante este período, los criterios del contrato administrativo desarrollados por la jurisprudencia, y sobre todo el de las cláusulas exorbitantes del derecho común, no estaban dirigidos ampliar el ámbito de los contratos administrativos, *sino a restringirlo*. La mayoría de los contratos estaban excluidos de la jurisdicción administrativa, bien porque no tenían nada que ver con la ejecución de un servicio público, bien porque no contenían cláusulas capaces de hacerlos administrativos.[73] Esta jurisprudencia se inscribía perfectamente en la lógica de la política de la jurisdicción administrativa que tenía como ámbito adecuado de extensión de su competencia la concesión y las obras públicas, ámbitos que nunca dudó en abarcar y que le había sido legados por la tradición y el pasado. Por otra parte, el elemento de servicio público como el de las cláusulas exorbitantes del derecho común le bastaban para restringir la jurisdicción administrativa, cuando se trataba de ámbitos como los contratos de suministros y de servicios, que son muy vastos por su naturaleza y que podrían sobrecargar de trabajo al Consejo de Estado.

A partir de los años cincuenta, nos encontramos en presencia de una tendencia de la jurisprudencia del Consejo de Estado que es totalmente inversa: por una parte, hay un esfuerzo por ampliar la jurisdicción administrativa hacia terrenos novedosos, como en el caso de los contratos que tienen por objeto el dominio privado del Estado; por otra parte, el criterio de servicio público es resucitado plenamente por los fallos *Epoux Bertin*[74] y *Gondrand*.[75] Estas sentencias no se limitaron a retomar el criterio de servicio público que, por otra parte, siempre estaba presente en la jurisprudencia; sino que además ampliaron su ámbito de aplicación para que el Consejo de Estado invadiera todo el espacio del intervencionismo económico.[76] Por otra parte, el Consejo de Estado inauguró y consagró simultáneamente un nuevo criterio, mediante el fallo *Société de la Rivière de Sant*, de 1973,[77] el del régimen exorbitante del dere-

---

1980, *Ville de Paris*, p. 55, donde se decidió de manera soberana que el contrato en cuestión contenía un buen número de cláusulas exorbitantes de derecho común, especialmente en el ámbito de la rescisión del contrato sin ninguna razón en particular, mediante la sola decisión del prefecto, y que este conjunto de cláusulas le daba un carácter administrativo al contrato.

[73] Observación de A. de Laubadère, F. Moderne, P. Delvolvé, *Traité des contrats administratifs*, I, *op. cit.*, p. 185.

[74] C.E., 20 de abril de 1956, *Epoux Bertin*, p. 167, *AJDA*, 1956, 2, p. 221, chron. J. Fournier et G. Braibant, p. 272, concl. Long, *D*. 1956, p. 433, com. Waline, *Grands Arrêts*, *op. cit.*, no 92.

[75] C.E., 11 de mayo de 1956, *Société des transports Gondrand*, p. 202, *AJDA*, 1956, 2, p. 427, concl. Long, *RDP*, 1957, p. 101, com. Waline, *D*. 1957, p. 433, com. A. de Laubadère. La renovación y reaparición de la idea de servicio público como criterio en los contratos administrativos tuvo consecuencias inmediatas también en otros ámbitos, habiendo contribuido de manera decisiva a la redeterminación de ciertas ideas. Mediante el fallo T.C., 28 de marzo de 1955, *Effimieff*, p. 617, *Grands Arrêts*, *op. cit.*, no 92, *J.C.P.*, 1955, II, p. 8786, com. Blaevost, *AJDA*, 1955, II, p. 332, com. J.A., la idea de servicio público retorna en la definición de la noción de obra pública: las obras públicas son aquellas ejecutadas por un servicio público en el marco de su finalidad prevista, incluso si estas obras son realizadas por particulares y sobre terrenos privados: C.E., 19 de octubre de 1956, *Société Le Beton*, p. 375, *AJDA*, 1956, 2, p. 472, concl. M. Long et p. 488, chron. J. Fournier et G. Braibant, *D*. 1956, p. 681, concl. *RDP*, 1956, p. 310 concl., *Grands Arrêts*, *op. cit.*, no 93.

[76] Ver los análisis relacionados en el Capítulo II, Sección I.

[77] C.E., 19 de enero de 1973, *Société d'exploitation électrique de la Rivière du Sant*, p. 48, *C.J.E.G.* 1973, J. p. 239, concl. Rougevin Baville, com. Carron, *Rev. Adm.* 1973, p. 633, com. Amselek, *AJDA* 1973, p. 358, chron. Leger et Bayon, *J.C.P.* 1974, II, p. 1762, comm. Pellet.

cho común que se desprendió del viejo criterio de las cláusulas exorbitantes. Una vez más, se trataba de un caso de suministros y de servicios.

A partir de las sentencias *Société générale d'armement* y *Les affréteurs réunis* (1921 y 1924),[78] los elementos que determinaban el carácter administrativo del contrato eran ajenos a la voluntad de las partes. No se trataba de cláusulas inventadas y estipuladas por las partes contratantes, sino de un sistema jurídico concreto impuesto de modo obligatorio por el legislador. En el caso *Société de la Rivière de Sant*, se trataba de un contrato obligatorio de suministro de energía eléctrica que se le impuso a la Electricité de France (EDF), la cual debía, en virtud del decreto del 20 de mayo de 1955, abastecerse de uno de los productores «autónomos», es decir, aquellos que estaban excluidos de la nacionalización de la producción y distribución de la energía eléctrica. El Tribunal de lo Contencioso se encontró una vez más ante el dilema planteado por los contratos de suministros y de servicio. Este decidió a favor de la competencia administrativa, considerando que dos elementos de este contrato constituían un régimen exorbitante: primeramente, el carácter obligatorio del contrato para ambas partes; en segundo lugar, la competencia legal de Ministerio de decidir respecto a toda controversia surgida de la ejecución del contrato.[79]

La diferencia decisiva de esta jurisprudencia con respecto a la de las cláusulas exorbitantes consiste en la inexistencia absoluta, en este caso, del elemento voluntarista de las partes como agente para determinar la naturaleza del contrato y, por este medio, la jurisdicción. Esta nueva jurisprudencia solo se refiere a elementos completamente ajenos al contrato. En este sentido, la jurisprudencia de las cláusulas exorbitantes se depura de todo elemento ajeno a las partes y parece crear un nuevo criterio claro y nítido, el del *régimen exorbitante*.

Esta nueva evolución de la jurisprudencia también tuvo lugar en el ámbito de los contratos de suministros y de servicios, ámbito que siempre ha necesitado una determinación concreta. Por otra parte, ha quedado claro que el criterio de las cláusulas exorbitantes, como del régimen exorbitante, se han desarrollado en la mayoría de los casos por las negaciones de competencias, más que por afirmaciones. La pregunta que ahora se plantea es saber si aún queda algo de la jurisprudencia de las cláusulas exorbitantes.

En este ámbito la jurisprudencia es caótica,[80] porque abarca un período que ha conocido evoluciones sociales y conceptuales muy importantes, y que

---

[78] Ver supra.

[79] Según M. LONG, P. WEIL, G. BRAIBANT et al., *Grands Arrêts, op. cit.*, p. 58, la sentencia *Société de la Rivière de Sant* simplemente equipara a la cláusula exorbitante el régimen exorbitante que se aplica a los contratos y que deriva de disposiciones legales y reglamentarias. Las posiciones de esta jurisprudencia fueron recogidas por el fallo T.C., 24 de abril de 1978, *Société de la boulangerie de Kourou*, D. 1978, p. 585, com. Delvolvé, según el cual los contratos en cuestión son administrativos, si están sometidos a un régimen exorbitante de derecho común.

[80] A. DE LAUBADÈRE, F. MODERNE, P. DELVOLVÉ, *Traité des contrats administratifs*, I, *op. cit.*, p. 213: «A pesar de la jurisprudencia a la que da lugar y a los esfuerzos de los comentaristas, el análisis de la noción

se reflejan en el pensamiento del juez. Por otra parte, es el resultado de los casos concretos que han llegado a conocimiento del juez, con detalles que siempre dejan márgenes considerables al juez en cuanto a la interpretación de los textos y jurisprudencia. Lo que resulta más difícil en la lectura y la comprensión de la jurisprudencia de la cláusula exorbitante es la total confusión entre los creadores de sistemas respecto a los datos exactos que han dictado cada jurisprudencia. Muy rara vez se ha prestado atención a la propuesta menor del silogismo del juez, lo que permitiría sin embargo tomar en consideración el tipo de contrato que dio lugar a la jurisprudencia. Además, la doctrina, en su esfuerzo por proponer una interpretación, con demasiada frecuencia equipara las conclusiones extraídas de las propias sentencias con las de los Comisarios de gobierno; y estas últimas, aunque impregnadas de doctrina, no siempre son seguidas por el Consejo de Estado.

Se pueden distinguir dos tipos de cláusulas exorbitantes: las que son resultado de la voluntad de las partes, y las que funcionan de una manera autónoma.

De hecho, es posible que las partes indiquen que el contrato es de un cierto tipo, por ejemplo, contrato de obras públicas, o que el contrato se rige por un determinado pliego de condiciones de una administración concreta. Las partes contratantes también pueden hacer referencia a los textos que contienen cláusulas exorbitantes.[81] Sin embargo, la determinación de la jurisdicción no puede ser objeto de la libre voluntad de las partes. La jurisprudencia ha considerado que estos elementos voluntaristas en el contrato solo pueden influir en la jurisdicción a partir del momento en que se trata de una expresión subjetiva de situaciones objetivas[82] que, por sí solas, pueden determinar cuestiones tan importantes. También se ha considerado que la referencia a un determinado tipo de contrato que es, por otro motivo, administrativo, por ejemplo por determinación de la ley, solo constituye una cláusula exorbitante si la naturaleza misma del contrato lo permite;[83] y que la referencia a un pliego de condiciones solamente constituye una cláusula exorbitante si el texto en cuestión verdaderamente contiene cláusulas exorbitantes.[84] Dicho de otro modo, cuando los textos legislativos permi-

---

de cláusula exorbitante aún deja que subsistan interrogantes. No siempre es fácil determinar con precisión las posiciones de la jurisprudencia respecto a la materia. No es que las sentencias no sean numerosas, pero la luz que aportan, en un gran número de casos se ve debilitada por muchas razones». En cambio, hay otros autores que han considerado a la cláusula exorbitante como el criterio por excelencia, como, por ejemplo, R. Chapus, *Responsabilité publique et responsabilité privée*, *op. cit.*, p. 109 et seq.

[81] Por ejemplo T.C., 17 de julio de 1923, *Société des magasins généraux c. Ministre de la Guerre*, p. 581.

[82] G. Vedel, *Remarques sur la notion de clause exorbitante*, *op. cit.*, p. 527 et seq. Ver también J. M. Rainaud, *Le contrat administratif: volonté des parties ou lois de service public?*, RDP, 1985, p. 1183 et seq.; J. Lamarque, *Le déclin du critère de la clause exorbitante*, *Mélanges M. Waline*, Paris, LGDJ, 1974, p. 497.

[83] C.E., 26 de marzo de 1918, *Deshayes*, p. 322. Se trataba de un contrato cuyo propósito era la ejecución de suministros según los términos del Código Civil. Según el juez, el hecho de que las partes habían estipulado que, en caso de silencio del contrato, se aplicarían las reglas de los contratos de obras públicas, no puede tener como resultado la transformación de la naturaleza del contrato.

[84] C.E., 21 de enero de 1938, *Bureau de l'édition musico-mécanique*, S. 1940.3, p. 9, com. A. Mestre. Se refiere a la teoría de la referencia útil. La sentencia del C.E., 17 de noviembre de 1967, *Roudier de*

ten la existencia de dudas respecto a la naturaleza de un contrato, se trata de un contrato administrativo, bien sea cuando una referencia concreta en su texto lleve a descubrir su naturaleza real, o bien cuando la referencia a un pliego de condiciones de carácter administrativo, por voluntad de la ley o de las costumbres, haga que el contrato sea análogo a los de este tipo. Esto, así como la referencia a textos que contienen un régimen exorbitante, constituyen ejemplos de una ampliación real del ámbito de la jurisdicción administrativa por la vía contractual; evidentemente, como esta ampliación solo está basada en la relación contractual, la misma es de aplicación individual.

Las cláusulas exorbitantes que funcionan de manera autónoma son aquellas que son estipuladas y que atribuyen «al poder público una prerrogativa exorbitante de derecho común»,[85] o que imponen «al cocontratante una sujeción que rebasa el marco de las normas del derecho privado».[86] Evidentemente, el elemento voluntario siempre está presente, dado que se trata en todo caso de un contrato. La jurisprudencia constata con mucha frecuencia la inexistencia de cláusulas exorbitantes de una manera arbitraria y sin ninguna explicación particular, en especial cuando niega el carácter de contrato administrativo.[87] Sin embargo, juzgó que los contratos administrativos, por su naturaleza y su régimen, otorgan ciertos derechos de acción unilateral a la administración, como la posibilidad de utilizar el procedimiento del acto administrativo ejecutorio,[88] o la terminación unilateral del contrato,[89] o la intervención unilateral en la manera como su cocontratante organiza y hace funcionar al servicio y su personal,[90] o el control y la supervisión de las obras.[91] Del contrato pueden desprenderse directamente facultades que constituyen privilegios o el derecho de acción unilateral, como por ejemplo, un monopolio *de facto* estipulado por la administración en favor de su cocontratante, el derecho a recibir tasas u otros derechos con carácter de cánones.[92] Estas facultades deben considerarse raras

---

la Brille, p. 428, *AJDA*, 1908, p. 98, chron. jurispr. Massot et Dewost, *Marchés publics*, 1968, p. 41, com. Kahn, C.E., 24 de noviembre de 1972, es considerada la sentencia que ha derrocado esta jurisprudencia en el sentido de que toda referencia a un pliego de condiciones, independientemente de su contenido, hace que el contrato sea administrativo. Sin embargo, las conclusiones extraídas por la jurisprudencia no encuentran apoyo en el texto de la sentencia. Sin embargo, la sentencia del C.E., 24 de noviembre de 1972, *Société Ateliers de nettoyage, teinture et apprêts de Fontainebleau*, p. 753, es muy claro. La jurisprudencia de la referencia útil fue restablecida por la sentencia del T.C., 10 de mayo de 1971, *Société des Laboratoires Derveaux*, D.A. 1971, no 181, que se debe considerar como que prevalece sobre la elaboración arbitraria de la sentencia en el caso *Roudier de la Brille*. Ver también A. DE LAUBADÈRE, F. MODERNE, P. DELVOLVÉ, *Traité des contrats administratifs*, I, *op. cit.*, p. 216.

[85] C.E., 2 de abril de 1952, *Compagnie l'Union*, p. 203.

[86] C.E., 18 de enero de 1950, *Société anonyme des procédés Fouque*, p. 3.

[87] Por ejemplo C.E., 1º de abril de 1981, *S.C.I. «Les Sablons»*, p. 179, según el cual, en el pliego de condiciones al que se referían las partes, no había cláusulas exorbitantes de derecho común, C.E., 2 de octubre de 1981, *Commune de Borce*, p. 653.

[88] C.E., 27 de julio de 1950, *Peulabeuf*, p. 668.

[89] C.E., 30 de enero de 1980, *Ville de Paris*, p. 55.

[90] C.E., 26 de febrero de 1965, *Société du vélodrome du Parc des Princes*, p. 133, *RDP*, 1965, p. 506, concl. Bertrand et p. 1175, com. Waline.

[91] T.C., 20 de abril de 1959, *Société nouvelle d'exploitation des plages, piscines et patinoires*, p. 866.

[92] T.C., 2 de julio de 1962, *Consorts Cazautets c. Ville de Limoges*, p. 823, *RDP* 1962, p. 1203; T.A., Versailles, 6 de diciembre de 1985, *Société Calif, AJDA*, 1986, p. 374, com. J. Moreau.

en contratos distintos a los de concesión de servicio público, de concesión de obras públicas, o aquellos que permiten la ocupación del dominio público, es decir, contratos que en todo caso tendrían causas caracterizadas como administrativas por otras razones, según lo que ya se ha analizado.

«Es un hecho que muchas de las cláusulas reconocidas como exorbitantes son frecuentes, si no en los contratos entre personas privadas en general, al menos en los contratos industriales y comerciales. Esto se debe a que... es preferible calificar como no igualitarias a las cláusulas consideradas. Por lo demás, al hacerlo se facilita el diagnóstico de la naturaleza exorbitante de las cláusulas». Mediante estas frases, R. Chapus introdujo sus ideas fundamentales, que regían su propio análisis de los criterios de los contratos administrativos.[93] Sin embargo, la realidad de las cláusulas exorbitantes fue expuesta por M. Long en sus conclusiones en el caso *Gondrand*:[94] «El derecho público no tiene el monopolio de los contratos basados en la desigualdad de los derechos de las partes contratantes. Estos se encuentran en el derecho privado, ya se trate de contratos de adhesión o de contratos celebrados entre firmas de dimensiones desiguales. También hay una gran cantidad de interferencias unilaterales que los remiten a fórmulas-tipo de indexación de los precios, a condiciones generales de pago y a cláusulas de responsabilidad elaboradas por los sindicatos profesionales».[95]

Las observaciones de M. Long indican una tendencia inversa, contraria a la teoría que ha querido ver en el criterio de las cláusulas exorbitantes la base de la noción misma de contrato administrativo. Ellas forman parte de una crítica que ha demostrado que esta teoría contenía una gran medida de arbitrariedad científica.

Son exorbitantes las «cláusulas que se diferencian por su naturaleza de aquellas que pueden incluirse en un contrato análogo de derecho civil», según el Tribunal de lo Contencioso en el caso *Société des combustibles et carburants nationaux*.[96] Se ha escrito y considerado que estas cláusulas serían ilegales o ilícitas en un contrato de derecho privado, para luego replegarse sobre la consideración de que una cláusula es exorbitante debido a que no es habitual.

De hecho, es posible encontrar en un contrato administrativo cláusulas que serían imposibles en contratos entre particulares. Hay ejemplos de ello en las cláusulas según las cuales el cocontratante particular tendrá derechos de poder público frente a terceros, o en el derecho de la administración de obtener satisfacción para sus exigencias frente al particular mediante el proceso de acto administrativo ejecutorio. Sin embargo, no se debe perder de vista que todas las facultades de la administración para la acción unilateral ejecutoria y

---

[93] R. CHAPUS, *Droit administratif général*, I, *op. cit.*, no 60, *in fine*. Ver especialmente, del mismo autor, *Le service public et la puissance publique*, RDP, 1968, p. 235 et seq.

[94] C.E., 11 de mayo de 1956, *Société Gondrand*, précité.

[95] *Ibid.*

[96] C.E., 19 de junio de 1952, p. 628.

la acción de oficio no se derivan realmente del contrato sino de la naturaleza misma de este poder, que le permite, le otorga la posibilidad de actuar como poder público.[97] Esta es la razón por la que todas las cláusulas contractuales que prevén estos privilegios de la administración son perfectamente lícitas; sería imposible que no lo fueran. Por otra parte, son lícitas, en el sentido dado a este término en derecho civil, todas las cláusulas contenidas en estos contratos: de hecho, todas las cláusulas que han llamado la atención de los teóricos de la jurisprudencia administrativa, como por ejemplo, que la administración tiene la posibilidad de terminar el contrato incluso antes del vencimiento de su plazo, o las cláusulas penales aplicables de oficio, etc., no serían reconocidas como ilícitas en el derecho civil moderno.[98]

Por otra parte, la aceptación general del contrato de adhesión como forma posible de contrato ha dado una nueva dimensión a la teoría tradicional del contrato, que ahora solo es válida para la enseñanza en las Facultades de Derecho.[99] «Entonces, solo se pueden aceptar dos tipos de cláusulas como cláusulas que serían ilícitas en derecho privado: aquellas que por ser puramente habilitantes destruirían el objeto mismo de la obligación y aquellas que prohibirían recurrir al juez. Ahora bien, las primeras son mucho más raras de lo que se supone y las segundas prácticamente no existen, por así decirlo».[100] «En total, si se considera el conjunto de cláusulas que serían imposibles o ilícitas en derecho privado, se llega a una conclusión muy sorprendente. Ante todo, no es seguro que tales cláusulas existan en el sentido exacto de la palabra. De hecho, aquellas que se encuentran en la práctica vuelven a afirmar prerrogativas que la Administración obtiene del régimen de los poderes públicos. Su inclusión es el signo del contrato administrativo».[101]

La originalidad marginal de dichas cláusulas exorbitantes de derecho común se hace evidente si su contenido se compara con el de las cláusulas de contratos de derecho mercantil, e incluso de los contratos de obra celebrados por la misma administración pública.[102]

El modo de designación del empresario cocontratante no constituye hoy en día ningún criterio o signo de que el contrato sea de una especie o de otra. Los contratos de obras públicas pueden hacerse sin licitación, como los contratos de obra pueden hacerse mediante el procedimiento de licitación, si el

---

[97] G. Vedel, *Remarques sur la notion de clause exorbitante, op. cit.*, p. 546 et seq.

[98] *Ibid.*; J. Lamarque, *Le déclin du critère de la clause exorbitante, op. cit.*, p. 497 et seq.; P. Weil, *Le critère du contrat administratif en crise, Mélanges M. Waline, op. cit.*, p. 831 et seq.; R. Drago, *Paradoxes sur les contrats administratifs, Etudes offertes à Jacques Flour*, Paris, Répertoire du notariat Defrenois, 1958, p. 151 et seq.; A. de Laubadère, F. Moderne, P. Delvolvé, *Traité des contrats administratifs, I, op. cit.*, p. 222 et seq.; R. Chapus, *Droit administratif général, I, op. cit.*, § 608 et seq.; J. M. Rainaud, *Le contrat administratif, volonté des parties ou loi de service public?, op. cit.*

[99] Sobre el tema de los contratos de adhesión, G. Berlioz, *Le contrat d'adhésion*, Paris, LGDJ (Bibliothèque de Droit Privé, Tome CXXXII), 1976.

[100] G. Vedel, *Remarques sur la notion de la clause exorbitante, op. cit.*, p. 548.

[101] *Ibid.*, p. 549 550.

[102] Ver especialmente: F. Llorens, *Contrat d'entreprise et marché de travaux publics, Contribution à la comparaison entre contrat de droit privé et contrat administratif*, Paris, LGDJ, 1981.

legislador así lo desea. Además, la importancia de la voluntad privada en la celebración de los contratos administrativos se torna evidente en el art. 112 del Código de Contratación, que permite que los contratos se desvíen total o parcialmente de los pliegos de condiciones tanto del tipo de cláusulas administrativas particulares (C.C.A.P.) como de cláusulas técnicas particulares (C.C.T.P.).[103] En lo que respecta al Consejo de Estado, este ha aceptado desde principios de siglo que las disposiciones del Código Civil forman una especie de derecho común, de derecho accesorio de los contratos administrativos.[104] Como se ha observado acertadamente,[105] el mismo texto de las cláusulas administrativas generales (C.C.A.G.) contiene el siguiente apartado: «responsabilidades que resultan de los principios en que se inspiran los artículos 1792 y 2270 del Código Civil». Una de las paradojas de la jurisprudencia del Consejo de Estado es que, con ocasión de la jurisprudencia sobre contratos celebrados por empresas mixtas, se refugió en la idea del mandato en lugar de elaborar «una doctrina coherente de la adquisición pública» que también fuera válida para las empresas públicas.[106]

La administración pública no solo celebra contratos administrativos, sino también contratos de derecho privado, los contratos de obra (*marché d'entreprise*). Esta distinción tiene una importancia especial, dado que la definición de obra pública es dada en parte por la ley y en parte por la jurisprudencia. Según esta jurisprudencia, obra pública es aquella que tiene por objeto un bien inmueble y es ejecutado por una persona pública para satisfacer el interés general, aunque puede dirigirse a particulares.[107] El elemento «trabajo» y elemento «inmobiliario» son de una importancia primordial, puesto que si, por ejemplo, el segundo elemento no está presente, no se trata de un contrato de obra pública sino de un contrato de suministro.[108] El estudio cuidadoso de ambos casos, contrato de obra pública y contrato de obra, ha demostrado que, tanto en la práctica como en la jurisprudencia, los dos tipos de contrato no difieren esencialmente y que las diferencias marginales son más que nada el resultado de la división de las jurisdicciones y de las culturas jurídicas de los jueces.[109] Los pliegos de condiciones de los dos tipos de contratos, de hecho, son casi idén-

---

[103] R. Drago, *Paradoxes sur les contrats administratifs, op. cit.*, p. 157.

[104] «Después de haberlo negado (C.E., 15 de julio de 1881, Síndico de la quiebra del ferrocarril de Orléans a Rouen, C.E., 11 de enero de 1881, Level), el Consejo de Estado lo admitió en una sentencia injustamente olvidada (que además concierne a la concesión) (C.E., 31 de mayo de 1907, Delpanque, p. 513, concl. Romieu, S. 1907, III, p. 113, com. Hauriou)», R. Drago, *ibid.*, p. 157.

[105] *Ibid.*, p. 158.

[106] Según la observación muy acertada de R. Drago, *ibid.*, p. 159.

[107] Según la doctrina de la jurisprudencia consagrada por la sentencia T.C., 28 de marzo de 1955, *Effimieff*, arriba citada. La jurisprudencia clásica se remonta a la sentencia C.E., 10 de junio de1921, *Commune de Montségur*, p. 573, S. 1921.3. p. 49, concl. Corneille, com. Hauriou, D. 1922.3, p. 26, concl. *RDP*, 1921, p. 361, concl., com. Jèze, *Grands Arrêts*, no 41.

[108] N. Questiaux, *La notion de travail public en tant que critère de compétence du juge administratif, E.D.C.E.*, 1962, p. 73 et seq.; P.L. Josse, *Travaux publics et expropriation*, Paris, Sirey, 1958; del mismo autor, Travaux publics, *in: Répertoire de droits public et administratif;* G. Ph. Bloch, *La notion de travail public* (Préface Eisenmann), Paris, Librairies Techniques, 1965; H. Bonneau, *Marché de travaux publics, J.C.A.* fasc. 520; J. Dufau, *Marché de travaux publics, J.C.A.* fasc. 520.

[109] Como lo demostró F. Llorens, *Contrat d'entreprise et marché de travaux publics, op. cit.*

ticos, mientras que las famosas cláusulas criterio de los contratos administrativos se pueden encontrar todas en los pliegos de condiciones de los contratos de obra.

Por otra parte, es cierto que el juez administrativo francés utiliza una serie de reglamentaciones del Código Civil, lo admita o no. «Antes de ser separados por una distinción contenciosa, el contrato de obra y el contrato de obras públicas se encontraban unidos por una identidad de objeto material y este vínculo técnico considerado desdeñable es, en definitiva, lo suficientemente fuerte para superar la separación de jurisdicciones».[110] En lo que concierne al derecho sustancial aplicado por el juez, las diferencias no son importantes. Es necesario agregar a esta observación que la práctica, la experiencia y la jurisprudencia han contribuido a convertir en derecho escrito y cláusulas contractuales estipuladas de antemano, todo aquello que antes era considerado como derecho pretoriano, incluyendo la teoría de la imprevisión; esta observación vale para ambos tipos de contratos, independientemente de la jurisdicción.[111]

Una de las razones más importantes por las que la teoría de los contratos administrativos ha sido llevada a malinterpretar la jurisprudencia es el trasplante de la doctrina y de sus conclusiones del ámbito de la concesión al ámbito de otros contratos «administrativos».[112] El ejemplo por excelencia de este proceso intelectual es aquel que concierne al derecho de la administración, incluso sin habilitación legislativa o contractual, de proceder a una modificación unilateral de los términos del contrato, sin que esta iniciativa pueda dar lugar a la rescisión del contrato por parte del cocontratante de la administración. Esta pregunta ha sido objeto de debates durante un siglo y se han expresado todas las opiniones.[113] Lo que a menudo ha pasado desapercibido es que la sentencia

---

[110] F. LLORENS, *ibid.*, p. 658.

[111] Sobre este asunto, R. DRAGO ha escrito acertadamente: «Llegará un día, sin duda, en el que, por vía convencional, los documentos contractuales preverán una forma de imprevisión tanto en los contratos públicos como en los privados relativos a un mismo objeto. Además, la inserción de cláusulas de revisión previstas en los contratos públicos por los artículos 79 y 79 del Código de Contratación, a menudo hace innecesaria la aplicación de la teoría de la imprevisión a propósito de los mismos»: *Paradoxes sur les contrats administratifs, op. cit.*, p. 155. Según F. LLORENS, la teoría de la imprevisión procura la realización de la idea de lo razonable, de una meta de equidad que es enfrentada por otros medios en el derecho privado: *Contrat d'entreprise et marché de travaux publics, op. cit.*, p. 662. No se debe perder de vista que la teoría de la imprevisión es el único punto que vale, indiscutiblemente, tanto para las concesiones como para los contratos públicos. R. DRAGO (*ibid.*, p. 154 155) pone en duda la validez de esta observación, pero aun así se nota que ahora, los artículos 10-11 de las C.C.A.G. de los contratos de obras públicas y de obras contienen reglas y disposiciones especiales que responden mejor a estas preguntas.

[112] Esta observación ya fue hecha por R. DRAGO, quien escribió: «El mejor período de la jurisprudencia en materia de contratos administrativos tuvo lugar entre 1890 y 1930 y, si se le examina, se constata que se refiere esencialmente a la concesión de servicio público. De allí la tentación, para los comisarios de gobierno y los autores, de trasponer las normas de la concesión a los contratos públicos y considerar que la concesión es del mismo tipo que el contrato administrativo. ¿Y si la concesión fuera, por el contrario, una situación exorbitante en relación con la teoría del contrato administrativo?», *Paradoxes sur les contrats administratifs, op. cit.*, p. 152.

[113] Para una exposición completa y crítica de estas opiniones: A. DE LAUBADÈRE, *Du pouvoir de l'administration d'imposer unilatéralement des changements aux dispositions des contrats administratifs, RDP,* 1954, p. 36

Compagnie générale française des tramways,[114] que planteó la cuestión, se refería a una concesión de servicio público, es decir que se trataba de una intervención en la parte reglamentaria del contrato y que esta intervención encuentra plenamente su base legal en el derecho administrativo francés.[115]

La decisión del Consejo de Estado en el caso *Union des transports publics régionaux et urbains,* de 1983,[116] fue aclamada por la doctrina por tener una importancia especial: es la única sentencia que puede servir de fundamento y prueba para la opinión que defiende la existencia del derecho de la administración a intervenir unilateralmente en la ejecución de cualquier contrato administrativo.[117] Es verdad que este fallo se refiere a las «reglas generales aplicables a los contratos administrativos» en su conjunto, sin hacer distinciones, lo que provoca algunas reacciones en la doctrina. Se trata de una frase narrativa del juez, y es así como debe apreciarse.[118] Este era otro caso de concesión de servicio público que dio al Consejo de Estado la oportunidad de referirse a la jurisprudencia de principios de siglo. El contrato en cuestión contemplaba *expresamente* entre las cláusulas estipuladas el derecho de la administración a intervenir unilateralmente en el contenido del contrato durante su ejecución. Así pues, al apreciar el valor de las cláusulas, el juez estimó que «los autores

---

et seq. En favor de la existencia de tal supuesto derecho absoluto: G. Jèze, *Les principes généraux du droit administratif, op. cit.,* IV, p. 224; G. Péquignot, *Contribution à la théorie générale du contrat administratif, op. cit.,* p. 363. *Contra*: F. P. Bénoit, *De l'inexistence d'un pouvoir de modification unilatérale dans les contrats administratifs, J.C.P.,* 1963, I, p. 1775; J. L'Huillier, *Les contrats administratifs tiennent ils lieu de loi à l'Administration?, D.* 1953, chron., p. 28; J. Dufau, *Le pouvoir de modification unilatérale de l'Administration et les contrats de concession de service public, AJDA,* 1965, I, p. 65.

[114] C.E., 21 de marzo de 1910, *Compagnie générale française des tramways,* p. 216, concl. Blum, citada anteriormente.

[115] Ver los Capítulos I y II, Sección I.

[116] C.E., 2 de febrero de 1983, *Union des transports régionaux et urbains,* p. 33, *RDP,* p. 212. Analíticamente, F. Llorens, *Le pouvoir de modification unilatérale et le principe de l'équilibre financier dans les contrats administratifs (commentaire de l'arrêt du Conseil d'Etat du 2 février 1983, Union des transports publics régionaux et urbains), R.F.D.A.,* 1984, p. 45 et seq.

[117] «El poder de modificación unilateral se considera sin duda una de las piezas maestras de la teoría general del contrato administrativo. Sin embargo, no fue hasta 1983 que el Consejo de Estado le concedió su consagración oficial»: F. Llorens, *ibid.,* p. 45. Sin embargo, no hay que perder de vista un elemento que además observó Llorens: que se trata de una sentencia de subsección, concl. M. Denoix de Saint Marc. Hasta esta sentencia, el Consejo de Estado no había tocado el corazón de esta cuestión en el marco de los contratos de servicio público. Ver, por ejemplo, C.E., 8 de febrero de 1918, *Société d'éclairage de Poissy, RDP,* 1918, p. 242, concl. Corneille; C.E., 3 de diciembre de 1920, *Framassol, RDP,* 1921, p. 73, concl. Corneille, donde se plantea claramente el principio según el cual el contrato rige definitivamente las obligaciones de las partes, o, por ejemplo, C.E., 21 de marzo de 1910, *Compagnie générale française de tramways,* antes citado, donde se decidió que el derecho está basado en una disposición legislativa especial; o por ejemplo C.E., 10 de enero der 1902, *Compagnie nouvelle du gaz de Devile les Rouen,* p. 5, *S.* 1902.3, p. 17, concl. Romieu, com. Hauriou, donde el derecho estaba sin embargo basado en la voluntad común de las partes. Ver en forma analítica: Y. Madiot, *Aux frontières du contrat et de l'acte administratif unilatéral: recherches sur la notion d'acte mixte du droit public français,* Paris, LGDJ, 1971, p. 162 et seq.

[118] *Contra*: F. Llorens, *Le pouvoir de modification unilatéral, op. cit.,* p. 49. Según el mismo autor (*ibid.,* p. 48), la jurisprudencia ya había consagrado este principio a propósito de los contratos de obras públicas. Sin embargo, no hay que perder de vista que el art. 255 del Código de Contrataciones previó esta posibilidad de la administración y que siempre se ha aceptado el carácter normativo de las cláusulas de fijación de precios de los contratos de obras públicas.

del decreto objetado se limitaron a aplicar reglas generales atribuibles a los contratos administrativos». Debió haber añadido una frase que, sin embargo, es evidente: «del tipo en cuestión», a fin de evitar un juicio que, por su generalidad, se convierte en un fundamento dudoso, si se quiere seguir con la interpretación que la doctrina ha dado a esta sentencia.

De este análisis se desprende claramente que la jurisprudencia francesa ha sido determinada esencialmente por dos elementos: la concesión de servicio público como modo de organización y de funcionamiento de un servicio público, por una parte, y, por la otra, la ley que ha sometido un conjunto de actividades contractuales de la administración pública a la jurisdicción administrativa. Esta última, a su vez, aplicando el principio de «*la competencia seguirá al fondo*», ha invertido su lógica y ha desarrollado poco a poco lo que ha sido admitido por la doctrina como criterios de los contratos administrativos.

La conexión entre la noción de servicio público, la satisfacción de los objetivos de este servicio, la participación en la ejecución de un objetivo del servicio público, constituyen una lógica que el Consejo de Estado ha desarrollado lentamente, una categoría jurídica que nadie ha querido reconocer, tal vez por razones de autodeterminación de esta nueva rama de la ciencia jurídica, que no era un producto histórico de la voluntad legislativa,[119] tal como esta voluntad está determinada por las finalidades y los legados del pasado. El concepto de servicio público, con su proyección, sirvió al criterio de las cláusulas exorbitantes, con el que constituyó un «haz de indicios» de la existencia de un contrato administrativo. Incluso se ha sostenido que este es el concepto que constituye la base del régimen jurídico especial de los contratos de obras públicas, de suministros y de servicios.

Esta referencia constante al concepto de servicio público a menudo se debe a una falta de persuasión del criterio de las cláusulas exorbitantes de derecho común. Pero si no se trata de cláusulas imposibles o ilícitas según el derecho civil, si al derecho mercantil no le faltan ejemplos de contratos desiguales, ¿es esto suficiente para basar todo criterio de jurisdicción y de derecho aplicable en la presencia de cláusulas «no habituales» en los contratos de derecho privado?[120]

Es posible encontrar en ciertos contratos celebrados por una persona pública cláusulas que no se pueden encontrar en los contratos de derecho privado, debido a su contenido. Este es el caso en una sola hipótesis, concretamente, cuando la cláusula contiene el ejercicio del poder público, cosa

---

[119] Aunque es cierto que frecuentemente se dejó a la jurisprudencia y a la doctrina el cuidado de explorar el contenido de los conceptos jurídicos.

[120] La cláusula exorbitante es la cláusula anormal con respecto a un prototipo ideal concreto de relaciones privadas: J.C. VENÉZIA, *Puissance publique, puissance privée, Mélanges Eisenmann, op. cit.*, p. 374. Ver también A. DE LAUBADÈRE, F. MODERNE, P. DELVOLVÉ, *Traité des contrats administratifs*, I, *op. cit.*, p. 224 et seq.; G. VEDEL, *Remarques sur la notion de clause exorbitante, op. cit.*, p. 552. Ver también Cass. soc., 13 de enero de 1955, *Bouvard, J.C.P.* 56, II, p. 9488, com. G.B., et J. LAMARQUE, *Le déclin du critère de la clause exorbitante, op. cit.*, p. 503.

que solo una persona pública puede hacer. Sin embargo, este no es el caso cuando la cláusula prevé procedimientos de acción de la persona pública que en todo caso son maneras de actuar y expresarse[121] y que están previstas por la ley o los principios generales del derecho administrativo. En cambio, este es el caso cuando el objeto, o uno de los objetos del contrato, es una actividad que nunca podrá ser la de un particular como, por ejemplo, la imposición, en otras palabras, cuando se crea una relación jurídica de derecho público mediante un contrato. Esta es la interpretación que se debe dar a las consideraciones de la parte de la doctrina[122] que ha buscado el elemento de poder público en la cláusula exorbitante. Esta es también la vía que parece haber seguido la jurisprudencia del Consejo de Estado; esta jurisprudencia, en su mayor parte, no constituye más que el esfuerzo, unas veces menos exitoso que otras, de remitir a la jurisdicción civil todo aquello que no tuviera entre sus características la huella del poder público o del servicio público, elementos susceptibles de servir de fundamento para una relación jurídica de derecho público. Así lo demuestra el desplazamiento de la jurisprudencia, del criterio de las cláusulas exorbitantes hacia el del régimen exorbitante, régimen que se desvía del derecho común, ya que constituye por naturaleza la razón que da origen a las relaciones jurídicas de derecho público. El nuevo criterio, aunque coexistan uno con otro, es más claro: si la cláusula exorbitante ha resultado casi imposible de encontrar, siempre se da el régimen exorbitante, ya que es independiente de la voluntad de las partes del contrato. Sin embargo, algo que nunca se debe perder de vista en el marco de un análisis de este tipo es que esta jurisprudencia solamente es útil en derecho administrativo francés como instrumento de intervención correctiva en la clasificación de los contratos, especialmente en los casos marginales, puesto que, para el resto, aparte de los contratos de servicio público, la ley es la que ha determinado las competencias.

La acción contractual de la administración griega encontró su ámbito fuera de los contratos de servicio público, especialmente en las obras públicas, los suministros, los estudios, los empleados contratados de derecho público.[123] Desde el punto de vista de la cantidad de jurisprudencia como de la práctica administrativa, se puede decir fácilmente que los contratos de obras públicas son el caso más común.

---

[121] Como observa acertadamente G. VEDEL, *ibid.*, p. 546.

[122] En especial G. VEDEL, *ibid.*: «Si es así, creemos que es porque la cláusula exorbitante es el signo de que el contrato instituye un régimen «de derecho público» o, mejor dicho, de poder público» (p. 543), y R. CHAPUS, *Le service public et la puissance publique, op. cit.*, quien señala que el derecho administrativo francés moderno es el derecho de los servicios públicos, pero que el contencioso administrativo es el derecho del poder público (p. 235 et seq.).

[123] Ver la bibliografía griega ya citada en el Capítulo II, y también: P. PAVLOPOULOS, *Commentaire sur l'arrêt 497/1987 de la Cour administrative d'appel d'Athènes, EDD, op. cit.*, p. 35 et seq.; A. OICONOMOPOULOU, *Notes sur l'arrêt 85/1988 de la Cour administrative d'appel d'Athènes, EDD, op. cit.*, p. 481 et seq.; G. GRÉGORIOU, *La nature juridique des contrats de travaux publics stipulés par des entreprises publiques, NoB*, 34, p. 1214 et seq; J. ANASTOPOULOS, *Commentaire sur l'arrêt C.E.(g), 2655/ 1987, EDD, op. cit.*, 1988, p. 26 et seq.; D. PAPANICOLAÏDIS, *Le contrat de travail de droit public, DD*, 1990, p. 1 et seq.; G. MARIDAKIS, *Consultation, Thémis*, NE', p. 37 et seq.

La antigua legislación griega de las obras públicas tuvo como fuente de inspiración al derecho francés. La ley 1418/1984 y sus decretos de aplicación constituyen el derecho griego de las obras públicas actualmente vigente. La ley define la obra pública de una manera muy amplia. En realidad, el legislador deseó someter al régimen especial de las obras públicas a una amplia categoría de obras, sea cual fuere su forma, de derecho público o privado, de la persona interesada, a condición de que se tratase de una persona del sector público tal como se define en la ley. También está previsto que el ámbito de aplicación de esta legislación puede ampliarse a otras personas cuya relación con el sector público sea menos evidente.

Por consiguiente, según la ley griega, la noción de obra pública no se ve afectada por la naturaleza jurídica de la persona que toma la iniciativa de encargar una obra. Además, al igual que en el derecho francés, para poder hablar de obra pública, es necesario que el objeto de la obra sea un inmueble. En derecho griego, el contrato de obra pública siempre se hace por escrito.[124]

Según el art. 13 de la ley 1418/1984, los tribunales ordinarios de apelación de la región en la que se ejecutan las obras son competentes para conocer los litigios derivados de la ejecución de obras públicas. Por una disposición interpretativa, la competencia se pasó al Tribunal administrativo de apelación. Según la jurisprudencia de Tribunal Especial Supremo, en este caso como Tribunal de lo Contencioso, esta competencia de la jurisdicción administrativa solo es válida si se trata de una verdadera obra pública, que es el caso del contrato administrativo por excelencia, por su propia naturaleza, según una parte considerable de la doctrina publicista griega. Es obvio que esta posición de la jurisprudencia y de la doctrina griegas no se opone a todo lo que ya se ha expuesto sobre el derecho francés. Por lo demás, el derecho francés no es una fuente de derecho administrativo griego. Entonces, si no se encuentran en Grecia las razones históricas propias de Francia que han dado forma al derecho de los contratos de obras públicas, ¿cómo se podrá determinar si el contrato de obra pública es realmente un contrato administrativo?

Mientras lo contencioso administrativo de plena jurisdicción competía al juez civil, como era el caso en el derecho griego hasta la ley 1406/1983, el juez no tenía ninguna razón jurídica para determinar la naturaleza de derecho privado o público del contrato, puesto que este juicio no influía en modo alguno en el reparto de competencias entre jurisdicciones. Sin embargo, el juez del contrato, que era el juez ordinario, al exponer sus considerandos, unas veces caracterizaba a estos contratos[125] como administrativos, y otras veces, en la mayoría de los casos, como de derecho civil, sin que esta caracterización lo haya llevado a hacer diferenciaciones respecto a la naturaleza del derecho aplicable; este ha sido siempre el derecho especial de las obras

---

[124] Art. 1 y 2 de la ley 1418/1984.
[125] Ver, por ejemplo, Tribunal de Casación, 201/1959, *EEN*, 1959, p. 614 et seq.; Tribunal de Apelaciones de Atenas, 2409/1957, *EEN*, 1959, p. 45 et seq.; Tribunal de Apelaciones de Atenas, 2415/1957, *EEN*, 1959, p. 46 et seq.; Tribunal de Apelaciones de Salónica, 321/1960, *EEN*, 1961, p. 867 et seq.

públicas interpretado en el conjunto de disposiciones del Código Civil. El Consejo de Estado griego no podía ocuparse de este asunto en el marco de su competencia como juez de anulación de actos separables. Es muy característico de la actitud del juez del Consejo de Estado griego, que no ha dudado en aplicar directamente el derecho privado y el Código Civil, de la misma manera que el juez ordinario no había tenido ninguna dificultad en conocer esta especie de litigios.

El criterio del «llamado» contrato administrativo,[126] como lo ha entendido la jurisprudencia civil, es que una de las partes contratantes es una autoridad pública. Además, según la reciente sentencia 385/1990 del Consejo de Estado griego, resolviendo en casación, el contrato de ejecución de obras públicas es administrativo; en particular, se dictaminó que «de las disposiciones legislativas antes señaladas se desprende que son competencia de la jurisdicción administrativa los litigios que resulten de los contratos administrativos, a los que pertenecen también los que resultan de la ejecución de obras públicas». Si esta decisión no da ninguna justificación de la sentencia, el criterio se encuentra en muchas otras sentencias. El contrato de ejecución de un proyecto de ampliación de una red de abastecimiento de agua, que se celebró según la legislación que reglamenta las obras públicas, constituye un contrato administrativo «entre el Estado y el particular, para la satisfacción de un objetivo público (construcción de una obra que contribuye al desarrollo del potencial productivo del país) y que está sujeto a un régimen jurídico que garantiza al Estado contratante el ejercicio del poder público según las disposiciones citadas».[127] Ahora bien, cuando una de las partes contratantes es una persona pública y el contrato tiene por finalidad la satisfacción de un objetivo general al tiempo que está sujeto a un régimen jurídico especial, el contrato celebrado es administrativo. El Consejo de Estado griego aplica los mismos criterios de los contratos de concesión de servicio público.

La jurisprudencia de los tribunales administrativos es ligeramente diferente: «El contrato es administrativo. Esto es así porque se ha celebrado entre una persona pública y un particular, tiene como objeto la ejecución de una obra pública, es decir, que su finalidad es la satisfacción del interés general mediante el desarrollo de una determinada actividad, y, como es el resultado de disposiciones en virtud de las cuales se ha celebrado y del contenido mismo del contrato, se rige por un régimen de prerrogativas y obligaciones que corresponden al ejercicio del poder público».[128] Las diferencias son margina-

---

[126] La fraseología de la sentencia 321/1960 del Tribunal de Apelaciones de Salónica es muy característica de la actitud del juez civil respecto al contrato administrativo. Según esta decisión, contrato administrativo es aquel en el que una de las partes contratantes es una autoridad pública; esta caracterización sin embargo no le confiere el carácter de derecho público. Ver también G. MARIDAKIS, *Consultation, op. cit.*, p. 37: «La distinción entre contrato administrativo y contrato civil, que fue desarrollada por la jurisprudencia francesa, no existe entre nosotros».

[127] C.E.(g), 120/1987. La referencia al régimen jurídico exorbitante no debe llevar a confundirlo con el régimen exorbitante del derecho francés.

[128] Tribunal administrativo de apelaciones de Atenas, 3032/1987, *DD*, 1989, p. 1109.

les pero dignas de atención. Según el tribunal administrativo de apelaciones de Atenas, el contrato administrativo tiene por objeto la satisfacción del interés general (y no de un objetivo público), mientras que sus cláusulas y su régimen jurídico (y no solo su régimen jurídico) reflejan el ejercicio del poder público. Por otra parte, el hecho de considerar que la ley reguladora de las obras públicas constituye en sí misma un régimen jurídico especial que puede dotar al contrato del elemento del poder público, elemento que tiene una importancia decisiva según lo que se ha expresado anteriormente, hace problemática la insistencia de la jurisprudencia en la necesidad de tener a una persona pública como parte en el contrato, si se quiere tener un contrato administrativo. En efecto, la ley de obras públicas es la misma, independientemente de la naturaleza pública o privada del servicio público.

La jurisprudencia griega no se ha inspirado en la idea de mandato, como un medio suplementario de inspiración francesa, para superar un problema jurídico que, en Grecia, parece difícil de resolver. Si el ejercicio del poder público que, según la jurisprudencia, se basa en un régimen jurídico especial, deriva de la ley de obras públicas como ocurre en el derecho griego, los mismos derechos y el mismo poder son ejercidos por cualquier otra persona de derecho privado del sector público que procede a la ejecución de obras públicas en virtud de la misma legislación. Sería indispensable que la persona sea de derecho público, si la fuente de este poder público ejercido sobre el cocontratante particular fuese la naturaleza pública de esta persona. Una de dos, así que: o bien la ley es la única fuente del poder público ejercido en la ejecución de los contratos de obras públicas y en todos los contratos celebrados por una persona del sector público según los términos de la ley 1418/1984 que regula las obras públicas, o bien la fuente de este poder es la naturaleza pública del órgano que la ejerce y el régimen jurídico especial invocado por la jurisprudencia no puede ser un criterio.

La jurisprudencia griega relativa a otras actividades contractuales de la administración, y particularmente los suministros, entra en los mismos términos. El Tribunal de Casación negó el carácter administrativo de los contratos de suministros. Según su decisión de asamblea 447/1959, existen recursos administrativos de plena jurisdicción. Estos son aquellos que se desprenden, en las relaciones entre el Estado y los particulares, de los actos administrativos con carácter ejecutorio y que están relacionados con el funcionamiento de un servicio público. En cambio, los litigios que, por su naturaleza y su objeto, son «esencialmente civiles debido a que se refieren a la gestión de la propiedad privada del Estado y de sus intereses privados en general», no son administrativos. El Tribunal, convencido de que, por su propia naturaleza, un contrato de suministros no es sino un contrato de compraventa, consideró que el litigio en cuestión «es por su naturaleza y su objeto puramente privado y, como tal, no puede ser desviado de la jurisdicción siquiera por la ley». Según el Tribunal de Casación griego, esta naturaleza civil del contrato de suministros no altera ni las cláusulas especiales a favor de Estado ni las disposiciones especiales de la ley.[129]

Es curioso y digno de atención que la jurisprudencia del Consejo de Estado griego en materia de suministros hasta hace muy poco no ha respondido directamente a la cuestión de la naturaleza jurídica de estos contratos. Evidentemente, es posible concluir por la vía indirecta que estos contratos son administrativos a partir del momento en que se consideran admisibles los recursos por abuso de poder intentados contra actos en aplicación de la teoría de los actos separables. Según la jurisprudencia de este Tribunal, si los contratos no eran administrativos, los actos no serían considerados ni administrativos ni separables y no podrían ser impugnados por recursos por abuso de poder. La escasez de jurisprudencia en el ámbito de los suministros, que también puede deberse a la falta de una cantidad suficiente de litigios ante el juez de anulación, es compensada por otra jurisprudencia, igual de escasa, según la cual el contrato de suministros es de derecho privado: «los actos impugnados no fueron dictados en aplicación de una cláusula estipulada entre el Estado y el demandante y no tienen como objeto la interpretación del contrato ni la regulación de los derechos basados en el cumplimiento o incumplimiento de las obligaciones recíprocas de las partes, lo que tendría como consecuencia que el litigio derivado de ello, siendo de carácter civil, sería competencia de la jurisdicción ordinaria; aquí se trata de actos dictados en aplicación de una disposición de ley administrativa». Se trataba de un contrato de fabricación y de suministro al Estado de una gran cantidad de lana para las necesidades de las fuerzas armadas. La jurisprudencia relativa a los contratos de ejecución de estudios según la ley 716/1977 es análoga. El Consejo de Estado griego aplicó la jurisprudencia de los actos separables y declaró admisible el recurso por abuso de poder intentado por terceros en contra de un acto realizado antes de la celebración del contrato».[130] Esto implica la existencia de un contrato administrativo. Sin embargo, una vez más, el Tribunal no procede a ninguna calificación directa del contrato. Lo más importante es que ella no explica cuáles criterios aplica para determinar que los contratos de este tipo son administrativos. La sentencia 2220/1994 del Consejo de Estado griego, que fue decidida en el marco de la función de la alta magistratura como juez de casación, constituye el caso por excelencia en el que se ha decidido que los contratos de suministros son contratos administrativos en dere-

---

[129] Tribunal de Casación, 447/1959, *EEN*, 1460 p. 24: «El carácter civil de este litigio no ha sido influenciado por la manera como se ha celebrado el contrato, ni por su forma, ni por la aparición del Estado como dotado de una voluntad superior a la de su cocontratante, ni por la existencia de cláusulas o de disposiciones legislativas que deroguen el derecho común, lo que, por otra parte, es posible en otros casos de acuerdos». La naturaleza privada de los contratos de suministros también es sostenida por PH. VEGLÉRIS, *Contrat administratif, Dictionnaire juridique d'Administration et de Police*, vol. Z', 1933, p. 8-15. Evidentemente, este modo inverso de sacar conclusiones no es un método seguro, especialmente cuando se trata de interpretar la jurisprudencia. Ver también C.E.(g), 3144/1987 y 4704/1987, que plantean el principio de una manera afirmativa. Ver también J. TZÉVÉLÉKAKIS, *Contrats de l'administration et contentieux en annulation, op. cit.*, p. 161.

[130] C.E.(g), 2540/1988.

cho griego. Según el Tribunal, se trata de contratos que procuran la protección de los intereses financieros del Estado y que están sujetos a un régimen exorbitante de derecho común que permite a la administración tomar medidas unilaterales respecto al proveedor e imponer sanciones de manera unilateral. Por otra parte, esta aclaratoria ya se había preconizado mediante un cambio de jurisprudencia del Tribunal de Casación, que en sus sentencias 212/1988 y 88/1993 había aceptado el carácter administrativo de estos contratos.

¿Los contratos de servicios son públicos o privados en derecho griego? La pregunta encontró su respuesta en lo que concierne a la relación jurídica entre el Estado y el funcionario.[131] Sin embargo, la jurisprudencia no es coherente en las demás hipótesis, especialmente en lo relativo a los criterios elegidos o más bien no adoptados; ella se autonomiza perfectamente respecto a todos los criterios desarrollados con motivo de los demás contratos de la administración. El contrato de trabajo de tiempo ilimitado es de derecho privado, si no resulta de los elementos disponibles en el expediente ni exige que el peticionario sea empleado de un órgano estatal, ni que esté empleado mediante un contrato de derecho público.[132] También es de derecho privado el contrato de tiempo ilimitado celebrado por un abogado con una administración; no obstante que sea admisible el recurso contra el acto de destitución basado en una ley especial que prevea la destitución. Por el contrario, es al juez del contrato a quien incumbe la competencia de conocer el acto de destitución de un médico contratado por el fondo de seguros (*IKA*); la decisión no explica en absoluto si implica al juez civil o al juez administrativo, aunque la relación jurídica sea la misma que aquella que existe entre la administración y el abogado contractual.[133] También es admisible el recurso por abuso de poder contra un acto de despido, a pesar del carácter civil del contrato, cuando se trata de un acto basado en una disposición legislativa que se encuentra fuera del contrato, y en el caso preciso, sobre disposiciones que reglamentan el desempeño de un segundo empleo en el sector público.[134] Sin embargo, cuando se trata de un acto de despido de un empleo de derecho privado, este acto no podrá ser impugnado mediante recurso por abuso de poder, es decir, que no es un acto administrativo, incluso si el empleador es una persona pública.[135]

---

[131] Ver C.E.(g) Ass., 5/1934. C.E.(g), 2076/1976, según el cual el acto de despido de un abogado empleado sobre una base permanente por una persona pública, relación jurídica de derecho privado, es un acto administrativo ejecutorio, puesto que se ha realizado en aplicación de disposiciones de carácter excepcional y estableciendo un procedimiento administrativo especial. Ver también C.E.(g), 1134/1983 y J. TZÉVÉLÉKAKIS, *ibid.*, p. 1161.

[132] C.E.(g) Ass., 956/1956. Esta sentencia es problemática desde muchos puntos de vista. No parece tener una idea clara de lo que es un cargo en un órgano estatal.

[133] C.E.(g) Ass., 77/1952. La diferencia de este caso reside en el hecho de que el despido tuvo lugar según los términos que regían al contrato desde el comienzo. Así, según el Tribunal, la relación jurídica entre las partes era convencional y los litigios que se derivaron de ella son competencia de la jurisdicción civil.

[134] C.E.(g), 4263/1987.

[135] C.E.(g), 1535/1984. Ver también C.E.(g) Ass., 1832/1952.

Los terceros pueden impugnar los actos previos a la celebración de contratos de este tipo, aceptados por la jurisprudencia como actos administrativos unilaterales.[136] En cambio, los contratos de alquiler de autobuses turísticos para transportar soldados no son administrativos, porque no son celebrados «según un procedimiento administrativo especial regido por normas de derecho público»; así que, «los litigios derivados de estos actos son de derecho privado y, por consiguiente, sujetos a la jurisdicción civil». Esta decisión utiliza los criterios que le son propios para caracterizar al contrato como de derecho privado; además, considera que los actos de la administración que conducen a la celebración del contrato privado no son impugnables mediante recurso por abuso de poder.[137]

La jurisprudencia griega no ofrece una imagen clara de la naturaleza pública o privada de los contratos celebrados por la administración relativos a la ocupación del dominio público. Según la sentencia 1147/1956 del Consejo de Estado griego, el contrato de arrendamiento de una acuicultura a un particular es administrativo, sin que se explique el razonamiento del juez. En cambio, en la sentencia 732 del mismo año, se decidió que el litigio derivado de la ejecución de un contrato de arrendamiento de una acuicultura es competencia del juez civil como juez del contrato, sin indicar si esta jurisdicción resulta de la naturaleza privada del contrato o de la competencia del juez civil de la época de conocer también lo contencioso de plena jurisdicción sobre contratos administrativos.[138]

El Consejo de Estado griego ha conocido el caso de la concesión de obra pública en dos sentencias: 2979/1979 (remisión de la primera sección a la asamblea) y 846/1980 (asamblea), ambos relacionados con un mismo asunto. El Tribunal no procedió a caracterizar al contrato como concesión de obra pública, sino habló de una manera más bien descriptiva sobre la «concesión de obra». Se trataba de una obra de distribución de agua en una comunidad, confiada a una empresa privada; esta empresa estaba encargada por contrato de la construcción, el funcionamiento y la explotación de las instalaciones. Se había estipulado que, en el marco del funcionamiento de las instalaciones, el prefecto tendría la competencia de determinar durante el mes de marzo de cada año, mediante ordenanza, las cuotas que los usuarios deberían pagar por consumo de agua. Una de estas ordenanzas fue llevada ante el juez. Según esta jurisprudencia, el contrato en cuestión es administrativo y se está

---

[136] En aplicación de la jurisprudencia de los actos separables que, según el Consejo de Estado griego, necesariamente implica al contrato administrativo, ver supra.

[137] Debido a que la administración se expresa como gestión y no como poder soberano, C.E.(g), 495/1980. Además, es imposible que el ejercicio de una competencia de una autoridad que se basa en un contrato de derecho privado pueda dar origen a un litigio de nulidad, C.E.(g), 1789/1986, p. 7-8.

[138] Ver C.E.(g) Ass., 731/1956 y 1147/1956. La escasez de jurisprudencia griega en este ámbito se debe al hecho de que el permiso de intervención en el dominio público por contrato solo se concede muy rara vez según la legislación griega. Así la jurisprudencia se refiere únicamente a los actos administrativos unilaterales, como por ejemplo en C.E.(g), 1219/1978, C.E.(g) Ass., 61/1974, C.E., 538/1989, 924/1982, C.E.(g) Ass., 1734/1950, 1856/1948, 126/1931, 695/1930.

frente a un recurso de plena jurisdicción, sin que se explique por qué el contrato es administrativo. Además, se debe señalar que la decisión fue tomada con una opinión minoritaria ampliamente respaldada; según esta opinión, la cláusula del contrato que sirvió de base a la ordenanza del prefecto creó un régimen normativo para los administrados y, por consiguiente, el recurso por abuso de poder contra estos actos era admisible. Se nota que la mayoría de los miembros del Consejo de Estado prefirió insistir en la naturaleza contractual de la relación jurídica al aceptar la jurisdicción contencioso administrativa de plena jurisdicción.

En cuanto al resto, y especialmente en lo referente a la ejecución misma del contrato, el derecho desarrollado por la jurisprudencia no difiere del expuesto en el Capítulo II. A partir de la firma del contrato, todas las cláusulas son contractuales, «todas las cláusulas de la licitación que están contenidas en los actos impugnados se han convertido en cláusulas del contrato».[139] Considerando que en el contrato se ha determinado claramente que «la ejecución del contrato se rige plenamente por las disposiciones de la ley 3132/1955..., los litigios originados tanto respecto a la interpretación de las cláusulas del contrato, como a la aplicación de las leyes que regulan la ejecución del contrato, constituyen recursos de plena jurisdicción» (C.E.(g) 1626/1958).[140] Por otra parte, la sentencia 335/1949 caracteriza a estos litigios como de naturaleza privada. El Consejo de Estado griego se mantiene fiel a la idea de la naturaleza puramente contractual de la relación jurídica entre la administración y el cocontratante particular. Por otra parte, igualmente fiel a su jurisprudencia, el Consejo acepta como acto administrativo ejecutorio al acto que se basa directamente en la ley.[141] También acepta la teoría de los actos separables, que conservan su carácter durante la ejecución misma del contrato con respecto al cocontratante, cuando constituyen la aplicación directa de una ley que se sitúa fuera del contrato, y que, por esta razón, no forman parte de las cláusulas contractuales.[142]

A la pregunta de saber si las disposiciones del Código Civil sobre los contratos, y de modo más general, sobre los actos jurídicos, son aplicables a los contratos administrativos de este capítulo, la jurisprudencia civil y la juris-

---

[139] C.E.(g) Ass., 3389/1973, p. 3 4.

[140] C.E.(g) Ass., 1626/1958, p. 4 et 1081/1939, C.E.(g), 303/1986, 1904/1956, C.E.(g) Ass., 191/1948, 783/1931, 198/1933, 1634/1451, 1037/1934.

[141] Cabe la interrogante respecto a la validez de la sentencia C.E., 1107/1957 (Ass.) en la cual, en un caso de contrato de ejecución de una obra pública, el concesionario pidió el reajuste de los precios contractuales en aplicación de la ley de necesidad 810/1945, y posteriormente interpuso un recurso por abuso de poder respecto a la negativa de la Administración. El Consejo de Estado admitió a trámite la petición, «que pedía la anulación de actos administrativos dictados en aplicación de disposiciones de la ley y no de cláusulas del contrato celebrado entre el peticionario y el Estado». Esta decisión solo es correcta si se desprende efectivamente del texto del contrato que la disposición legal relativa a la misma está excluida. Ver también C.E. (Ass.) 1734/1946, respecto al mismo problema.

[142] Esta sentencia tiene un fundamento novedoso, dado que resulta de una consideración contraria del Tribunal. Ver C.E.(g) Ass. 117/1930.

prudencia administrativa responden de modo afirmativo: la jurisdicción civil, porque nunca tuvo razón para no aplicarlas; la jurisdicción administrativa, porque se encontraba en el año 1929, cuando comenzó a funcionar el Consejo de Estado griego, delante de una legislación y una doctrina civilistas organizadas y maduras, sobre cuya base se pudo hacer frente a los problemas jurídicos planteados en la ejecución de contratos administrativos con experiencia y tradición.

La jurisprudencia griega de los contratos administrativos proviene especialmente del ámbito de las obras públicas. Su lectura requiere una atención particular, puesto que muy a menudo, en la base del razonamiento jurídico, se encuentra una disposición legislativa. Por lo tanto, cuando por ejemplo se trata de un incremento de trabajos que son necesarios para la buena ejecución de la obra, pero que no estaban previstos en el contrato, la misma ley es la que impone al cocontratante conformarse a las exigencias de la administración. Si el gasto necesario excede de un cierto límite previsto por la ley, el cocontratante tiene derecho, en virtud de la misma disposición legislativa, de negarse a realizar estos trabajos, salvo acuerdo en contrario. El legislador griego determina claramente los límites dentro de los que puede comportarse la administración pública en tanto que director de las obras, y el conjunto de disposiciones evidencia una concepción sumamente contractual de la relación jurídica.[143] Fue de este modo que el Tribunal de Casación decidió en su sentencia 201/1959[144]: que el empresario no tenía ninguna obligación según la ley ni el contrato de ejecutar una orden del propietario del proyecto que se había dictado en contra de lo estipulado; sin embargo, a partir del momento en que cumplió con la orden y construyó la obra adicional exigida, tiene derecho a una indemnización de conformidad con las disposiciones contra el enriquecimiento no justificado. Además, el art. 288 encuentra aplicación en el ámbito de los contratos administrativos más generalmente, dado que el principio de buena fe en la ejecución del contrato, como el de la conformación a las normas de conducta del mercado, el sentimiento común de justicia y el interés público también rigen el derecho público. Después de haber hecho un análisis puramente civilista de un caso de devaluación de la moneda, el Tribunal[146] decidió que la demanda de indemnización por motivo de devaluación monetaria no tenía fundamento ni en las disposiciones del derecho administrativo ni en las del derecho civil. Esta decisión entiende por disposiciones de derecho administrativo aquellas de la legislación de las obras públicas. El Tribunal de Apelaciones de Salónica se había pronunciado de manera análoga en la sentencia 321/1960,[147] según la cual, «cuando se está en presencia de un contrato de obras públicas que tiene el carácter de tal contrato administrativo, en el cual una de las partes contratantes es una autoridad pública, es posible, cuando

---

[143] Tribunal administrativo de apelaciones de Atenas, 1123/1988, DD, 1989,p. 886.
[144] *EEN*, 1959, p. 614.
[146] Tribunal administrativo de apelaciones de Atenas, 246/1987, DD, 1989, p. 891 (ibid., p. 893).
[147] *EEN*, 1961, p. 867 et seq.

las condiciones concurran, aplicar las reglas de las disposiciones del Código Civil para resolver los litigios que se deriven de la ejecución del contrato». Como en el pasado, el juez administrativo no siente la necesidad de romper con la idea de la unidad del derecho.

Ha sido dentro de este marco que la jurisprudencia griega ha enfrentado los problemas de lo que se desarrolló en Francia bajo los nombres de hecho del príncipe (*fait du Prince*) o de imprevisión (*d'imprévision*), situaciones jurídicas que se confunden muy a menudo.

En primer lugar, cuando se ha causado un daño a la obra antes de que la misma se entregue, el empresario está obligado a reparar el daño, excepto si este no se debe a su propia responsabilidad sino a un caso de fuerza mayor.[148] En este último caso, el empresario tiene derecho a una indemnización razonable. Se trata de una fuerza mayor que la misma ley impone como fuente del deber de indemnizar. Sin embargo, cuando se trata de actos realizados por los órganos estatales, que la administración está en libertad de realizar ya que es soberana, pero que no tienen una influencia directa sobre el funcionamiento del contrato, en otras palabras, cuando nos encontramos en presencia de un acto del príncipe, las soluciones son dadas por el Código Civil: si estas medidas son de carácter especial y tienen consecuencias directas especiales sobre las cláusulas contractuales de manera que hacen más difícil la ejecución del contrato, es posible que se origine un derecho para el empresario, de acuerdo con los artículos 200 y 288 del Código Civil. Si, por el contrario, se trata de medidas que no solo hacen menos favorables o más difíciles las cláusulas desde un punto de vista financiero, sino que inciden en elementos del contrato que eran de absoluto interés para las partes en el momento de la firma del mismo de manera que deseaban que fuesen invariables durante toda la ejecución del contrato, en este caso se trata de hechos que para el cocontratante de la administración constituyen un cambio imprevisible de las condiciones (imprevisión) del art. 388 del Código Civil: «Por otra parte, es evidente que para aceptar la existencia de un perjuicio desproporcionado, no se necesita llegar a la destrucción financiera del empresario contratante; basta con que el daño causado por el cambio imprevisto de las circunstancias haya afectado el capital de la ejecución de las obras o haya destruido toda esperanza de ganancia»[149]. Así vemos que se trata del hecho del príncipe con ayuda y dentro del marco de la disposición relativa a la imprevisión.

El Consejo de Estado griego ha tenido la oportunidad de deducir una concepción que le corresponde, no aquella del derecho civil, sino puramente administrativa, de la fuerza mayor. Un contrato de suministro de lana para las necesidades del ejército se celebró entre el Estado y un empresario. Varios

---

[148] Tribunal Administrativo de Apelaciones de Atenas, 1123/1988, *EEN*, 1989, p. 886 y, más concretamente, p. 887.
[149] Tribunal de Apelaciones de Salónica, 321/1960, *EEN*, 1961, p. 868 869.

días después de la firma del contrato, el particular presentó una solicitud ante la administración para pedir una modificación de las cláusulas del contrato en cuanto al precio, dado que, en su opinión, el precio de la lana había aumentado de una manera imprevisible y súbita en un 40%. Su petición se basaba en una disposición legislativa, concretamente, el art. 14 de la ley 654/1937 «relativa a la reglamentación de los suministros de las fuerzas armadas». El recurso por abuso de poder contra el ministro que rechazó la petición se consideró admisible, aunque se hubiera debido declarar inadmisible: de hecho, se refería a cláusulas contractuales, dado que, según la jurisprudencia de este mismo Tribunal, a partir de la firma del contrato, todas las cláusulas, incluyendo las disposiciones legislativas, pasan a ser cláusulas contractuales en lo que respecta a la relación entre las partes contratantes.

Es cierto que el peticionario basó su derecho en el artículo antes citado y no en una disposición ni en un principio extracontractual.[150] El Consejo de Estado griego no ha querido por ello desaprovechar la oportunidad de dar a esta noción de fuerza mayor un matiz del concepto francés de la imprevisión: «Esta disposición entiende la fuerza mayor no solo en su sentido civilista, es decir, como hecho imprevisible e inevitable que hace absolutamente imposible para el proveedor la ejecución del contrato, sino también como el cambio extraordinario e imprevisible de los hechos y las condiciones financieras que se produce después de la celebración del contrato y sobre los que se había basado el contrato; por consiguiente, el serio aumento de los precios de los materiales que son necesarios para la fabricación de las cosas a suministrar, a condición de que este aumento sea extraordinario e imprevisible, no se presente como totalmente provisional y que haga que sea absolutamente imposible para el proveedor ejecutar el contrato...».[151]

¿Procedería el Consejo de Estado griego a adoptar las mismas conclusiones si no se tratara de una disposición clara por ley de esta fuerza mayor como razón para modificar el contrato? ¿O recurriría a la aplicación del art. 388 del Código Civil griego? Lo más probable es que se declare incompetente, puesto que no podría encontrar fundamento para una jurisdicción de anulación; en efecto, no podría decir que «los actos administrativos adoptados en aplicación de la citada disposición, aunque se refieran al contrato estipulado, no se dictarán en aplicación de una cláusula del contrato, sino de una disposición legislativa que se encuentre fuera del contrato». Sin embargo, el juez rechazó sin explicación la noción civilista de la fuerza mayor, así como el acercamiento de la fuerza mayor de la ley griega con la teoría francesa de la imprecisión se hizo un poco arbitrariamente. En primer lugar, hay que saber la razón por la que el contrato es administrativo, para preguntar enseguida por qué la noción civilista de la fuerza mayor no es suficiente para el juez administrativo; del mismo modo, si el contrato es de derecho privado no se ve

---

[150] Tal como en la sentencia del Consejo de Estado (griego) No. 939/1954.
[151] C.E.(g) Ass., 530/1953, p. 5, que recoge la sentencia C.E.(g), 1728/1952. Ver también C.E.(g) Ass., 401/1955. Las tres sentencias se dictaron respecto al mismo caso.

por qué debería aplicarle un concepto administrativista de la fuerza mayor. Por último, habría que responder a la pregunta de por qué el derecho civil no basta para la interpretación de la cláusula en cuestión.[152]

La relación, por contractual que sea entre las dos partes contratantes, no puede ser contraria a la ley: «De la misma naturaleza de los contratos administrativos, que se rigen por una legislación especial para cada una de las categorías de contratos, y de regulaciones que forman parte integrante del contrato una vez que se ha firmado, resulta que la cláusula del contrato que es contraria a la ley es nula»,[153] es decir que ninguna cláusula puede ser ilegal. Del mismo modo, «el acuerdo de prever una cláusula penal en el contrato... se sitúa en el marco de la legislación de las obras públicas y es válido.»[154] El acuerdo constituye la ley de las partes, pero no puede ser contrario a la ley. Dentro de esta lógica, ninguna cláusula podría reivindicar el carácter de cláusula exorbitante de derecho común en el sentido de una cláusula ilegal o ilícita. [155]

Dos sentencias del Tribunal administrativo de apelaciones de Atenas, 497/1987[156] y 85/1988[157] son problemáticas. Estas dos sentencias se presentan como una novedad en el derecho administrativo griego, en el sentido de que buscan un nuevo fundamento jurídico para soluciones que son, como se ha explicado anteriormente, ya conocidas en el derecho griego.

La sentencia 497/1987 debía resolver una demanda del cocontratante de la administración en un asunto de obras públicas, por indemnización de daños causados por un incremento de gastos impuesto al contrato por el Estado en favor de la caja de seguridad social de los agricultores, que se ocasionó después de la celebración del contrato. Se trataba de medidas adoptadas por una ley y que influían directamente en la ejecución del contrato. El tribunal juzgó que este cambio no podía ser considerado inusual visto el nivel del aumento y que no se desprendía del expediente que el demandante fundamentara la celebración del contrato en la estabilidad de sus gastos. Por el contrario, por conocer las condiciones de la licitación, así como la legislación vigente, se presumía que él aceptaba el riesgo de este aumento de precios. Esta consideración, que no difiere en absoluto de la sentencia del Tribunal de apelaciones de Salónica 321/1960 antes citada, basa esta decisión sobre un principio general: «por consiguiente, esta petición tampoco puede basarse en este principio general».

---

[152] El problema de la fuerza mayor fue abordado por el Consejo de Estado en su sentencia (Ass.) 1958/1955, porque había una disposición legislativa que autorizaba la extensión de ciertas condiciones de los contratos de arrendamiento de minas públicas cuya explotación se había vuelto imposible por razón de fuerza mayor, pero no se aportó ninguna solución.
[153] Tribunal administrativo de apelaciones de Atenas, 2762/1988, *DD*, 1989, p. 1120, p. 1122.
[154] Tribunal administrativo de apelaciones de Atenas, 355/1988, *DD*, 1989, p. 1124, p. 1127.
[155] Incluso la imposición *ex officio* de una cláusula penal no será específica de los contratos administrativos en el derecho griego, puesto que un contrato que tiene estas características puede también ser de derecho privado, como por ejemplo en: C.E.(g) Ass., 868/1988 et 869/1988.
[156] Tribunal administrativo de apelaciones de Atenas, 497/1987, com. P. Pavlopoulos, *EDD*, 1988.
[157] Tribunal administrativo de apelaciones de Atenas, 85/1988, com. A. Oiconomopoulou, *EDD*, 1989.

Habría sido preferible o bien explicar la fuente de la que deriva este principio general, o bien aplicar la jurisprudencia reiterada del Consejo de Estado que, aunque implicada en estas consideraciones, muy curiosamente no se cita *expressis verbis*; según esta jurisprudencia, a partir de la firma del contrato, todas sus cláusulas son contractuales y crean un derecho contractual para las partes del contrato, y las disposiciones del Código Civil son aplicables para su interpretación, como lo declaró claramente la decisión del Tribunal de apelaciones de Salónica 321/1960. La sentencia en cuestión, aunque se basa en este orden de ideas, realiza al mismo tiempo una amplia revisión de la teoría francesa del hecho del príncipe, para concluir que esta teoría constituye «un principio general del derecho de los contratos administrativos». El juez no explica cuáles son las fuentes de este principio general del derecho ni si este principio general es producto de la jurisprudencia griega o francesa. En esta última hipótesis, también habría sido necesario explicar cómo un sistema jurídico extranjero puede producir principios generales a favor del derecho griego. El mismo texto de la sentencia revela que la única fuente de inspiración del juez ha sido una determinada bibliografía griega.[158]

Si por modificación unilateral de las cláusulas del contrato por parte de la administración, se entiende la exigencia de la administración de poder cambiar unilateralmente las cláusulas del contrato, lo que no es el caso de esta decisión, ya se ha visto que no existe tal derecho de la administración, incluso en derecho francés, al margen del derecho de concesión. En el derecho griego en ningún caso existe tal derecho a favor de la administración, excepto si el mismo está previsto por ley, como es el caso en ciertas hipótesis, por ejemplo, en materia de obras públicas.[159] De las mismas disposiciones de las leyes que favorecen estas posibilidades se desprende que en ningún otro caso y por ninguna razón, la administración puede dejar de cumplir sus obligaciones.[160] A esta misma conclusión conduce la jurisprudencia griega que acepta el carácter plenamente contractual de la relación en todos los casos de contratos administrativos. Así pues, de la jurisprudencia griega no solamente no se deriva ningún derecho de este tipo para la administración, sino que tampoco existe ninguna posibilidad de crear tal principio general de derecho administrativo. Además, el principio de la legalidad es muy estricto en el derecho administrativo griego, de manera que el juez está obligado a ser muy reservado en la deducción de principios generales de derecho, sin olvidar que, a diferencia de la jurisprudencia del Consejo de Estado que es una de las

---

[158] D. CORSOS, *La théorie du fait du Prince*, Athènes, 1969; D. PAPANICOLAÏDIS, *Droit des contrats administratifs*, 1966.

[159] Ver las disposiciones de la ley 1418/1984, artículo 8 par. 1: «Está prohibido aumentar el importe total del contrato por encima del 50%». Artículo 8 par. 3: «En cualquier caso, las obras de la concesión podrán reducirse sin ninguna indemnización al concesionario, en una medida que no deberá exceder de la cuarta parte del total del importe contractual».

[160] Alternativamente P. PAVLOPOULOS, según el cual el principio *rebus sic stantibus* constituye un principio general del derecho administrativo griego, *en: Commentaire à l'arrêt 497/1987 de la Cour administrative d'appel d'Athènes, op. cit.*, p. 37.

fuentes del derecho administrativo francés, esa función no se admite respecto a la jurisprudencia del Consejo de Estado griego.

En el caso en cuestión, no se trataba evidentemente de un cambio de esta naturaleza. La intervención en la relación contractual era resultado de la actividad legislativa, que cambió las circunstancias con influencia directa en la relación contractual. Se trataba del ejercicio de una competencia que en ningún caso podía ser restringida por contrato. Si el ejercicio de esta competencia tiene influencias en la ejecución de un contrato, incluso de un contrato administrativo, es necesario hacer frente al problema con la armadura existente en el ordenamiento jurídico griego, cuya utilidad y eficacia se han demostrado en el pasado.[161]

La sentencia del Tribunal administrativo de apelaciones de Atenas 85/1988 provoca otro debate. Con ocasión de un contrato de obra pública, el juez se pronuncia antes sobre la cuestión de la jurisdicción, con base en la comprobación de que se trata de un contrato administrativo. Sus criterios son que una de las partes contratantes es el Estado, el hecho de que el objeto del contrato es la ejecución de una obra pública, es decir, «una actividad para la satisfacción del interés general» y que resulta del conjunto de disposiciones en vista de las cuales se ha celebrado el contrato que dicho contrato se rige por los derechos que «corresponden» al ejercicio del poder público. Ahora bien, todo trabajo realizado según las disposiciones de la legislación de obras públicas es público si se ha celebrado con una persona pública; esta es una proposición que no está basada en la aplicación de la legislación de obras públicas para develar su naturaleza intrínseca, incluso según la jurisprudencia griega habitual que, después de la sentencia 10/1988 del Tribunal Especial Supremo, se reserva el derecho de examinar en cada caso preciso la verdadera naturaleza del contrato celebrado.

Sin embargo, esta sentencia tiene el mérito de fundamentar la jurisdicción del Tribunal. Pero se vuelve problemática en cuanto al considerando. Juzga «según el principio de la imprevisión que rige el derecho administrativo», principio y afirmación que no fundamenta en ninguna disposición de ley o jurisprudencia. Ni siquiera se refiere a las sentencias del Consejo de Estado griego 401/1955, 1728/1952 o 530/1953 (todas ellas relacionadas con el mismo caso),[162] que han procedido a una concepción propia de esta problemática, sino a la interpretación de una norma escrita del derecho. El pensamiento del juez manifiesta sus fuentes de inspiración, así como su culpa: «esta indemnización que, vista la naturaleza del contrato administrativo que busca garantizar un funcionamiento ininterrumpido de los servicios públicos, tiene como objetivo simplemente mantener al concesionario capaz de continuar ...ejecutando la función administrativa que le ha sido confiada». Se ha observado con razón[163] que el término «concesionario» no se utiliza al azar. Sin embar-

---

[161] En otro sentido, P. PAVLOPOULOS, quien rechaza la aplicación directa de la disposición del art. 388 del Código Civil (g), *ibid.*, p. 40.

[162] Véase la nota 151.

[163] A. OICONOMOPOULOU, *Commentaire sur l'arrêt 85/1988 de la Cour administrative d'appel d'Athènes, op. cit.*, p. 488, que ha llevado a conclusiones diferentes y rechaza la aplicación del art. 388 del Código Civil (g).

go, la razón por la que este término, al igual que el de «función» en lugar de «servicio», se encuentran en la mente del juez es muy concreta. La sentencia ha sido influenciada por la doctrina de la concesión de servicio público, lo que no era necesario. De hecho, no hay «concesionario» en las circunstancias de este caso, como no hay «función ni servicio público con miras a satisfacer las necesidades a que se refiere el contrato celebrado», para parafrasear la decisión en cuestión. Al contrario, se trata simplemente de un contrato de ejecución de dos pozos de perforación de una profundidad de 250 m, para cuya interpretación la jurisprudencia tradicional griega es perfectamente suficiente. Con razón la sentencia del Tribunal administrativo de apelaciones de Atenas 85/1988 fue anulada por la decisión del Consejo de Estado (g) 737/1994. Se decidió que el Tribunal debió aplicar los principios derivados de los artículos 200 y 288 del Código Civil, en lugar del principio de la «imprevisión». El hecho de que la propia sentencia del Consejo de Estado haya puesto el término entre comillas podría ser un signo de no absorción de esta parte de la jurisprudencia francesa.

Por lo tanto, los verdaderos criterios del juez griego son dos, la participación en el contrato de una persona pública y el ejercicio del poder público. La satisfacción de un objetivo público no agrega nada decisivo, puesto que la normativa especial de todos estos casos por ley da testimonio de la existencia de tal propósito, entendido como un interés particular del sector público que debe ser satisfecho. En este tipo de contratos, objetivo público no significa servicio público, aunque es posible que haya casos, como por ejemplo cuando se trata de una concesión de obra pública, donde puede coexistir el elemento de servicio público. En estos casos, la noción de objetivo público contiene la noción de servicio público. Para el resto, el objetivo público está condicionado, al igual que su contenido está determinado, por la existencia de una legislación especial.

La necesidad expresada por la jurisprudencia de que una de las partes del contrato sea una persona pública provoca una cierta inercia en el derecho griego, sobre todo porque, como ya se ha señalado, la idea de mandato no se admite en este orden de ideas. Esta situación lleva a una conclusión lógicamente absurda, que es la siguiente.

Como se deduce de la jurisprudencia administrativa griega citada, el contrato de obras públicas es considerado como el contrato administrativo por excelencia. La jurisprudencia y doctrina griegas han sido llevadas a esta posición por una lectura fácil del derecho francés. El derecho griego regula las obras públicas en detalle mediante una legislación apropiada. Los poderes de la administración con respecto a su cocontratante se derivan de la ley, y no hay razón para inventarlos. Se trata incluso de un régimen especial, exorbitante, que se desvía del derecho común y en tal calidad se incorpora al derecho del que constituye una excepción, puesto que toda excepción solo se determina en relación con su regla. La jurisprudencia ha contribuido mucho a esta incorporación al insistir en la naturaleza plenamente contractual de todas las cláusulas, incluso las que son legislativas, a partir de la celebración del contrato. Desde ese momento, el contrato se convierte en la única fuente de los derechos y obligaciones de las partes, y se interpreta en el conjunto del derecho, incluido el Código Civil aplicado directamente.

El juez francés ha desarrollado sus propias reglas por la única razón de que tuvo que seguir prácticas y doctrinas que venían del pasado prerrevolucionario y que ha sido necesario adaptar a un derecho moderno, a una época en la que el derecho civil todavía no había llegado su punto de madurez actual. Por el contrario, el juez administrativo griego puede beneficiarse de la existencia de un Código Civil muy avanzado en sus soluciones, así como de una tradición de estudios civilistas griegos a la que la joven escuela publicista aún no puede compararse. Se ha podido escribir que el artículo 388 del Código Civil griego no debe considerarse como plenamente aplicable a los contratos administrativos; y que su primera mitad, aquella que permite al juez terminar el contrato, debería considerarse incompatible con la idea de continuidad de los servicios públicos. En primer lugar, este argumento solo es válido para las concesiones de servicio público, y no para los demás contratos de la administración. Por otra parte, no hay que perder de vista que el artículo 388 del Código Civil griego, junto con las demás disposiciones y cláusulas de este Código que engloban la exigencia de la satisfacción del interés público, constituye un derecho moderno flexible y eficaz, un arma en manos del juez, que tiene y debe tener la posibilidad de hacer de la relación jurídica que llega a su conocimiento lo que juzgue mejor. El artículo 388 ofrece soluciones *que superan* a las imaginadas y desarrolladas por el Consejo de Estado francés.

El hecho de que una misma ley rija todas las obras públicas ejecutadas por personas jurídicas del sector privado lleva a la jurisprudencia griega a la conclusión lógicamente absurda de que un mismo contrato es público si lo celebra una persona pública, y privado si lo celebra una persona privada. Lógicamente, no es posible decir que dos contratos con el mismo contenido y regidos por la misma legislación difieren esencialmente en cuanto a su régimen y función intrínsecos. Esta antinomia no desaparece si se dice que todos estos contratos son administrativos, sino por el reconocimiento de la simple verdad de que muy rara vez existen en estos contratos elementos que pueden caracterizarlos como administrativos. Estos contratos, como todos los demás, solo son administrativos a partir del momento en que crean una relación jurídica de derecho público. Éste es exactamente el criterio tan buscado por la jurisprudencia griega en el régimen jurídico especial al que hace alusión, y que contiene justamente el ejercicio del poder público. Sin embargo, en lo que ya se ha dicho, tal relación jurídica de derecho público no aparece en ninguna parte. Por el contrario, si el juez revela en un determinado contrato elementos que rebasan el marco de este análisis y que, en su opinión, pueden ser la base de una relación jurídica de derecho público, deberá proceder al reconocimiento del contrato como administrativo. Esta observación obviamente vale mucho más para los contratos atípicos de la administración. También vale en especial para los llamados contratos de empleo de derecho privado en la administración pública, del régimen de la ley 993/1979 antes mencionada, donde la sujeción de los contratistas a un régimen casi idéntico al de los funcionarios es la mejor evidencia de una relación jurídica de derecho público.

Estas ideas no deben ser consideradas como singulares. De todos los sistemas jurídicos metropolitanos de Europa, solamente el derecho francés clasifica esta categoría de contratos entre los contratos administrativos. Ni el derecho inglés[164] ni el derecho italiano[165] ni el derecho alemán comparten esta posición, aunque todos estos sistemas han desarrollado legislaciones y sistemas jurídicos especiales exorbitantes de derecho común. En ninguno de estos sistemas, la desviación del derecho común ha sido entendida como signo de la presencia de un derecho público. El ejemplo del derecho alemán es muy característico: siempre ha clasificado los contratos de obras públicas dentro de la actividad de derecho privado de la administración *(fiskalische Verwaltung)*.[166] Las leyes del presupuesto estatal federal y de los *Länder*[167] prevén reglamentaciones generales así como la norma según la cual la celebración de estos contratos debe hacerse siguiendo directrices especiales.[168] Esta necesidad de uniformidad en la acción administrativa se satisface mediante dos series de reglamentos especiales, una de las cuales se refiere a obras públicas *(Verdingungsordnung für Bauleistungen (VOB))*, y la otra a los suministros públicos *(Verdingungsordnung für Leistungen (VOL))*.[169]

Las normas contenidas en el *VOB* son producto del trabajo de organismos especializados, como el *Deutscher Verdingungsausschuß* que, en su mayoría, está integrado por representantes de las administraciones que realizan

---

[164] Ver C. TURPIN, *Government contracts*, Handsworth (Middlesex), Penguin Books, 1972.

[165] Ver P. VIRGA, *Contratto (diritto amministrativo)*, Enciclopedia del Diritto, vol. 9, Milano, Giuffrè, 1961, p. 979, et seq., y O. SEPE, *Contratti della pubblica amministrazione, ibid.*, p. 986 et seq. Por el contrario, los contratos administrativos son conocidos por el derecho español que, en este punto, sigue plenamente al derecho administrativo francés, cuya aplicación constituye una aplicación particular. Debe destacarse que también en España la aceptación de la existencia de contratos administrativos se basa en la ley (*Ley* del 2 de abril de 1845 y *Consejos Provinciales* y *Reglamento del Consejo Real* del de 30 diciembre de 1846), que ha confiado todos los contratos de la administración a la jurisdicción administrativa. La *Ley de Contratos de Estado* del 8 de abril de 1965, según enmiendas en 1973 y 1986, acepta y reconoce la existencia de contratos administrativos por su propia naturaleza. Ver E. GARCÍA DE ENTERRÍA, T. R. FERNANDEZ, *Curso de Derecho Administrativo*, I, 5e éd., Madrid, Civitas, p. 654 et seq.

[166] Ver entre otros N. HERIG, *Die Auftragsvergabe der öffentlichen Hand als Mittel zur Durchsetzung rechtlicher und technischer Vertragsbedingungen im Bereich der Bauverwaltung*, Dissertation, München, 1984, p. 33.

[167] *Gesetz über die Grundsätze des Haushaltsrechts des Bundes und der Länder (HGrG)*, del 19.8.1969 (*BGBl.* I, p. 1273); *Bundeshaushaltsordung (BHO)*, del 19.8.1969 (*BGBl.* I, p. 1284). En lo que se refiere a los Estados federales: N. HERIG, *Die Auftragsvergabe der öffentlichen Hand, op. cit.*, p. 34.

[168] § 55, 2 BHO. Según la § 30 HGrG y la § 55, 1 BHO, la estipulación de contratos de suministros en los que la ejecución de las obras debe hacerse dentro del marco de un procedimiento de licitación pública.

[169] *Verdingungsordnung für Bauleistungen*, Teile A, B, C (DIN 1960), Ausgabe 1979 (BAnz. Nr. 208 du 6.11.1979). *Verdingungsordnung für Leistungen*, Teile A, B (BAnz. Nr. 105/1960). En Alemania, incluso se ha pensado en englobar esta legislación en una ley introductoria del BGB: F. NICKLISCH, G. WEICK, *Verdingungsordnung für Bauleistungen*, VOB, Teil B, Kommentar, München, Beck, 2e éd., 1990, Introduction.

obras públicas,[170] el *Bundesanstalt für das Straßenwesen*[171] que, aunque carece de capacidad jurídica *(nicht rechtsfähige Anstalt des Bundes)*, se ocupa de los datos técnicos de la construcción de carreteras, el *Vorschungsanstalt für das Straßen- und Verkehrswesen,*[172] que promueve la investigación en este mismo ámbito. El VOB es descendiente lejano del *Reichsverdingungsausschuß* de 1926, que después de la guerra, se convirtió de *RNA* en *VOB* como resultado del trabajo del *Deutscher Verdingungsausschuß* en varias ediciones.[173] La particularidad de estas normativas es que no tienen forma ni de ley ni de acto administrativo. Así pues, no se trata de normas jurídicas que vinculan a las partes en el contrato.

El conjunto de estas regulaciones se compone de tres partes, A, B, y C;[174] la primera se refiere a todo el procedimiento que precede a la celebración del contrato, la segunda regula la ejecución del contrato y la tercera contiene todos los datos técnicos necesarios para las obras públicas. La parte A, por su propio objeto, no puede ser parte del contrato, ya que es precontractual. Aunque sus principios no son vinculantes para los terceros que desean celebrar el contrato con la administración, sin embargo, sí lo son para la administración, pues son considerados como especificación y satisfacción de los principios de economía y ahorro *(Wirtschaftlichkeit und Sparsamkeit)* impuestos a la administración por la ley de presupuesto.[175] Las partes B y C se convierten en derecho contractual en el contrato puesto que han sido incluidas en el contrato por la administración, y funcionan como tal.[176] Es evidente que las partes pueden desviarse de estas normas, pero en realidad, el grado de uniformidad en la práctica es tal que, según la opinión corriente, las partes B y C del *VOB* son derecho objetivo.[177] Además, la doctrina y la jurisprudencia consideran que el

---

[170] El DVA se compone de 50 miembros que se reagrupan en funcionarios, empresarios privados, empresas, arquitectos e ingenieros: F. Nicklisch, G. Weick, *Verdingungsordnung, op. cit.,* § 26.

[171] Ver en este sentido, H. Praxenthaler, *Die Bundesanstalt für Straßenwesen, Straße und Autobahn,* 1972, p. 503 et seq.

[172] Ver H. Praxenthaler, *ibid.,* p. 507 et seq. Ver también N. Herig, *Die Auftragsvergabe der öffentlichen Hand als Mittel zur Durchsetzung rechtlicher und technischer Vertragsbedingungen, op. cit.,* p. 118.

[173] Para todo lo relativo a la historia del *VOB,* ver especialmente N. Herig, *ibid.,* p. 36 et seq.; A. Feber, *Schadensersatzansprüche bei der Auftragsvergabe nach VOB/A,* Düsseldorf, Wierner Verlag, 1987, p. 4 et seq.; K. Vygen, Bauvertragsrecht nach VOB und BGB, *Handbuch des privaten Baurechts,* Wiesbaden und Berlin, Bauverlag, 1984, p. 98 et seq., y la bibliografía allí citada.

[174] A: Allgemeine Bestimmungen für die Vergebung von Bauleistungen, B: Allgemeine Vertragsbedingungen, C: Technische Vorschriften für Bauleistungen.

[175] N. Herig, *Die Auftragsvergabe der öffentlichen Hand, als Mittel zur Durchsetzung rechtlicher und technischer Vertragsbedingungen, op. cit.,* p. 39 et seq. Y especialmente 42 et seq.; F. Nicklish, G. Weick, *Verdingungsordnung für Bauleistungen,* VOB, Introduction, *op. cit.,* § 28; K. Vygen, *Bauvertragsrecht nach VOB und BGB, op. cit.,* p. 98 et seq., donde se ha sostenido acertadamente que la Parte A se convierte indirectamente, en gran medida, también en derecho contractual por sus múltiples definiciones *(Begriffbestimmungen),* cuyo contenido pasa a formar parte automáticamente en parte de todo lo contenido en las Partes B y C.

[176] Según los párrafos 1,1,2 del VOB/B, el VOB/B se convierte de pleno derecho en una parte esencial del contrato, aunque, cuando el VOB/B es la base del contrato, no hay necesidad de referencia especial al VOB/C. Ver K. Vygen, *ibid.,* p. 103; W. Winkler, *Verdingungsordnung für Bauleistungen, VOB, Gesamtkommentar,* 6e éd., Braynschweig/Wiesbaden, Vieweg, 1986, p. 55; N. Herig, *Die Auftragsvergabe der öffentlichen Hand, op. cit.,* p. 41.

[177] N. Herig, *ibid.,* p. 43. Ver también H. Fleischer, *Die Bedeutung der VOB für die Vergabe öffentlicher Bauverträge,* DVP, 1979, p. 157 et seq.

VOB contiene cláusulas generales de las operaciones *(Allgemeine Geschäftsbedingungen)*,[178] carácter que encuentra su base legal en la § 23, 2, 5 *AGBG*, vía indirecta para adquirir fuerza de ley.[179] Los precios de las obras públicas son puestos en vigor mediante reglamentos *(Verordnungen)*.[180]

Por consiguiente, el derecho alemán presenta muchas similitudes con el derecho francés. La parte A del *VOB* prevé los procedimientos para la celebración de contratos de obras públicas como las disposiciones análogas francesas, mientras que las partes B y C corresponden a los pliegos de condiciones del derecho francés. Todos los derechos y obligaciones de las partes tienen su fuente en la voluntad de las partes; se trata de derecho contractual, cuya naturaleza privada nunca se ha puesto en duda en el derecho alemán. Según las cláusulas del *VOB*, que es completado por el BGB, el contratante de las obras tiene todos los derechos de dirección de las mismas, de establecer cláusulas penales, de exigir las garantías especiales, etc., de manera que la posición jurídica de la administración alemana frente a su cocontratante, cuya posición se considera de derecho privado, no difiere en absoluto de aquella de la administración francesa, considerada de derecho público, ni de la griega.[181] El derecho alemán y el derecho griego tienen entonces una base común: son plenamente contractuales a partir de la celebración del contrato; esta también es la posición del derecho francés, como lo han revelado los análisis de este capítulo.

---

[178] La segunda parte comprende las condiciones generales de las operaciones: BGH 16.12.1982, BGHZ 86, 135, 139. H. Ingenstau, H. Korbion, *VOB, parties A et B, Kommentar*, 10e éd., 1984, par. 10, no 52; H. Locher, *Das private Baurecht*, 3e éd., Düsseldorf, Werner Verlag, 1983, p. 39 et 48; A. Feber, *Schadensersatzansprüche bei der Auftragsvergabe nach VOB/A, op. cit.*, p. 6 et seq. Se considera que la misma cosa vale para algunos de los *Allgemeinen Technischen Vorschriften* de la tercera parte. Ver H. Ingenstau, H. Korbion, *ibid.*, no 10, no 53. H. Ingenstau, H. Korbion, y G. Kaiser, *Das Mängelhaftungsrecht der VOB/B*, 5e éd., 1986, no 12; ver también la monografía consagrada al tema: E. Ott, *Abänderung der VOB durch Allgemeine Geschäftsbedigungen*, München, Florentz Verlag, 1986, et F. Nicklisch, *Funktion und Bedeutung technischer Standarts in der Rechtsordnung*, BB, 1983, p. 261 et seq.

[179] A. Feber, *ibid.*; K. Vygen, *Bauvertragsrecht nach VOB und BGB, op. cit.*, p. 109 et seq. Además, las regulaciones del VOB reflejan en su conjunto las reglas de la buena fe y la honestidad *(Treu und Glauben)*, como lo ha admitido el BGH, *NJW* 1983, p. 816 y en especial 818. Ver igualmente N. Herig, *Die Auftragsvergabe der öffentlichen Hand, op. cit.*, p. 39.

[180] Para más detalles, ver N. Herig, *Die Auftragsvergabe der öffentlichen Hand, op. cit.*, p. 44.

[181] VOB/B, par. 17, *Sicherheitsleistung*; W. Winkler, *Verdingungsordnung für Bauleistungen, VOB, Gesamtkommentar, op. cit.*, p. 84 et seq.; H. Ingenstau, H. Korbion, *VOB, parties A et B, Kommentar, op. cit.*, B., par. 17.

CAPÍTULO IV
LOS CONTRATOS DE DERECHO PRIVADO DE LA ADMINISTRACIÓN

EL TÉRMINO *fiscus* no es característico del derecho administrativo francés, ya que su traducción como fisco es más bien un neologismo; habría sido mejor traducido como «*dominio*».[1] En cuanto al derecho griego, desde el siglo XIX, es decir después de su primera articulació n, se hizo la distinción entre Estado y *Dimossio* que constituye el término griego para traducir el latín *fiscus* o, mejor, el *Fiskus* alemán.[2]

La distinción entre Estado, como persona dotada de poderes públicos y *Fiskus*, es decir persona jurídica que puede ser sujeto de derechos y obligaciones como toda persona de derecho privado, ha sido objeto de estudios especialmente en Alemania y constituye la creación histórica de la manera en que el Estado ha sido desarrollado al otro lado del Rin.[3] En Francia, el derecho administrativo ha sido durante mucho tiempo principalmente una creación de la jurisprudencia y así, sobre todo, el derecho de los actos administrativos; esta es la razón por la que se basó en la distinción entre *actos de autoridad* y *actos de gestión,* sin prestar suficiente atención a la verdadera cuestión, que es

---

[1] Porque el término francés «*fisc*» se refiere a la actividad de los servicios de impuestos del Estado. La traducción del término *fisc* como *domaine* se debe a M. FROMONT, *La répartition des compétences entre les tribunaux civils et administratifs en droit allemand* (Préface: Jean Rivero), Paris, LGDJ, 1960, p. 68, donde escribió: «Al traducir *Fiskus* por *Domaine*, rompemos con la tradición. Lo hicimos después de una cuidadosa reflexión. En nuestra opinión, nuestra traducción tiene la gran ventaja de sugerir la idea francesa de dominio privado, que está muy próxima, y de no evocar la de la administración recaudadora de impuestos, que es extranjera. Además, veremos que la tercera parte de la expresión «*fiskalische Verwaltung*» se emplea actualmente para designar una administración regida por el derecho privado y que gestiona los intereses privados del Estado. Al traducir *Fiskus* por *Domaine*, será posible traducir «*fiskalische Verwaltung*» por administración dominial, cuando no hubiera sido posible hablar de administración fiscal» (*ibid.*, cit. 11).

[2] TH. N. FLOGAITIS, *Dictionnaire juridique, op. cit.,* I, 1898, p. 436. Ver también G. BALIS, *Principes généraux du droit civil, op. cit.,* p. 58: «Por otra parte, es evidente que las personas públicas tienen un ámbito de relaciones jurídicas sometido al derecho privado, es decir, las relaciones jurídicas que se derivan de su ámbito privado» y A.A. GASIS, *Principes généraux du droit civil,* vol. II, 2, *op. cit.,* p. 60 et seq.

[3] Ver en particular los análisis de O. MAYER, *Le droit administratif allemand,* I, *op. cit.,* p. 53 et seq. et 174 et seq.; E. FORSTHOFF, *Lehrbuch des Verwaltungsrechts, op. cit.,* p. 114 et seq.; W. JELLINEK, *Verwaltungsrecht, op. cit.,* p. 12 et seq.; F. FLEINER, *Institutionen des deutschen Verwaltungsrechts, op. cit.,* p. 40 et seq.; H.J. WOLFF, O. BACHOF, *Verwaltungsrecht,* I, *op. cit.,* p. 104 et seq.

la de conocer la naturaleza del Estado mismo que actúa.[4] Mientras que en Alemania se estudia la naturaleza del Estado, que cada vez más actúa de una manera o de otra, en Francia se han interesado más que nada en la naturaleza del acto cada vez en cuestión, del resultado de la acción del Estado que, por su naturaleza, establece o no, según sea el caso, la competencia del Consejo de Estado y de la jurisdicción administrativa, más generalmente.

La doctrina jurídica, así como la teoría general del Estado alemanas fueron introducidas en Grecia primero por los civilistas, y esto no debe sorprender. Cuando, más tarde en 1929, el Consejo de Estado griego, que apenas se había creado, conoció la jurisprudencia francesa, se adaptó fácilmente a las distinciones francesas entre actos de autoridad y actos de gestión, así como entre el dominio público y el dominio privado. Aunque esta adaptación evidencia la aptitud creadora del derecho administrativo griego, sin embargo, no es tan simple como parece.

Es verdad que a primera vista parece que las doctrinas francesa y alemana en este ámbito se han desarrollado en paralelo; en realidad, se desarrollaron independientemente una de otra, aunque se haya afirmado que la doctrina alemana del *Fiskus* no es más que el producto histórico de ciertas influencias francesas.[5] El asunto presenta un interés muy particular para este estudio, puesto que los contratos que la administración celebra como *Fiskus*, o por así decirlo, los actos convencionales de la administración pública cuya naturaleza no es el ejercicio del poder público, se consideran contratos de derecho privado. Y, por el contrario, como el contrato es el medio jurídico por excelencia del derecho privado, constituye el principal medio de expresión de la administración consensual, cuyas fronteras con la administración pública que ejerce el poder público por la vía contractual se vuelven, si no difíciles de trazar, al menos un caso de estudio.

Parece raro que, mientras que la doctrina alemana ha intentado, a través de la teoría del *Fiskus*, someter el poder público a un derecho, aunque solo fuera el derecho privado, la doctrina administrativista francesa ha entendido la acción de la administración pública que se rige por el derecho

---

[4] Por cuanto el derecho administrativo francés es, sobre todo históricamente, un producto jurisprudencial que se ha erigido en sistema, en la medida en que los actos administrativos eran llevados a la atención del juez administrativo. La estructura interna de la obra de E. LAFERRIÈRE ofrece el mejor testimonio de esta verdad, así como el título que le escogió el Vicepresidente del Consejo de Estado: *Traité de la juridiction administrative et des recours contentieux.*

[5] Por M. FROMONT, *La répartition des compétences entre les tribunaux civils et les tribunaux administratifs en droit allemand, op. cit.,* p. 159 et 162. «Son solamente los autores alemanes de la generación siguiente que, animados sin duda por el ejemplo francés, han abandonado esta teoría manifiestamente anticuada, sustituyéndola por una teoría que es precisamente la distinción francesa de los actos de autoridad y los actos de gestión» (p. 159). «Como las dos series de hipótesis corresponden a la noción francesa de gestión, se nos permite afirmar que la doctrina alemana adoptó la distinción de los actos de autoridad y de los actos de gestión ideados por los juristas franceses» (p. 162). Sin embargo, este mismo autor es quien observa que los ámbitos de aplicación del derecho público y del derecho privado a la actividad de la administración no coincidían en absoluto en los dos países. (*ibid.*).

privado como una excepción a la norma publicista. En el fondo, la preocupación principal del derecho francés era la fundación y desarrollo de un sistema integrado de derecho administrativo, entendido como conjunto sistemático de normas de derecho público. En ambos casos, el francés como el alemán, la ciencia jurídica simplemente ha intentado, aunque por vías diferentes y en realidades políticas e históricas diferentes, someter a la administración pública y su actividad a normas de derecho. Es extraño constatar que, con demasiada frecuencia, uno se percata de que se ha olvidado que los fines concretos de las doctrinas de ambas riberas del Rin ya han sido satisfechos durante mucho tiempo. Por tanto, hay que preguntarse si no necesitan ahora una nueva reflexión.

«La idea del *fisc* tiene su origen en el derecho romano. El *fisc* se presentaba como una persona jurídica al lado del emperador, persona jurídica a la que pertenecen los bienes que sirven para perseguir el fin del Estado, que goza de ingresos especiales y determinados privilegios de derecho civil y de procedimiento».[6] Esta idea, esta noción, que fue desarrollada y difundida en especial gracias a la obra de Savigny[7] y de Mommsen[8], fue muy útil en la época del absolutismo alemán y del régimen policial, para someter los poderes públicos al derecho. No se podía cuestionar los actos de autoridad pública, porque se les consideraba expresión de la voluntad soberana del príncipe. Pero si estos actos, como tales, permanecían fuera de todo control jurídico, esto no significaba que esta inmunidad también amparaba sus consecuencias financieras o incluso las de otros actos del príncipe que no parecían ser actos de autoridad pública. Se resucitó la idea del *fiscus* romano, se le ha convertido en el *Fiskus* y la persona jurídica capaz de tener derechos y obligaciones al igual que toda otra persona privada, con el fin de obtener dos cosas a la vez: preservar intacta la autoridad del príncipe, y someter los actos del Estado al derecho, cualquiera que sea.[9]

Poco a poco, con el desarrollo de la idea del Estado, se aceptó que el conjunto de derechos soberanos del poder público no pertenecían al príncipe personalmente, sino al Estado, expresión del poder público. Así se consideró que el conjunto de derecho alemán que rige el proceder del Estado se refería a dos personas jurídicas distintas, dos productos de una dicotomía jurídica del

---

6   O. MAYER, *Le droit administratif allemand*, I, *op. cit.*, p. 55.

7   F. K. VON SAVIGNY, *System des heutigen römischen Rechts*, Band 2, *op. cit.*, 1840 (reimpresión por Scientia Verlag, Aalen, 1973), p. 272 et seq.

8   TH. MOMMSEN, *Abriss des deutschen Staatsrechts*, 2e éd., (K. BINDING, *Systematisches Handbuch des deutschen Rechtswissenschaft*, Erste Abteilung, Dritter Teil), Leipzig, Duncker und Humblot, 1907, p. 279 et seq.

9   O. MAYER, *Le droit administratif allemand*, I, *op. cit.*, p. 56 et seq.; F. FLEINER, *Institutionen des deutschen Verwaltungsrechts*, *op. cit.*, p. 35 et seq.; J. HATSCHEK, *Die rechtliche Stellung des Fiskus im bürgerlichen Gesetzbuch*, Verw. Arch., Bd 7, p. 424 et seq.; J. HABERMAS, *Strukturwandel der Öffentlichkeit*, Frankfurt, Suhrkumf, 1990, p. 74. Respecto a las raíces ideológicas de esta distinción, con referencias particulares al ordenamiento jurídico británico: E.H. KANTOROWICZ, *The King's two bodies, A study in Medieval political theology*, Princeton, University Press, 1957, en especial p. 164 et seq.; F.W. MAITLAND, The Crown's corporate sole, *en: Selected Essays*, Cambridge, University Press, 1936, p. 104 et seq.

Estado, el Estado-persona jurídica de derecho público, es decir, un sistema de normas de derecho de excepción, y el Estado-*Fiskus*, persona jurídica de derecho privado. «Esta división no debe entenderse en el sentido que tiene en su tiempo. No se trata aquí de relaciones diversas de un solo; no se trata solo de dos partes, de dos funciones del Estado. No es un error de los escritores, jueces y hombres políticos de este tiempo, no es, por su parte, un error de lenguaje si llaman expresamente al *fisc* como una persona aparte, formando lo contrario del Estado; quieren decir lo que dicen».[10]

Este constructo permite imponer al derecho civil como derecho de la administración pública: cada vez que el príncipe actúa como expresión de los poderes públicos, es aceptado como Estado, pero en todos los demás casos, se considera que actúa como *Fiskus*, según las normas del derecho civil y, de una manera más general, de derecho privado.[11] Dentro de este razonamiento, que se basa en la aceptación de la idea según la cual el Estado procede a las compras y ventas, donaciones, aceptaciones de sucesiones y otros actos de naturaleza similar, todo naturalmente como cualquier otra persona privada, el Estado se comporta como cualquier persona y realiza actos que son *por su propia naturaleza* de derecho privado.

Así, el derecho civil ha contribuido, por una parte, a la satisfacción de la idea del Estado de derecho; pero, por otra, ha podido imponer fácil y tácitamente su lógica, que es que sus normas son satisfactorias y suficientes para todo comportamiento jurídico, y que constituyen *el derecho natural de ciertos tipos de actos jurídicos*, y en particular, de aquellos que desde siempre han caracterizado el comportamiento de las personas privadas en sus relaciones entre ellas.[12] Como lo ha escrito Otto Mayer, «la razón por la que el derecho civil es aplicable al Estado es simplemente que es bueno y natural suponer que lo que es igual por naturaleza también debe ser regulado igualmente».[13]

---

[10] Como escrito pertinente: O. MAYER, *Le droit administratif allemand*, I, *op. cit.*, p. 57 58.

[11] «La existencia de un *Fiskus* del *Reich* (*Reichsfiskus*) como sujeto de derechos patrimoniales que es diferente de la personalidad jurídica privada de los miembros de la federación e independientemente de ellos, resulta de la naturaleza del Reich como Estado federal. Como todo Estado tiene *ipso jure* la capacidad jurídica de derecho privado sin ninguna reglamentación legislativa especial, así es como la personería moral de derecho patrimonial (vermögensrechtliche Persönlichkeit) del Estado federal aparece naturalmente. El *Reichsfiskus* coincide con el *Reich*. Determina al *Reich* como sujeto patrimonial y es por eso que solo hay un *Reichsfiskus*»: P. LABAND, *Das Staatsrecht des deutschen Reiches*, 5e éd., vol. IV, *op. cit.*, p. 330 331.

[12] El primero que trató este asunto globalmente fue G. JELLINEK, *System der subjektiven öffentliche Rechte*, *op. cit.*, p. 60 et seq.: «Por otra parte, una institución permanece claramente en el derecho privado, cuando, aunque esté organizada en el marco del interés general, se rige por normas establecidas por el Estado y que ... persiguen la satisfacción de objetivos de carácter económico (*fiskalische Zwecken*), total o parcialmente. Estos son los actos jurídicos que el Estado estipula y que conciernen a su monopolio de los tabacos, de naturaleza puramente de derecho privado, puesto que el Estado no ha creado este monopolio para distribuir tabaco a los particulares, sino para ganar dinero». Reconoce, además, que las fronteras entre derecho privado y derecho público no siempre están bien definidas y observa que los litigios de derecho pueden pertenecer formalmente al derecho público. Como ejemplos de esta última categoría, cita a los contratos administrativos del derecho francés. Por lo tanto, hace una distinción entre los derechos formal o esencialmente de derecho público, según el derecho positivo de cada Estado (*ibid.*, p. 62 63).

[13] O. MAYER, *Le droit administratif allemand*, I, *op. cit.*, p. 177.

La necesidad de someter al Estado al derecho condujo posteriormente al reconocimiento del deber del *Fiskus* de aceptar toda obligación jurídica que, según la doctrina del derecho civil, resulta de la acción del Estado-poder público. Cuando el Estado procede a la expropiación de un terreno, el *Fiskus* está obligado a indemnizar al propietario, quien se convierte en acreedor de una obligación que puede ser invocada ante los tribunales civiles.[14]

Cuando Otto Mayer, hacia fines del siglo pasado e inicios del siglo presente, desarrolló su sistema, la ciencia jurídica dio un paso adelante, consecuencia natural, por lo demás, del hecho que ya se había estudiado comprendido mejor la institución que se llamó «*Estado*». Se ha aceptado que Estado y *Fiskus* no constituyen dos personas jurídicas distintas, separadas la una de la otra, sino las dos caras, las dos expresiones de una sola y misma persona jurídica que es el Estado y «*que, una vez se presenta de uniforme y otra de civil*».[15] El *Fiskus* es el Estado cuando busca la satisfacción de sus intereses privados, o mejor dicho, es el Estado como persona jurídica de derecho privado, persona considerada según el derecho civil. Por lo tanto, cuando el Estado busca la satisfacción de sus intereses financieros según las normas del derecho público, no actúa como *Fiskus*. Ahora que los tiempos son más maduros, los tribunales han hecho germinar esta idea en una imagen completa: el *Fiskus* existe puesto que las situaciones jurídicas que son iguales deben ser resueltas de la misma manera, y por lo tanto, es natural que el derecho civil sea aplicable a las actividades del *Fiskus*.[16]

La idea del *Fiskus* fue aceptada por la jurisprudencia del *Reichsgericht* desde 1884: «los tribunales ordinarios son competentes para decidir los litigios de carácter patrimonial (*Vermögensstreitigkeiten*), aunque tengan que aplicar normas de derecho público para tomar sus decisiones. Su independencia, su conocimiento del derecho y su experiencia en la aplicación práctica del derecho ofrecen la mayor garantía concebible para que las decisiones se dicten con toda objetividad, respetando la verdad.»[17]

Toda causa que dé origen a diferendos de naturaleza financiera, aunque sean resultado del ejercicio del poder público, es competencia de la jurisdicción civil. El *Reichsgericht* abandonó la teoría del *Fiskus* el 12 de marzo de 1918; al mismo tiempo racionalizó el criterio de su competencia, de manera que las posiciones tradicionales de la teoría y de la jurisprudencia en este ámbito permanecen intactas.[18] «Estableció los siguientes principios, que fueron respetados en líneas generales por la jurisprudencia posterior. En primer

---

[14]   O. MAYER, *ibid.*, p. 61 et seq.; J. BURMEISTER, *Der Begriff des Fiskus in der heutigen Verwaltungsrechtsdogmatik*, *DöV* 1975, p. 695 et seq.

[15]   Según la expresión muy característica de W. JELLINEK, *Verwaltungsrecht*, *op. cit.*, p. 25, que revive a I. VON MÜNCH *in*: H.-U. ERICHSEN, W. MARTENS, *Allgemeines Verwaltungsrecht*, *op. cit.*, p. 28.

[16]   Ver, por ejemplo, H. U. ERICHSEN, W. MARTENS, *ibid.*; H.J. WOLFF, O. BACHOF, *Verwaltungsrecht*, I, *op. cit*, p. 106 et seq.; H. MAURER, *Allgemeines Verwaltungsrecht*, *op. cit.*, p. 24.

[17]   RGZ 11, 65, RGZ 22, 285. El texto lo retoma E. FORSTHOFF, *Lehrbuch des Verwaltungsrechts*, *op. cit.*, p. 115. La traducción es de M. FROMONT, p. 191.

[18]   RGZ 92, 310 et E. FORSTHOFF, *ibid.*

lugar, el concepto de litigio civil (*bürgerliche Rechtsstreitigkeit*) no es idéntico al de litigio de derecho civil (*zivilrechtliche Streitigkeit*), ya que incluye también ciertos asuntos de derecho público; en segundo lugar, no se debe tomar prestada la noción de litigio de derecho civil a la ley de organización judicial (CVG), sino al derecho sustantivo (*materiellen*) de los Länder y del Reich; en tercer lugar, la jurisprudencia no puede seguir las variaciones de la doctrina sobre la delimitación del derecho público y del derecho privado, sino debe ser constante.»[19]

Si esta jurisprudencia ha planteado de una manera bastante clara el principio según el cual la naturaleza de la relación jurídica en cuestión determina el derecho aplicable, que a su vez impone la competencia jurisdiccional, el problema de la caracterización de la relación jurídica en cuestión sigue abierto. Por otra parte, el *Reichsgericht* y la doctrina han inventado dos nuevas bases jurídicas para la competencia de los tribunales civiles, que se han sucedido en el tiempo pero que tienen el mismo resultado práctico. Sin embargo, no son menos arbitrarias ni que las precedentes ni una de otra: hay cuestiones que son civiles por analogía (*kraft Analogie, kraft Parallelität*) y cuestiones civiles por tradición (*kraft Tradition*).[20] Esta segunda base jurídica fue concebida hacia fines de la década de 1920 y llegó a prevalecer definitivamente sobre la anterior hacia 1941.

La competencia de la jurisdicción civil para conocer asuntos derivados de la actividad del Estado o de otras personas jurídicas de derecho público *por analogía*, se debe a que la jurisprudencia ha reconocido que la verdadera naturaleza del asunto en cuestión no es de derecho civil sino de derecho público, y a la aceptación de la idea según la cual el derecho civil está mejor dotado para dar respuestas a estos problemas. Si, al principio, los tribunales civiles consideraron que se encontraban frente a asuntos de derecho civil, después, hacia principios de siglo, recurrir a la idea de la analogía solo pudo ser la consecuencia lógica y necesaria del reconocimiento de la naturaleza profundamente publicista de los asuntos de esta categoría.

La tradición como base de legitimación de la competencia de la jurisdicción civil en materia administrativa, aunque se remonta a 1919, no sustituyó a la analogía hasta 1941. Como criterio de competencia, ha sido criticado de ser arbitrario; pero hay que confesar que, como criterio, es más sincero que la analogía. El recurso a la idea de analogía para fundamentar una jurisdic-

---

[19] «En consecuencia, se entiende por litigio civil (*bürgerliche Rechtsstreitigkeit*) en el sentido de la §13 del Código de Organización Judicial (GVG) lo que los tribunales judiciales debían juzgar, ya sea según las concepciones jurídicas que estuvieran vigentes en el momento de la promulgación de la ley de organización judicial, o según las concepciones jurídicas de la ley posterior aplicable al caso «. E. FORSTHOFF, *ibid.*, texto tomado de la traducción por M. FROMONT, *op. cit.*, p. 192-193.

[20] *Kraft Überlieferung*. Ver E. KNOLL, Gutachten zum 41. Juristentag, *Das Verfahren zur Geltendmachung von Ansprüchen auf Ausgleich von Shäden, welche durch die Wahrnehmung von Hoheitsrechten enstanden sind*, 1955, I, p. 181 et seq.; P. LERCHE, *Ordentlicher Rechtsweg und Verwaltungsrechtsweg*, Berlin, Köln, Heymann, 1983, p. 65 et seq.; E. FORSTHOFF, *Lehrbuch des Verwaltungsrechts, op. cit.*, p. 116.

ción en realidad solo es el hábito jurídico de una voluntad muy concreta de conservar una determinada tradición jurídica en la distribución de las competencias jurisdiccionales. El Tribunal Federal de Casación (*Bundesgerichtshof*) persistió en la jurisprudencia del *Reichsgericht* según la cual son asuntos de derecho civil por tradición aquellos que el legislador ha querido como tales. Sin embargo, en lugar de recurrir a los instrumentos jurídicos de su predecesor, se apoyó en la costumbre, que existe según su opinión, así como en la larga práctica jurisdiccional.[21] El artículo 40 del VwGO del 21 de enero de 1960, a su vez, basa la jurisdicción de los tribunales en la naturaleza del derecho aplicable. Contra el concepto de litigio civil (*bürgerliche Rechtsstreitigkeit* según el par. 13 de la *Gerichtsverfassungsgesetz*), ha planteado el de «controversia de derecho público de naturaleza no constitucional» (*öffentlich-rechtliche Streitigkeit nicht verfassungsrechtlicher Art*). La nueva normativa ha sometido todas las controversias de derecho público (incluso con las reservas del art. 40 VwGO) a los tribunales administrativos.[22]

Si la teoría del *Fiskus* en su primera o segunda concepción pertenecen al pasado como fundamento de la competencia jurisdiccional, la idea misma de *Fiskus*, así como la actividad de derecho privado del Estado que compete a los tribunales judiciales constituyen derecho alemán vigente. «La administración del dominio público (*fiskalische Verwaltung*) es aquella que es ejercida por el *Fiskus*. Hoy en día se considera *Fiskus* al Estado o las demás personas de derecho público que se articulan en su seno (*öffentlich-rechtliche Verbände*) como persona jurídica de derecho privado (*Privatrechtsubjekt*). El Estado aparece aquí, para utilizar una imagen de Walter Jellinek, no de uniforme (*in Uniform*) sino de civil (*in Zivil*).»[23]

Según la teoría moderna del derecho administrativo alemán,[24] la administración pública se presenta en tres hipótesis: cuando el Estado u otra persona pública procura cosas que le son útiles o, de manera más general, procede a actos jurídicos que le son útiles para el funcionamiento de la administración (*Hilfsgeschäfte der Verwaltung*); cuando ejerce una actividad como contratista; y cuando ejerce la administración en formas de derecho privado, hipótesis conocida en el derecho alemán bajo el nombre de derecho administrativo privado (*Verwaltungsprivatrecht*). No se considera necesario un análisis jurídico profundo para probar que los actos de suministros, obras públicas, arrendamiento de inmuebles, destinados a satisfacer las necesidades de la administración pública, son actos regidos por el derecho privado. «En su calidad de comprador, arrendador o propietario, el Estado es una persona privada (*Privatmann*), por lo que los problemas que se derivan de ello son de derecho privado y no

---

[21]   Ver BGHZ 1, 369 3, 162. Ver también E. FORSTHOFF, *ibid.*, p. 116.
[22]   E. FORSTHOFF, *ibid.*, p. 117.
[23]   H. U. ERICHSEN, W. MARTENS, *Allgemeines Verwaltungsrecht, op. cit.*, p. 28.
[24]   Ver todos los manuales de derecho administrativo alemán contemporáneos, y especialmente: D. EHLERS, *Verwaltung in Privatrechtsform*, Berlin, Duncker und Humblot, 1984; V. EMMERICH, *Das Wirtschaftsrecht der öffentlichen Unternehmen*, Bad Homburg, Berlin, Zürich, Gehlen, 1969.

de derecho administrativo».[25] Esta posición doctrinal del derecho administrativo alemán moderno no puede ser más que el recuerdo de las teorías del *Fiscus* e incluso de una época en que el contrato como medio de administración no era en principio admitido.

Cabe señalar aquí que a partir de la entrada en vigor de la disposición del par. 54 VwVfG - que se combina con la del par. 40 al. 1 VwGO, según la cual todas las controversias de derecho público de carácter no constitucional son competencia de la jurisdicción administrativa-, será necesario examinar de nuevo si en cada caso se crea o no una relación de derecho público.[26] Dado que esta simple idea no es la de la doctrina publicista alemana moderna, es legítimo sostener que la excepción de la administración pública del ámbito del derecho administrativo se hace en adelante pura y simplemente *por tradición (kraft Tradition)*. En otras palabras, en el caso en cuestión, la opinión común constituye una base suficiente de supervivencia de la competencia de la jurisdicción civil para conocer determinados litigios resultantes de la actividad de la administración.

«La norma es diferente para los actos de gestión, es decir para aquellos que la administración realiza en calidad de gestor y de intendente de los servicios públicos y no como depositario de una parte de la soberanía. Las facultades que la administración ejerce en la realización de dichos actos no exceden, en general, de las que poseen los ciudadanos en virtud del derecho privado, o que pueden atribuirse mediante estipulaciones libremente consentidas».[27]

En los actos en gestión, «el interés público los motiva, pero el poder público no interviene en ellos».[28] Con esta enseñanza, E. Laferrière quiso señalar y describir el derecho de los actos de la administración pública y de la competencia de los tribunales administrativos hacia fines del siglo pasado.[29] La distinción entre «*actos de autoridad* « y «*actos de gestión* « servía a la jurispru-

---

[25] H. U. Erichsen, W. Martens, *Allgemeines Verwaltungsrecht, op. cit.*, p. 31. M. Zuleeg es crítico respecto a esta opinión, que, por otra parte, está muy extendida en el derecho alemán: según él, la doctrina que concierne a la actividad de derecho privado de la administración deberá revisarse tras la entrada en vigor de la *Verwaltungsverfahrensgesetz*, especialmente en el ámbito de los contratos que son útiles para el funcionamiento cotidiano de la administración *(Hilfsgeschäfte der Verwaltung)*: *Die Andwendungsbereiche des öffentlichen Rechts und des Privatrechts, Verw. Arch.* 73 (1982), p. 382 et seq., y en especial 401 et seq.

[26] Como da a entender M. Zuleeg, *ibid.*

[27] Escribió E. Laferrière, *Traité de la juridiction administrative et des recours contentieux*, I, *op. cit.*, p. 436.

[28] E. Laferrière, *Traité de la juridiction administrative et des recours contentieux*, 1ère éd., I, *op. cit.*, p. 437.

[29] Y agrega: «Los contratos celebrados por la administración para garantizar el funcionamiento de los servicios públicos y la ejecución de las obras de interés general, los actos realizados para la valorización de las propiedades públicas, los compromisos contraídos por el Estado o por las administraciones locales para sufragar las necesidades que tienen la misión de satisfacer, son actos de gestión; el interés público los motiva, pero el poder público no interviene». Esta es la mejor descripción posible de los *Hilfsgeschäfte der Verwaltung* del derecho alemán. «El contencioso de los actos de poder público es administrativo por naturaleza, el de los actos de gestión solo es administrativo por determinación de la ley»: E. Laferrière, *ibid.*, p. 436-437. Enseguida observa que la ley puede en efecto encargar al juez administrativo del contencioso derivado de los actos de gestión, teniendo como ejemplo principal los litigios del llamado Estado-deudor. Además, agrega que la

dencia y a la doctrina para circunscribir y así restringir la jurisdicción del Consejo de Estado,[30] que de otro modo sería demasiado amplia, dado que, según la legislación, dicho órgano era competente para conocer todos los litigios derivados de la actividad y del funcionamiento del poder ejecutivo. La generalidad de esta disposición sobre la que se basaba la competencia administrativa se oponía directamente a la convicción común,[31] por una parte, y a la jurisprudencia, por la otra, que dejaban amplios ámbitos de actividad administrativa a la jurisdicción civil.

Esta evolución guardaba relación con precedentes históricos y constituía la consecuencia lógica del carácter exorbitante de las disposiciones publicistas del derecho administrativo. Estas normas eran la novedad en el nuevo ordenamiento jurídico posterior a la Revolución y no el derecho privado, derecho de todos, incluida la administración.[32] Sin embargo, esta evolución también era, sin duda, la consecuencia era la consecuencia de una actitud concreta, frente al Estado, de los liberales de la época, «*del liberalismo entendido de una determinada manera*»,[33] según el cual es natural que la administración esté sujeta al mismo derecho y a la misma jurisdicción que las personas privadas. El siglo XIX es un período dominado por las ideas liberales inglesas y el *Rule of Law* tal como se ha explicado y entendido a través de las líneas de la obra clásica de A.V. Dicey, y cuyo elemento constitutivo es el sometimiento del

---

teoría del Estado-deudor no es útil en casos de actos de gestión del dominio privado del Estado. Así, según E. LAFERRIÈRE, la gestión del dominio privado nunca conduce a la jurisdicción administrativa. Esta posición absoluta, que en cierto modo es antinómica con respecto al resto del pensamiento del autor, más bien da testimonio de su esfuerzo por salvaguardar el principio liberal de la época según el cual el juez civil es el juez natural del contencioso de la propiedad privada.

[30] Según J. MOREAU, la distinción entre actos de autoridad y actos de gestión «*no deja de recordar a la teoría alemana del* Fiskus» (*Droit administratif, op. cit.*, p. 434). En sentido contrario, M. FROMONT, *La répartition des compétences entre les tribunaux civils et administratifs en droit allemand, op. cit.*, p. 162. Es necesario aceptar, sin embargo, que es muy difícil afirmar quién influyó en quién. Más bien se deberá decir que el desarrollo de estas ideas tuvo lugar de modo paralelo en ambos países.

[31] El período de 1830 a 1873 es muy difícil para el Consejo de Estado, que constituía una institución napoleónica. La tendencia de la jurisdicción civil de extender su ámbito de actividad es clara y la jurisdicción administrativa solo es competente para conocer el contencioso de los actos del Estado que son actos de autoridad. Ver de modo más analógico: J. MOREAU, *Droit administratif, op. cit.*, p. 433; CH. EISENMANN, *Cours de droit administratif*, I, *op. cit.*, p. 565 et seq., así como los estudios especiales de: R. CHAPUS, *Responsabilité publique et responsabilité privée, op. cit.*; J. CHEVALLIER, *L'élaboration historique du principe de répartition de la juridiction administrative et de la juridiction active*, Paris, LGDJ, 1970; H. F. KOECHLIN, *Compétence administrative et compétence judiciaire de 1800 à 1830*, thèse, Paris, Rousseau, 1950.

[32] Ver los análisis de CH. EISENMANN, *Cours de droit administratif*, I, *op. cit.*, p. 13 et seq. et 301 et seq.; M.S. GIANNINI, *Il potere pubblico, op. cit.*, p. 93.

[33] CH. EISENMANN, *Cours de droit administratif*, I, *op. cit.*, p. 566: «Un cierto liberalismo de esta época, muy difundido entre los juristas, el liberalismo del «Estado de derecho» (se dirá en Alemania *Rechtsstaat* o *Justizstaat*, siendo *Justiz* sinónimo de justicia judicial), considera que la aplicación del derecho privado a la Administración y a los particulares es la solución liberal, un postulado de doctrina, con el corolario, e incluso casi como elemento, de la sumisión de la Administración «justiciable» a la competencia de los tribunales ordinarios, los mismos que resuelven los litigios entre ciudadanos. Por lo tanto, cuando escriben esta fórmula: derecho especial, derecho público en la medida en que, solo en la medida en que la Administración está autorizada, los hombres de esta tendencia esperan reducir al mínimo posible la aplicación de este derecho especial.»

Estado al mismo derecho y a los mismos jueces que todo ciudadano.[34] Este movimiento legitimará al Consejo de Estado hasta después de 1872, y ello gradualmente, a medida que la Alta Jurisdicción Administrativa hará suyas estas ideas liberales, y que en compromiso con ellas, se reservará un lugar para sí misma en este sistema típicamente francés de dualidad de derechos y jurisdicciones. En efecto, la distinción entre actos de autoridad y actos de gestión significa que una parte de la actividad de la administración pública se rige por el derecho administrativo, entendido como el derecho público de la administración y cae dentro de la competencia de la jurisdicción administrativa, mientras que otra parte se rige por el derecho privado y entra en la competencia de la jurisdicción civil. Cuál de las partes es más importante es cuestión de criterio cuantitativo.[35]

«En esta época, en suma, la solución que aparece como de principio es la sumisión al derecho privado, a la ley general que aparece como el derecho común, y es solo en supuestos excepcionales, en la medida estrictamente necesaria, absolutamente inevitable, que se está dispuesto a consentir la aplicación de un derecho específicamente público.»[36] Dicho de otro modo, en el derecho francés como en el derecho alemán y a pesar de todas las diferencias históricas en sus respectivos desarrollos, el derecho privado y la jurisdicción civil (a menudo llamada «ordinaria») no solo no constituyeron la excepción, sino al contrario, han sido la norma al menos en las mismas condiciones que el derecho público y la jurisdicción administrativa.

Por otra parte, no hay que perder de vista la forma históricamente precisa en que se desarrolló la idea de Estado, así como el derecho público, como un conjunto de normas de carácter extraordinario, de excepción, que regulan su organización y su funcionamiento. Las teorías alemanas del *Fiskus* no fueron desarrolladas simplemente para tener un juez, aunque solo sea el juez civil, para los actos del Estado; y los actos de gestión no fueron objeto de atención simplemente porque así lo exigía el liberalismo de la época. También fue porque el juez civil y el derecho común son el juez del pasado y el derecho del pasado de los poderes públicos. Han existido antes que el juez administrativo y el derecho administrativo público, que, con diferencias de un país a otro y gradualmente, han podido separar, según los casos, una parte más grande o más pequeña, de jurisdicción y de derecho por su propia cuenta.

En esta fase, la diferencia esencial entre el derecho administrativo francés y el derecho administrativo alemán es que, en derecho francés, la claridad de la distinción entre actos de autoridad y actos de gestión, como fundamento del derecho aplicable y de la jurisdicción, ha sufrido excepciones importantes impuestas por la vía legislativa a favor de la jurisdicción administrativa y, por lo tanto, del derecho público. Estas intervenciones legislativas tenían como

---

[34] Ver en particular, S. Flogaitis, *Administrative Law et Droit Administratif, Paris*, LGDJ, 1986; S. Cassese, *Le basi del diritto amministrativo, op. cit.*, p. 39 et seq.

[35] Ch. Eisenmann, *Cours de droit administratif*, I, *op. cit.*, p. 59 et seq.

[36] *Ibid.*, p. 566.

objeto, al margen de los contratos a los que se hizo referencia anteriormente,[37] la norma según la cual la satisfacción de las deudas del Estado entraba en el ámbito de la competencia administrativa (Ley del 26 de septiembre de 1793). De esta disposición nació la teoría conocida bajo el nombre de «teoría del Estado deudor»[38]: cada vez que un acto administrativo del Estado resultaba en una deuda, el litigio se presentaba ante la jurisdicción administrativa, que tenía así la ocasión de crear un derecho de excepción, de derecho público. Por esta vía, una serie de litigios que surgieron normalmente de actos de gestión fueron llevados ante la jurisdicción administrativa, la jurisdicción del derecho de excepción. De esta manera, «gran parte del contencioso de los actos de gestión, la parte más importante desde el punto de vista cuantitativo, las relaciones contractuales, como mínimo, que desembocaban en condenas contractuales»[39] del Estado, fue desviada de su juez natural, en especial si se tuvieran en cuenta además las leyes de jurisdicción en materia de obras públicas, de suministros y de servicios, etc. Más tarde, la sistemática de Romieu bastó para extender la excepción a los organismos de la administración local.[40] La sentencia *Blanco* del Tribunal de lo Contencioso del 8 de febrero de 1873 más tarde fue considerada como la sentencia que dio inicio a una nueva era, caracterizada por el imperio de la noción de servicio público. De hecho, esta decisión constituye un paso importante porque, en lugar de referirse a la ley del 26 de septiembre de 1793, basó su considerando en el principio de las separación de los poderes y así racionalizó el sistema.[41]

Según la sentencia *Blanco*, la administración se rige por un derecho especial cuando actúa en calidad de servicio público.[42] Como propietaria de su dominio privado, sin embargo, en sus relaciones con los administrados, se

---

[37] Ver el Capítulo III.

[38] Sobre la teoría del Estado deudor, ver especialmente E. LAFERRIÈRE, *Traité de la juridiction administrative et des recours contentieux*, I, p. 437 et 625 et seq.; R. CHAPUS, *Responsabilité publique et responsabilité privée, op. cit.*, no 10, p. 29 et seq., no 26, p. 46 et seq., no 30 et seq., p. 49 et seq.; CH. EISENMANN, *Cours de droit administratif*, I, *op. cit.*, p. 58 et seq., y el estudio especial: A. MESTRE, *De l'autorité compétente pour déclarer l'Etat débiteur*, thèse, Paris, 1899.

[39] CH. EISENMANN, *ibid.*, p. 59.

[40] En la sentencia del C.E., del 6 de febrero de 1903, *Terrier*, p. 94, concl. Romieu, arriba citada. Ver también C.E., 4 de marzo de 1910, *Thérond*, arriba citada. Como lo observa de manera pertinente CH. EISENMANN, la solución propuesta por el Comisario de Gobierno Pichat en sus conclusiones fue adoptada, pero ni las consideraciones ni los principios sobre los que se basa esta solución son citados en ninguna parte del texto de la decisión. Esta es la razón por la que EISENMANN consideraba esta decisión como «carente de principio», una sentencia de especie. El caso de la sentencia *Thérond* es distinto, que contiene los grandes principios, aquellos que Romieu había desarrollado en sus conclusiones siete años antes: *Cours de droit administratif*, I, *op. cit.*, p. 61. Ver también T.C., 29 de febrero de 1908, *Feutry*, p. 208, concl. Teissier, *D.* 1908.3, p. 49, concl., *RDP*, 1908, p. 266, com. G. Jèze, *S.* 1908.3, p. 97, concl., com. M. Hauriou.

[41] Concl. David, *D.* 1873.3, p. 17, concl., *S.* 1873.3, p. 153 concl., *Grands Arrêts, op. cit.*, no 1. La sentencia *Blanco* en realidad fue descubierta mucho más tarde, y en particular, después de la publicación de las conclusiones de G. Teissier en la sentencia *Feutry* de 1908: R. CHAPUS, *Droit administratif général*, I, *op. cit.*, p. 593.

[42] Esta lectura de la sentencia *Blanco* es incorrecta, según la escuela de la autoridad pública. R. CHAPUS, *ibid.*, p. 593 et seq., y del mismo autor, *Responsabilité publique et responsabilité privée, op. cit.*, no 72 et seq., p. 85 et seq.

rige por el derecho privado. En la nueva era que se inaugura así, la jurisprudencia guardó intacta una excepción a favor del derecho privado: los contratos celebrados por la administración que son los mismos que se celebran entre particulares se rigen por el derecho privado, no obstante que su objetivo sea el funcionamiento de un servicio público.[43] Esta jurisprudencia, cuyas particularidades ya se han explicado anteriormente, tuvo que perder su carácter absoluto en 1921,[44] cuando se admitió que el servicio público no constituye en modo alguno un criterio determinante de un carácter de derecho público, a pesar de todo lo que los teóricos de esta escuela habían deseado; es decir, cuando se ha admitido la posibilidad de que un servicio esté completamente sujeto al derecho privado.[45]

Esta evolución constituye una desviación importante con respecto a la jurisprudencia y a la teoría de los actos de gestión, porque en este último supuesto, hay que juzgar cada acto individualmente para descubrir su verdadero carácter. En el caso de la nueva jurisprudencia, es el servicio en su entidad el que se sitúa en el ámbito del derecho privado, con la consecuencia de que los actos de derecho público de estos servicios solo constituyen una pura excepción. Lo importante de esta evolución, en lo que respecta a las necesidades de este estudio, es sobre todo que los contratos celebrados por el servicio público de esta categoría con los usuarios son, en principio, de derecho privado.[46] La sentencia *Société commerciale de l'Ouest africain* del Tribunal de lo Contencioso representa la consecuencia lógica de la otra sentencia del mismo Tribunal, *Société d'assurances Le Soleil*, del 4 de junio de 1910,[47] que ya había establecido correctamente la distinción entre gestión pública y gestión privada. La diferencia importante entre las dos fases es que en la enseñanza de Laferrière, la distinción se hace entre actos de diversas especies, mientras que ahora se trata de distinguir entre ámbitos.[48] En la jurisprudencia, esta distinción es invisible, puesto que, en efecto, la jurisprudencia se encuentra siempre y en todo caso ante actos concretos cuyo verdadero carácter debe descubrir cada vez.

En Grecia también se distingue entre dominio público y dominio privado del Estado, cada uno de los cuales se rige por reglas específicas. Aparte de los

---

[43]   Ver especialmente los análisis de CH. EISENMANN, *Cours de droit administratif*, tomo I, *op. cit.*, p. 567 et seq.

[44]   Con la sentencia del T.C., 22 de enero de 1921, *Société commerciale de l'Ouest africain*, p. 91, que fue seguida por la sentencia C.E., 23 de diciembre de 1921, *Société générale d'armement*, p. 1109, arriba citada.

[45]   Ver especialmente CH. EISENMANN, *Cours de droit administratif*, I, *op. cit.*, p. 143 et seq. et 574 et seq.

[46]   T.C., 4 de junio de 1910, *Compagnie d'assurances Le Soleil*, p. 466, concl. Feuillolay, *RDP*, 1910, p. 474, concl., com. G. Jèze. Como lo escribió muy característicamente R. CHAPUS, esta sentencia restauró la distinción entre gestión pública y gestión privada y en este sentido, constituye el antecedente de la sentencia *Société commerciale de l'Ouest africain*: *Droit administratif général*, I, *op. cit.*, no 902.

[47]   Ver también G. BRAIBANT, *Le droit administratif français*, *op. cit.*, p. 446 et seq.; J. MOREAU, *Droit administratif*, *op. cit.*, p. 448; J. RIVERO, *Droit administratif*, *op. cit.*, no 106 et 161 et seq., y más especialmente, P. DELVOLVÉ, *L'acte administratif*, Paris, Sirey, 1983, p. 63 et seq.

[48]   Véase supra, y más especialmente, entre otros, R. CHAPUS, *Droit administratif général*, I, *op. cit.*, no 910 et seq. (*Le contentieux des services publics industriels et commerciaux*).

bienes que no se enumeran exhaustivamente en el art. 966 del Código Civil griego y que están fuera del comercio ya que tienen el carácter de cosas públicas, todos los demás bienes de propiedad pública constituyen la propiedad privada del Estado.[49] El modo muy particular de formación y de extensión geográfica del Estado griego es la razón principal de la constitución de esta propiedad privada y, al mismo tiempo, explica la singularidad de determinados bienes del dominio público en el derecho griego.[50] Las cosas pertenecientes al dominio privado del Estado (*fiscus*) griego pueden ser objeto de gestión, venta, alquiler, concesión, etc. Un conjunto de disposiciones prevé y regula todos estos casos en detalle.[51]

Por otra parte, determinadas categorías particulares de bienes que, según el legislador y la naturaleza de las cosas, requieren una normativa particular han provocado la creación de disposiciones excepcionales: se trata especialmente de las minas,[52] canteras,[53] salinas, áreas de acuicultura, muelles de puertos pesqueros, fuentes termales. A estos bienes se pueden añadir las tierras públicas en nuevos países, los bienes legados (*vakoufs*) o intercambiados. Excepto por estos últimos bienes que son una curiosidad histórica de la realidad griega, todas las demás categorías citadas tienen una característica común que las diferencia de las otras cosas que pertenecen al dominio privado del Estado y que no debe escapar a la atención: ellas constituyen cosas de especial importancia para la riqueza pública y el desarrollo económico del país, razón en que se basan las disposiciones constitucionales específicas de protección y reglamentación.[54]. En principio, una cantera y cualquier terreno no tienen el mismo valor financiero para la satisfacción del interés público. Por ello, no solo la legislación sino también la jurisprudencia tratan estas categorías de cosas de una manera muy particular, como ya se ha podido constatar a través de la jurisprudencia del Consejo de Estado griego en el Capítulo II.

Los bienes que pertenecen al dominio público del Estado y de otras personas públicas quedan excluidos de todo comercio. Pero si se les transfiere al dominio privado del Estado (*fiscus*) por la vía especialmente prevista por la legislación, se convierten en propiedad privada del Estado y también pueden ser objeto de comercio. Por otra parte, todo acto de comercio sobre cosas del dominio privado del Estado está regido por una legislación especial, que protege al Estado (*fiscus*) colocándolo en una posición especial y de protección privilegiada en materia de derechos sustantivos y procesales.

---

[49] Por ejemplo P.D. DAGTOGLOU, *Droit administratif général, op. cit.,* p. 471 et seq.; A. GÉORGIADIS, *Manuel de droit réel,* vol. I (en griego) Athènes, 1980, p. 97 et seq., 105 et seq.; E. DORIS, *Le domaine public,* vol. I, (en griego), Athènes, Frères P. Sakkoulas, 1980.

[50] Como, por ejemplo, las tierras públicas en los llamados nuevos países (aquellos que han sido liberados después de 1912), los *vacoufs,* las tierras que son producto de un intercambio de propiedades entre Grecia y Turquía. Ver en detalle E. DORIS, *ibid.,* p. 407, 411, 412.

[51] En especial el decreto presidencial del 11/12 de noviembre de 1929 sobre *«l'administration du domaine public»,* según fue completada y enmendada después.

[52] Decreto legislativo 210/1973 *«Code des mines»,* enmendado por la ley 274/1976.

[53] Ley 669/1977 *«exploitation des carrières».*

[54] Esta es la razón por la que la ley 186/1914 creó un Tribunal Administrativo Especial.

Los contratos celebrados por el Estado (*fiscus*) griego como gestor de su dominio privado y que pueden interesar a este análisis son aquellos cuya duración va más allá del momento de su celebración; estos son los contratos de alquiler de cosas en los que la administración se presenta como propietario o como inquilino. Todas estas relaciones contractuales se rigen por una legislación especial. De ello se deduce que, en ningún caso, la administración griega procede pura y simplemente según las disposiciones de derecho civil, como cualquier otra persona privada. La administración está obligada a velar por la satisfacción del interés general incluso cuando actúa según las normas o formas del derecho privado. Esta legislación especial satisface las necesidades impuestas por la concepción griega del principio de legalidad,[55] y, mediante un conjunto de disposiciones de protección de la administración y de procedimiento, conduce a la administración a la satisfacción del interés público de una manera más segura para el interés general. En efecto, cuando la administración procede al alquiler uno de sus terrenos agrícolas o una mina, nunca actúa como cualquier otro particular; por ejemplo, ella no tiene derecho a realizar actos de libertad, puesto que el objetivo financiero que persigue se mezcla con otros objetivos más generales que constituyen todos ellos el interés público. Esta es la razón por la cual la administración está armada por la legislación, que la cubre con este conjunto de disposiciones protectoras o de excepción.

En general, el alquiler de terrenos pertenecientes al Estado griego[56] se hará por licitación y por un período inferior a los cinco años, aunque se prevean excepciones y diferenciaciones para una serie de casos; se solicitará el depósito de una garantía, para la participación en la licitación relativa a un contrato cuya duración abarque un período de varios años, así como para la correcta ejecución de las estipulaciones del contrato. Las disposiciones en cuestión son de carácter no dispositivo y la solicitud de ofertas en la licitación se considera como un acto normativo de la administración. Varias disposiciones tienen por objeto proteger los derechos de la administración mediante métodos que constituyen un ejercicio del poder público: el arrendatario o garante que venda u ofrezca el terreno como garantía a un tercero, mientras que el terreno ya ha sido objeto de una garantía ofrecida a la administración cocontratante, puede ser procesado penalmente según el art. 386 del Código Penal (C.P.) griego; por otra parte, el arrendatario no tiene derecho a solicitar una reducción del alquiler por haber sufrido pérdidas imprevistas por una causa fortuita que tenga lugar después de otorgado el contrato de la licitación.

El arrendatario deberá pagar una multa por todo incumplimiento de las estipulaciones contractuales, y esta multa la impone directamente la administración, independientemente de toda otra consecuencia jurídica especial. Esta

---

[55] Teniendo en cuenta, por otra parte, que, según el art. 83 del Decreto legislativo (D.L.) 321/17/18 de octubre de 1969, «*Code des finances publiques*», los contratos que dan origen a obligaciones para el Estado no pueden ser estipulados cuando no han sido previstos mediante disposiciones generales o especiales.

[56] Art. 30 et seq., D.L. «*administration du domaine public*», *ibid.*, p. 74 et seq.

multa se cobra como ingreso público. Se acepta que la rescisión del contrato por sola decisión de la administración por incumplimiento de su cocontratante da origen a un litigio de derecho privado, según la jurisprudencia del Consejo de Estado griego. Sin embargo, todo litigio que se derive de la imposición de una multa es competencia de los tribunales administrativos, que se deben pronunciar según las normas de la jurisdicción contencioso administrativa de plena jurisdicción, en aplicación de la ley 1406/1983. Lo mismo se aplica a cualquier incumplimiento de las obligaciones del arrendatario, que además tiene una responsabilidad especial hacia el Estado (*fiscus*); la indemnización resultante se decidirá por la vía administrativa y constituirá un título de ejecución forzosa. Independientemente de toda otra consecuencia, por vía administrativa se descontará de la garantía depositada por el arrendatario el importe de la multa impuesta cada vez que el arrendatario no respete las estipulaciones u otras condiciones del contrato, de la licitación o de la ley relativa al alquiler de los terrenos propiedad del Estado; esta decisión también constituye un título de ejecución forzosa. Si, posteriormente, el Estado no puede obtener el mismo alquiler, la diferencia se declara administrativamente y se cobra también como ingreso público. Por otra parte, el garante de estas estipulaciones está privado de toda objeción particular prevista por el derecho civil. Por último, cuando la administración necesite su terreno o invoque razones de interés general y desee deshacerse de su cocontratante antes del vencimiento del contrato, el arrendatario no tendrá derecho a ninguna indemnización y la administración desconocerá cualquier derecho concedido por el arrendatario a un tercero. Se hace evidente que esta legislación no solo es rica en disposiciones exorbitantes del derecho común y protectoras del Estado (*fiscus*), sino, lo que es más, incorpora donde sea posible, en el funcionamiento de estos contratos, el recurso a métodos de ejercicio del poder público.

Cuando el Estado (*fiscus*) desea instalar cualquier parte de un servicio público, tiene, según el decreto presidencial del 18/19 de febrero de 1932, dos posibilidades: o bien construir o renovar y equipar un inmueble que le pertenezca, o alquilar un inmueble que pertenezca a un particular. El Estado (*fiscus*) encuentra este inmueble, en principio, mediante una licitación, cuyo procedimiento se rige especialmente por la legislación. Los participantes particulares deben depositar una garantía en favor del Estado (*fiscus*). Si el propietario no respeta la fecha límite para firmar el contrato de alquiler, la adjudicación se considera nula y sin efecto y se pierde la garantía a favor de la administración, que se cobra como ingreso público. El propietario debe ceder su inmueble en condición y de conformidad con las estipulaciones de la licitación puesto que, en caso contrario, el Estado (fiscus) podrá anular el alquiler en forma unilateral y cobrar la garantía como ingreso público. Por otra parte, la administración puede proceder de inmediato y sin nueva licitación a la ocupación del primer terreno ofrecido, para satisfacer sus necesidades; el propietario adjudicatario debe pagar una indemnización por el mal estado del inmueble, pero también la diferencia de alquiler. Esta suma la cobra el Estado como ingreso público.

El interés general también se satisface en el momento de la rescisión de estos contratos. Es posible que, durante la ejecución del contrato de alquiler, la administración decida no hacer funcionar el servicio público en cuestión, organizarlo de una manera para la cual el inmueble no será apropiado, o trasladar el servicio a otro inmueble propiedad del Estado o que le haya sido cedido gratuitamente. En todos estos casos, el Estado (*fiscus*) puede decidir dentro del marco de un procedimiento especial especialmente previsto por la ley y proceder a terminar el contrato unilateralmente, sin ninguna obligación, ya sea de indemnización o de otro tipo, con respecto a su cocontratante. Además, el Estado (*fiscus*) puede instalar en el inmueble alquilado cualquier otro servicio público que considere necesario para sus propias necesidades, y cuando se trate de una escuela, la duración del contrato que haya expirado se prolongará obligatoriamente para el cocontratante hasta el fin del año escolar. Por otra parte, el Estado (*fiscus*) no tiene obligación de indemnizar por los perjuicios causados por la utilización normal del inmueble, siendo el concepto de normalidad entendido de una manera más general que para los contratos celebrados entre particulares. Se observa, pues, que la reglamentación de los contratos de alquiler de inmuebles por el Estado (*fiscus*) es paralela a la de los contratos de alquiler a particulares de inmuebles propiedad del Estado (*fiscus*). La característica principal de todas estas hipótesis son las cláusulas exorbitantes del derecho común, con el fin de garantizar la satisfacción de las necesidades de interés general, incluso sin perjuicio de los métodos de recurso a la ejecución administrativa forzosa.

Todos los litigios derivados de esta normativa siempre han sido considerados por la jurisprudencia griega como de derecho privado, resultado de la ejecución de contratos de derecho privado. La jurisprudencia de la jurisdicción civil ha aplicado sin problemas y desde siempre a estos contratos el derecho privado, en el que se ha englobado armoniosamente esta reglamentación excepcional. No tenía ninguna razón para establecer o desarrollar criterios de categorización de estos contratos como de derecho privado: en efecto, su jurisdicción en tanto que juez contencioso-administrativo de plena jurisdicción hasta 1984 no le obligaba a hacerlo. La jurisprudencia civil en este ámbito es muy rica.[57] Por el contrario, la jurisprudencia del Consejo de Estado griego no es tan rica, por la simple razón de que hasta hace muy poco era un juez de anulación; por lo tanto, su jurisprudencia en este ámbito solo se refiere a la teoría de los actos separables. La característica principal de esta jurisprudencia administrativa es que, cuando, según el Consejo de Estado, se trata de un contrato administrativo, el Tribunal de Justicia menciona los criterios que le obligan a tal consideración, pero cuando, por el contrario, el Consejo de Estado considera que está en presencia de un contrato de derecho privado, no se da ningún criterio. Esta actitud es fácilmente explicable, ya que, en efecto,

---

[57] Por ejemplo, Tribunal de primera instancia de Salónica, 1205/1989, *Arménopoulos*, 1990, p. 11; Tribunal de Casación, Ass., 927/1982, *NoB*, 1983, p. 214; Tribunal de Casación 939/1984, *EEN*, 1983, p. 592; Tribunal de Casación, 34/1979, *NoB*, 1979, p. 959, etc.

en el pensamiento del juez, el contrato administrativo solo constituye una excepción cuya existencia debe probarse.[58]

Con motivo de un contrato de alquiler a un particular de una mina que pertenecía al Estado (*fiscus*), el Consejo de Estado griego (ass.) decidió en la sentencia 695/1930, que «en caso de contratos entre el Estado (*fiscus*) y particulares, los actos adoptados por la administración no constituyen actos ejecutorios de la administración según la noción dada por el art. 46 de la ley 3713, que solo pueden ser impugnados por la vía del recurso por abuso de poder, pero de carácter puramente civil, y solo la jurisdicción civil es competente para conocer de los litigios que de ello se deriven».

Es evidente que esta decisión, a pesar de la generalidad de sus términos, solo se refiere a los contratos de derecho privado de la administración. Es importante observar que, no obstante su manera categórica de expresarse, el Consejo de Estado no hace explícitas las consideraciones que sirvieron de base a su juicio. Según la decisión CE(h) ass. 855/1931, el alquiler de un terreno municipal a un particular constituye un contrato de derecho privado, porque, según el Tribunal, el acto de la administración era una forma de ejercer derechos que son de naturaleza civil. También se consideró que la posibilidad de alquilar, según la ley 711/1977, autobuses turísticos para transportar a los soldados que estén de permiso y que no tengan derecho al transporte público pagado por el Estado, se refiere a un caso de contrato estipulado según los términos del derecho público «y no según un procedimiento administrativo especial establecido por normas de derecho público.»[59] Se trata también de un contrato de derecho privado que es competencia de la jurisdicción civil, cuando el personal de la Fundación Nacional de Protección de los Sordomudos es empleado, en ejecución del decreto Real 703/1973, mediante contrato de derecho privado y puede ser destituido por decisión del Comité Ejecutivo de conformidad con las disposiciones del derecho laboral (derecho privado).[60] Estos principios también son consagrados por la sentencia CE(h) 924/1982, que, aunque no se refiere a un contrato, expone los criterios que determinan como de derecho privado un litigio que nace de la actividad de la administración.

En virtud de una decisión de la administración, los derechos de propiedad del Estado (*fiscus*) sobre un determinado dominio fueron reconocidos, siguiendo el procedimiento previsto por la ley. Según el Consejo de Estado griego, las apariencias del acto administrativo no bastan para que una decisión de la administración tenga el carácter de acto administrativo que dé lugar a un contencioso administrativo; solo el acto de la administración que persigue un fin público puede provocar la competencia de la jurisdicción administrativa. Con este constructo, el Tribunal intenta de hecho afirmar lo contrario,

---

[58] Aquí es interesante mencionar que según la sentencia del Consejo de Estado griego 2236/1993 los contratos de alquiler de inmuebles por el Estado para albergar los servicios públicos son administrativos, aunque el mismo Tribunal decidió lo contrario en su sentencia 120/1994.

[59] C.E.(g), 495/1980.

[60] C.E.(g), 1535/1984.

es decir, que el acto de la administración que persigue un fin privado no es impugnable por la vía del recurso por abuso de poder. En efecto, la persecución de un fin público no puede ser un criterio completo y satisfactorio para determinar el acto administrativo. «Los otros actos administrativos unilaterales, privados de este criterio funcional que se sitúan en un conjunto de relaciones regidas por el derecho privado dan lugar a litigios sometidos, según la Constitución, a la competencia general de la jurisdicción civil, debido a un derecho privado lesionado»; dado que, según el Tribunal, el acto de la administración en cuestión pertenecía a esta categoría, el recurso por abuso de poder fue desestimado por no ser admisible.

El estudio de la legislación y la jurisprudencia relativas al menos a los alquileres de inmuebles públicos o de inmuebles privados al Estado *(fiscus)*, muestra que el ordenamiento jurídico griego no desea que estas relaciones se regulen según las mismas disposiciones que rigen para los particulares; se hace evidente que esta legislación está llena de privilegios especiales del Estado *(fiscus)* y de cláusulas de ejercicio del poder público. Por otra parte, es cierto que la convicción común de la doctrina y de la jurisprudencia griegas, que en cualquier caso se trata de contratos de derecho privado, supera cualquier criterio. Esta convicción se basa en un prejuicio según el cual los contratos en cuestión son de derecho privado, bien porque se trata de actos del *Fiskus* (según la enseñanza de la doctrina alemana), o bien porque se trata de actos de gestión privada (según la enseñanza de la doctrina francesa).

Sería posible sostener que esta convicción del juez es la repetición de la antigua jurisprudencia francesa según la cual los contratos que se refieren a la gestión del dominio privado del Estado son, independientemente de cualquier otro criterio, contratos de derecho privado a causa de su objeto. Sin embargo, esta jurisprudencia fue abandonada en su país natal, donde hoy en día se acepta que la presencia de cláusulas exorbitantes del derecho común puede colorearlos, también, como contratos administrativos.[61] Del análisis de las disposiciones del derecho griego se desprende que en contratos de este tipo no podrían producirse desviaciones más importantes del derecho común. Así pues, cabría preguntarse legítimamente por qué el recurso de la administración a este tipo de cláusulas y métodos conduce a la jurisprudencia griega a la consideración de que los contratos, por ejemplo, de obras públicas, son administrativos «por su propia naturaleza», mientras que no la lleva la misma consideración en el caso de los ejemplos estudiados en este capítulo.

Las mismas consideraciones y los mismos análisis valen, según todo lo que ya se ha analizado, a propósito de los contratos de alquiler de inmuebles propiedad del Estado *(fiscus)* por particulares. Por el contrario, estas no cubren otros casos, como por ejemplo como el mencionado en relación con los contra-

---

[61]   C.E., 17 de diciembre de 1954, *Grosy*, p. 674, *D.* 1956, p. 527, concl. M. Rougevin Baville; C.E., 20 de enero de1980, *Ville de Paris*, p. 55. Ver, entre otros, R. Chapus, *Droit administratif général*, I, *op. cit.*, p. 606 et seq., y aquí, el Capítulo III.

tos de trabajo del personal contratado por la Fundación Nacional de Protección de los Sordomudos, o el de la ley 711/1977 relativo a los contratos de alquiler de autobuses turísticos para efectuar un transporte de soldados. En efecto, solo la existencia de una relación jurídica de derecho privado puede determinar el verdadero carácter de derecho privado de un contrato. La fácil caracterización de estos casos por la doctrina y la jurisprudencia griegas demuestra o bien que estos contratos son aceptados como de derecho privado *por tradición* (*kraft Tradition*, como dirían los alemanes), o bien, por el contrario, otros contratos se aceptan como de derecho público, *por tradición*.

En el marco de los contratos de derecho privado de la administración se plantean dos preguntas: por una parte, saber si la administración que actúa según normas de derecho privado está obligada a respetar las disposiciones constitucionales y, en especial, las relativas a las libertades públicas; y, por otra parte, saber si la administración, ya actúe según normas de derecho público o de derecho privado, dispone del derecho, de la libertad, de elegir sus medios de acción, es decir, de derecho público o de derecho privado. Esta segunda pregunta plantea el problema de la libertad de la administración para elegir los medios para alcanzar sus objetivos o para obtener el resultado deseado, en otras palabras, para retomar la expresión tradicional alemana, saber si la administración tiene la libertad de escoger la forma adecuada *(Formenwahlfreiheit)*.[62] Los dos problemas, que han sido planteados especialmente por la doctrina y la jurisprudencia alemanas, son aplicables a todos los ordenamientos jurídicos.

El deber de la administración, ya actúe como persona jurídica de derecho privada o como persona jurídica de derecho público pero mediante actos de derechos privado, de respetar las libertades públicas protegidas constitucionalmente (tema conocido en el derecho alemán bajo el nombre de «aplicación de las libertades públicas en materia de actividad privada de la administración», *Fiskalgeltung der Grundrechte*), hoy en día es aceptado generalmente por la ciencia alemana del derecho público,[63] lo que debe considerarse válido para

---

[62] La *Freiheit der Formenwahl*. Ver especialmente, aparte de los manuales de derecho administrativo alemán: E. SCHMIDT ASSMANN, W. KREBS, *Rechtsfragen baurechtlicher Verträge, op. cit.*, p. 80 y especialmente 81 et seq.; D. EHLERS, *Verwaltung in Privatrechtsform*, Berlin, Duncker und Humblot, 1984, p. 64 et seq., y del mismo autor, *Rechtsstaatliche und prozessuale Probleme des Verwaltungsprivatrechts*, *DVBl*, 1983, p. 422 et seq.; CHR. PESTALOZZA, «*Formenmißbrauch» des Staates*, München, Beck, 1973, p. 166 et seq.; V. ZEZSCHWITZ, *Rechtsstaatliche und prozessuale Probleme des Verwaltungsprivatrechts*, *NJW*, 1983, p. 1873 et seq.; M. ZULEEG, *Die Andwendungsbereiche des öffentlichen Rechts und des Privatrechts, op. cit.*; B. KEMPEN, *Die Formenwahlfreiheit der Verwaltung, Die öffentliche Verwaltung zwischen öffentlichem und privatem Recht*, München, Franz Vahlen, 1989. Entre los manuales de derecho administrativo alemán, los estudios más completos son los de H. FABER, *Verwaltungsrecht*, 2e éd., Tübingen, J.C.B. Mohr (P. Siebeck), 1989, p. 139, según el cual, esta teoría apareció en 1875 (p. 139).

[63] Ver H. U. ERICHSEN, W. MARTENS, *Allgemeines Verwaltungsrecht, op. cit.*, p. 30 et seq. et 360 et seq.; V. EMMERICH, *Das Wirtschaftsrecht der öffentlichen Unternehmen, op. cit.*, p. 120 et seq.; D. EHLERS, *Verwaltung in Privatrechtsform, op. cit.*, p. 78 et seq.; E. SCHMIDT-ASSMANN, W. KREBS, *Rechtsfragen baurechtlicher Verträge, op. cit.*, p. 88 et seq. *Contra*: H.J. WOLFF, O. BACHOF, *Verwaltungsrecht*, p. 106, según los cuales la *fiskalische Verwaltung* no estaba obligada a respetar las disposiciones constitucionales de las libertades públicas. Ver también la posición diferenciada de G. PÜTTNER, *Die öffentlichen Unternehmen*, 2e éd., Bad Homburg, Berlin, Zürich, Gehlen, 1985.

los tres ordenamientos jurídicos en cuestión. En efecto, cuando la Constitución no prevé expresamente la aplicación de las libertades públicas solo al Estado-poder público, y precisamente porque no se hace ninguna distinción, hay que aceptar que por «administración» se debe comprender a la persona pública, cualquiera sea la forma en la que aparece y actúa.[64] Por otra parte, la opinión contraria[65] conduciría a liberar a los poderes públicos de sus deberes fundamentales con respecto a los administrados; de hecho, la utilización de las formas del derecho privado para eludir sus deberes equivaldría a una utilización abusiva de forma *(Formenmißbrauch)* que sería inconstitucional.[66] Por último, se ha observado con razón[67] que la administración que actúa bajo formas de derecho privado está obligada a respetar los derechos fundamentales *al menos* de la misma manera que los particulares (doctrina conocida como *Drittwirkung der Grundrechte*): si se acepta la validez de esta teoría para las relaciones jurídicas entre particulares, debe ser aceptada *a fortiori* como aplicable en las relaciones que nacen entre los particulares y la administración que actúa en derecho privado.

La aceptación de la aplicación de los derechos fundamentales a la administración que actúa como cualquier particular tiene como ámbito de elección la actividad contractual de la administración, dado que el contrato es precisamente el medio jurídico principal que la administración utiliza cuando no actúa como expresión del poder público. Este principio cubre tanto el permiso para utilizar el procedimiento contractual como el contenido del contrato.[68] En cuanto a este último punto, una serie de hipótesis pueden ser objeto de análisis, que dependen de cada ordenamiento jurídico. Sin embargo, en lo que concierne a la permisibilidad del contrato, el problema se une a la cuestión más general de la posibilidad de que la administración pueda elegir libremente los medios para alcanzar sus objetivos.

---

[64] Ver más particularmente E. Schmidt-Assmann, W. Krebs, *Rechtsfragen baurechtlicher Verträge, op. cit.*, p. 88 89; J. Pietzcker, *Der Staatsauftrag als Instrument des Verwaltungshandelns, Recht und Praxis der Beschaffungsverträge in den Vereinigten Staaten von Amerika und der Bundesrepublik Deutschland*, Tübingen, J.C.B. Mohr (P. Siebeck), 1978, y del mismo autor, *Rechtsbindungen der Vergabe öffentlicher Aufträge, AöR*, 1982, p. 61 et seq. y especialmente 71 et seq.; H. U. Erichsen, *Staatsrecht und Verfassungsgerichtsbarkeit*, I, 3e éd., Frankfurt, Athenaeum, 1982.

[65] Según Chr. Gusy, *Die Bindung privatrechtlichen Vertragshandelns an das öffentliche Recht, DöV*, 1984, p. 872 et seq. especialmente 875 et seq., los contratos administrativos son actividades administrativas neutrales con respecto a las libertades públicas *(grundrechtsneutrale Handlungen)*. Pero, como lo observan con pertinencia E. Schmidt-Assmann y W. Krebs, Gusy ignora que los contratos pueden tener una acción indirecta *(Drittwirkung)* sobre el ámbito de las libertades públicas *(Rechtsfragen baurechtlicher Verträge, op. cit.*, p. 89, cit. 91).

[66] Según el término desarrollado por Chr. Pestalozza, *«Formenmißbrauch» des Staates, op. cit.* Una sentencia muy interesante en derecho francés es la C.E., 8 de febrero de1991, *Rec.* n. 57679, *Région Midi-Pyrénées c. Syndicat de l'architecture de la Haute-Garonne et a., J.C.P.*, 1991, éd. G.

[67] Ver en más detalle V. Emmerich, *Das Wirtschaftsrecht der öffentlichen Unternemhen, op. cit.*, p. 120 et seq.

[68] Para un análisis detallado de este tipo: E. Schmidt-Assmann, W. Krebs, *Rechtsfragen baurechtlicher Verträge, op. cit.*, p. 89 et seq. Ver también los análisis especiales de D. Ehlers, *Verwaltung in Privatrechtsform, op. cit.*, p. 83 et seq. et 230 et seq.; V. Zezschwitz, *Rechtsstaatliche und prozessuale Probleme des Verwaltungsprivatrechts, op. cit.*, p. 1878 et seq.; J. Pietzcker, *Rechtsbindungen der Vergabe öffentlicher Aufträge, op. cit.*, p. 72 et seq.

Antes de analizar este importante problema, es necesario hacer una observación sobre la aplicación de las libertades públicas a la actividad de la administración que actúa bajo formas de derecho público o de derecho privado. El Tribunal Federal Constitucional *(Bundesverfassungsgericht)* ha admitido sobre la base de un razonamiento cuyo valor supera las fronteras de este país, que los derechos fundamentales no protegen en principio a las personas jurídicas de derecho público. Esta norma abarca también en su generalidad el principio de la autonomía privada *(Privatautonomie)*, que es protegido constitucionalmente en el derecho alemán: el Estado y las demás personas jurídicas que ejercen el poder público no gozan de esta facultad, incluso cuando actúan en el marco del derecho privado; el hecho de que, por sus actos, persigan directa o indirectamente objetivos de interés general no tiene importancia alguna.[69] Cabe señalar que esta doctrina no se contradice con la de que el Estado dispone de autonomía privada, cuyos límites y contenido están determinados por el fin del Estado; porque esta autonomía no tiene nada en común con la del derecho privado,[70] siendo cierto, sin embargo, que puede entenderse como una forma específica de autonomía privada cuyo contenido está determinado por el principio de legalidad.

La elección de la administración del contrato de derecho público o del contrato de derecho privado como medio para alcanzar sus objetivos constituye un caso específico de aplicación de la cuestión más amplia que es la de saber si la administración tiene la libertad de elegir entre el derecho público y el derecho privado en el cumplimiento de sus deberes. Esta importante cuestión fue llevada al conocimiento del Tribunal Federal de Casación *(Bundesgerichtshof)*, que se ha pronunciado a favor de la libertad de la administración de elegir la forma que le parezca más adecuada para alcanzar sus objetivos, a condición de que no existan normas jurídicas contrarias.[71] Esta jurisprudencia refleja perfectamente el concepto alemán del principio de legalidad. El límite máximo de esta posibilidad de que dispone la administración es la prohibición de la utilización abusiva de forma *(Formenmißbrauch)*.[72]

---

[69] BVerfGE 23, 253 (372).25,198 (205).26,228 (244), BVerfGE, *NJW* 1980, p. 1093, *DVBl.* 1982, p. 940 et seq.; H. BETHGE, *Zur Problematik von Grundrechtskollisionen*, München, Beck, 1977, p. 36 et seq., y del mismo autor, *Grundrechtsträgerschaft juristischer Personen, Zur Rechtssprechung des Bundesverfassungsgerichts*, AöR, 1979, p. 86 et seq.; D. EHLERS, *Verwaltung in Privatrechtsform, op. cit.*, p. 79 et seq. et 83 et seq.

[70] Conclusiones muy particulares, cuya lógica no puede aceptarse, son extraídas por B. KEMPEN, *Die Formenwahlfreiheit der Verwaltung, op. cit.*, p. 70 et seq. Tiene como punto de partida la posición según la cual las personas públicas no están protegidas por las libertades públicas. A partir de esta posición concluye que la capacidad general de la persona jurídica de asumir obligaciones y derechos es el resultado de la libertad general de actuar *(allgemeine Handlungsfreiheit)* del art. 21 GG, que protege libertad de actuar o no actuar, según la voluntad de la persona. Como el Estado y las demás personas públicas no gozan de esta garantía, KEMPEN considera que no tienen esta capacidad general completa *(generelle Vollrechtsfähigkeit)*: «Sin la libertad garantizada constitucionalmente, la capacidad jurídica completa es inconcebible» *(ibid.,* p. 72). Por último, concluye que el *Fiscus* carece de capacidad jurídica general.

[71] BGH du 7.2.1985, *DVBl.* 1985, p. 793 et seq.

[72] Cuya definición y aislamiento no siempre son fáciles, como lo observa CHR. PESTALOZZA, *Formenmißbrauch des Staates, op. cit.*, p. 9 et seq.

Es verdad que esta problemática es de mayor importancia en los casos en que la administración debe elegir entre acto unilateral y contrato, que en los casos en que se trata de elegir entre contrato de derecho público y contrato de derecho privado. En efecto, cuando la administración firma un contrato, es muy raro que declare su intención de celebrar un contrato de derecho público o de derecho privado. La administración actuará de la manera que le sea permitida, y más tarde serán el juez o la doctrina los llamados a calificar el contrato en cuestión.[73] En cuanto al administrado, este se interesa muy raramente, si no nunca, por elegir de antemano la jurisdicción administrativa o la jurisdicción ordinaria, para los litigios que eventualmente resultarán de la ejecución del contrato. Sin embargo, la cuestión de si la administración está libre de elegir entre contrato de derecho público y el contrato de derecho administrativo sigue abierta. En otras palabras, ¿es posible que el Estado elija según su voluntad actuar como poder público o como persona privada *(Fiskus)*?

Esta pregunta no se planteó en el derecho administrativo francés, ya que este se refiere más bien al derecho que rige los actos de la administración que a la naturaleza jurídica de la propia administración en general. Tampoco se ha presentado nunca en el derecho administrativo griego. Si se trata de un problema estudiado especialmente por el derecho administrativo alemán, esto es la consecuencia del pasado de este sistema jurídico y de la administración pública alemana.[74] Este pasado es muy importante sobre todo para la actividad contractual de la administración. Dado que la doctrina no reconocía a la administración la posibilidad de celebrar contratos de derecho público, y que, sin embargo, la administración no vacilaba en recurrir a esta forma de acción en la práctica, la doctrina y la realidad se encontraban en posiciones opuestas; una sola conclusión podía a la vez salvar la doctrina y reconocer la realidad: estos contratos solo podrían ser de derecho privado.[75] Por otra parte, esta solución tenía sus raíces en el pasado: siempre se había admitido que la administración como *Fiskus* podía comportarse en derecho como cualquier otro particular, y por lo tanto, adquirir derechos o aceptar obligaciones por la vía contractual. Ahora que ya no se trataba de *Fiskus*-persona jurídica distinta del Estado, sino del mismo Estado que podía actuar bajo dos formas diferentes, de

---

[73] Ver más particularmente los análisis de E. Schmidt Assmann, W. Krebs, *Rechtsfragen baurechtlicher Verträge, op. cit.*, p. 102 et seq.

[74] Ver también D. Ehlers, *Verwaltung in Privatrechtsform, op. cit.*, p. 66 et seq.

[75] La posibilidad de la Administración de elegir una forma de acción según el derecho público o el derecho privado ha sido caracterizada felizmente como «compromiso entre la tradición y la mejor comprensión posible»: ver W. Bosse, *Der subordinationsrechtliche Verwaltungsvertrag als Handlungsform öffentlicher Verwaltung*, Berlin, Duncker und Humblot, 1974, p. 24 et seq. Por otra parte, se ha podido sostener que esta posibilidad de elección se debía principalmente a la incapacidad del derecho público de ofrecer instrumentos de comprensión y regulaciones para ciertas materias y situaciones fácilmente comprensibles y regulables, en cambio, por el derecho privado. Ver O. Bachof, *Die Dogmatik des Verwaltungsrechts von der Gegenwartsaufgaben der Verwaltung, VVDStRL*, 1972, p. 193 et seq., y en particular p. 212 et seq.; W. Brohm, *Die Dogmatik des Verwaltungsrechts von der Gegenwartsaufgaben der Verwaltung, VVDStRL*, 1972, p. 245 et seq., y en especial p. 253 et seq.; F. Ossenbühl, *Daseinsvorsorge und Verwaltungsprivatrecht, DöV*, 1971, p. 513 et seq., y sobre todo p. 515 et seq.

derecho público, por un lado, de derecho privado por el otro, era también el Estado el que legalmente actuaba en derecho privado. En realidad, la doctrina (la *Dogmatik*) imponía su lógica procrustiana a la realidad. El problema corre el riesgo de eternizarse, en la medida en que la doctrina administrativista alemana sigue estudiando el contrato administrativo en el marco de la enseñanza del pasado.

Si esta cuestión no es la del derecho administrativo francés, ello se explica también por la manera típicamente francesa de concebir el principio de legalidad. En el derecho administrativo francés, y sobre todo en el derecho administrativo griego, según el principio de legalidad generalmente aceptado, la administración solo puede actuar en función de una habilitación de una norma de derecho. Nunca se ha sostenido que este principio de legalidad abarque únicamente la actividad del Estado-poder público y no del Estado que se comporta como un particular. Por el contrario, se supone de manera muy general que el principio de legalidad abarca la actividad de la administración en su conjunto.

Por otra parte, hay que recordar que la concepción alemana del principio de legalidad deja un ámbito, por grande o pequeño que sea, a la actividad libre de la administración. Habrá que añadir el margen de maniobra que se deja a la administración en el ejercicio de su facultad discrecional,[76] pero esto vale para los tres ordenamientos jurídicos en cuestión. Además -y esta es una diferencia importante del derecho alemán -, habrá que añadir la posibilidad de que la administración, reconocida unánimemente por la doctrina alemana, pueda utilizar libremente el derecho privado para obtener, por vía contractual o de otro tipo, los bienes que necesita para garantizar el funcionamiento de los servicios públicos (*Hilfsgeschäfte der Verwaltung*). En efecto, se reconoce generalmente que los sectores de actividad de derecho privado de la administración (*fiskalische Handeln der Verwaltung*) son cuatro, a saber, el anterior, la contratación de empleados con una relación de trabajo de derecho privado, la actividad empresarial de la Administración y el llamado derecho administrativo privado (*Verwaltungsprivatrecht*), en el que la Administración adopta en apariencia la forma de una persona jurídica de derecho privado (en el ámbito del Estado social, *Daseinsvorsorge*). Por lo que se refiere a esta categoría de actos, no se puede contentar con el simple uso; por el contrario, la costumbre puede ser una base de legalidad, ya que constituye una de las fuentes de legalidad en el derecho administrativo alemán. Si es así, la posibilidad de que la administración pública alemana recurra a los expertos de derecho privado también está condicionada por el principio

---

[76] Sin embargo, este ejercicio de la facultad discrecional ha sido sometido tanto por la doctrina como por la jurisprudencia a normas racionales estrictas, con el fin de privarlo de toda posibilidad de acción arbitraria. Ver, entre otros, H.-U. ERICHSEN, W. MARTENS, *Allgemeines Verwaltungsrecht, op. cit.*, p. 208 et seq., donde se encuentra una bibliografía completa sobre el tema. Ver también R. ALEXY, *Ermessenfehler*, JZ, 1986, p. 701 et seq.; M. BULLINGER, *Das Ermessen der öffentlichen Verwaltung*, JZ, 1984, p. 1001; A. VON MUTIUS, *Unbestimmter Rechtsbegriff und Ermessen im Verwaltungsrecht*, Jura, 1987, p. 92 et seq.

de la legalidad. Este principio, por otra parte, no solo abarca el derecho sustantivo sino también el derecho procesal (aquí, no contencioso), tanto más que los dos se entrelazan hasta tal punto que a menudo es imposible separarlos. Por último, el principio de legalidad, tanto en derecho francés y en el griego como en el derecho alemán, no se interesa por la distinción de los derechos en privado y público y no la reconoce.

Hay que recordar aquí que el Estado, como todas las demás personas que expresan el poder público, tiene también un objetivo especial, por amplio que este sea, que solo puede realizar con los medios que se le permiten: esta la consecuencia inmediata del principio de competencia, aplicación directa del principio de legalidad. En derecho, no hay ninguna persona jurídica que no tenga un propósito especial. Solo las personas físicas tienen un propósito general, debido a la personalidad humana. Por consiguiente, la distinción que se hace entre personas jurídicas con fines generales y personas jurídicas con fines especiales solo puede basarse en una evaluación cuantitativa. La persona pública con el fin más general que se puede concebir en nuestra época, el Estado, también tiene un propósito especial, cuyo contenido está determinado por la Constitución y las demás fuentes de la legalidad de su acción. Así sería arbitrario sostener que el Estado puede libremente hacer en derecho privado todo lo que no puede hacer en derecho público. En derecho privado también está limitado por su finalidad especial, que está obligado a servir como cualquier otra persona pública.

Ahora bien, la única respuesta posible que se puede dar a la cuestión de si la administración tiene en la búsqueda de la satisfacción de sus objetivos la libertad de elegir entre contrato de derecho público y contrato de derecho privado, es que todo depende del principio de legalidad, tal como está formulado en el ordenamiento jurídico respectivo. En derecho francés, se han examinado ya varios casos en los que la ley ha determinado la naturaleza del contrato como de derecho público, concediendo al juez administrativo la competencia de conocer los litigios que de ello se derivan. La concepción francesa del principio de legalidad acepta esta posibilidad sin problemas, así como toda la jurisprudencia del Consejo de Estado que le aporte excepciones. En derecho griego, la disposición concreta sobre la que se basa cada vez la decisión de la administración de celebrar un contrato no le deja en principio margen ni libertad de decisión, si, evidentemente, se exceptúa el caso del poder discrecional. En la mayoría de los casos, la legislación no tiene ninguna razón para determinar *expressis verbis* el carácter público o privado del contrato; por otra parte, tal determinación correría a menudo el riesgo de ser inconstitucional, en un país como Grecia, donde la separación de las jurisdicciones civil y administrativa sobre la base de la naturaleza de la respectiva relación jurídica, está garantizada a nivel de la Constitución.

En los tres países examinados, la legislación, por su propia naturaleza, se reserva en principio establecer las condiciones que, en última instancia, guiarán, en su caso, al juez o a la doctrina en la interpretación de los textos y en el descubrimiento de la verdadera naturaleza del contrato, en función de la naturaleza y el carácter de la relación jurídica que cree. Por el contrario, la administración tiene márgenes de maniobra y de elección muy importantes, cuando los textos que prevén su competencia para celebrar el contrato no le imponen nada en cuanto a su contenido. En estos últimos casos, de hecho, tiene eventualmente la posibilidad, por las cláusulas que se estipularán y por el objeto de la regulación, de colorear el contrato como de derecho público o de derecho privado; sin embargo, en ambos casos, actuará según las normas del principio de legalidad.

CONCLUSIONES GENERALES

EL ANÁLISIS de los capítulos de esta obra muestran claramente los elementos que constituyeron sus hipótesis de trabajo. Se trata, en efecto, de una lectura de la doctrina y la jurisprudencia en materia de contratos administrativos, que ha querido reanudar el debate sobre la base de otro análisis de la jurisprudencia francesa, con la ayuda de otros sistemas jurídicos, el alemán y el griego.

En primer lugar, se ha demostrado que la jurisprudencia y la doctrina que se refieren a la organización y el funcionamiento de un servicio no deben confundirse con la jurisprudencia y la doctrina que se refieren a otros modos de actuación de la administración pública, como, por ejemplo, las obras públicas, los suministros, etc. Se entiende que la administración pública utiliza –según las modalidades previstas por las diversas legislaciones nacionales– el contrato para lograr sus objetivos. Sin embargo, aunque tenga como resultado crear alguna comunidad en las consecuencias jurídicas de todos los casos especiales de contratos, esta realidad no debe conducir a conclusiones arbitrarias ni a la confusión de los casos y de sus consecuencias jurídicas. *La transferencia e incluso la concesión de servicio público constituyen formas de participación en la organización y funcionamiento de un servicio público, elemento que solo se encuentra en este tipo de contrato. Así pues, se diferencian de los demás casos en los que la administración utiliza el contrato como medio de acción.* Precisamente por esta razón el contrato de servicio público ha reforzado tanto el carácter de acto unilateral y normativo de la administración, tanto más cuanto que en algunos ordenamientos jurídicos constituye claramente un acto unilateral de la administración.

En segundo lugar, ha quedado claro que, aparte del contrato de servicio público, los demás contratos administrativos del derecho francés deben este atributo más bien a la ley que a otros criterios, y que, en cualquier caso, constituyen una particularidad del derecho administrativo francés, tal como ha evolucionado a lo largo de los siglos. Se trata del ejemplo por excelencia, como ya lo ha escrito Jellinek, del caso en el que la ley sola basta para colorear una relación jurídica como relación de derecho público.

En tercer lugar, solo el carácter de una relación jurídica como relación de derecho público puede constituir una base sólida para la caracterización de un contrato estipulado por la administración pública, con la consiguiente competencia de la jurisdicción administrativa. Por otra parte, se entiende que la relación jurídica asume este carácter con la única condición de que lo permita el ordenamiento jurídico en su conjunto. *Así, las partes, en la medida en que lo permitan las fuentes de la legalidad de la acción administrativa, pueden en última instancia influenciar la competencia de las jurisdicciones judicial y administrativa, según el contenido que estas estipulen para el contrato que firman.* Pueden estipular una relación jurídica teñida de derecho civil o de derecho público, según su elección, y así clasificar su relación jurídica en el marco de una u otra jurisdicción. El fundamento de esta simple consideración queda también demostrado por la jurisprudencia francesa relativa a las cláusulas exorbitantes del derecho común.

Esta conclusión es especialmente importante en un país como Grecia, donde la división de las jurisdicciones y las competencias está prevista en la Constitución vigente, lo que, como consecuencia, ha dado lugar a una literatura jurídica y una jurisprudencia según las cuales la ley o el acto administrativo que caracterizarían una relación jurídica desviándose de la naturaleza verdadera e intrínseca de la relación en cuestión, quedarían viciados de inconstitucionalidad. La consecuencia es una especie de teología jurídica sobre la verdadera naturaleza, que está por encima de la voluntad humana.

La relación jurídica de derecho público puede crearse por contrato, al igual que puede basarse en un acto individual de la administración. El contrato es un sustituto del acto administrativo individual. En ambos casos se resuelve un acto particular. La particularidad del contrato de concesión de servicio público o, más generalmente, del contrato de servicio público, que consiste en el hecho de que contiene las cláusulas y las condiciones de funcionamiento de un servicio público, es decir, cláusulas de naturaleza reglamentaria, no puede evitar esta conclusión, de acuerdo con lo que ya se ha analizado.

En cuarto lugar, la relación jurídica de derecho público debe existir realmente, a la vista de los datos jurídicos de cada caso. Por otra parte, es posible que esta relación haya nacido y regule las relaciones de dos personas jurídicas de derecho privado o incluso de dos particulares, si las fuentes de la legalidad lo permiten. Por otra parte, es posible que no exista tal relación de derecho público, aunque una o varias partes sean una persona jurídica de derecho público. La enseñanza de las relaciones jurídicas encuentra en el ámbito de los contratos de la administración su mejor realización.

Por último, los prejuicios jurídicos o los axiomas reiterados por costumbre no deben conducir a conclusiones fáciles pero privadas de base sólida, como puede ser el caso – según los ordenamientos jurídicos – para los contratos que se consideran de derecho privado porque aquí se consideran como actos de un **Fiskus**, *y allí como actos de gestión.*

RESÚMENES

El presente estudio del contrato administrativo, que se ocupa en paralelo de los derechos francés, alemán y griego, no tiene como objetivo en sí mismo la comparación. El método comparativo solo se utiliza como un esfuerzo por hacer más claros los debates jurídicos y enriquecer la problemática de las soluciones propuestas. Por otra parte, este estudio no pretende abarcar todo el ámbito de los contratos administrativos, ni constituir un tratado sobre los contratos administrativos. Simplemente desea ser un aporte a la teoría general de los contratos administrativos. En el primer capítulo, el autor se refiere al contrato administrativo como forma de ejercicio de la administración pública. Estudia, en primer lugar, la relación entre contrato y acto administrativo unilateral, y seguidamente, los límites a la acción administrativa que pueden imponerse por la vía contractual. A continuación, se estudia el contrato de servicio público como un contrato celebrado ya sea entre una persona pública y un particular, o entre dos personas públicas (Capítulo II), aparte de los demás contratos administrativos que en Francia se consideran administrativos (contrataciones públicas, contratos de servicio público, etc.) y que, por esta razón, son el objeto del Capítulo III. Por último, como el contrato administrativo se distingue del contrato de derecho privado de la administración, un Capítulo IV se consagra al objetivo de aclarar los fundamentos de esta distinción.

The present study of administrative contracts, which involves simultaneously the French, German and Greek law, does not have the comparison as a purpose by itself. The comparative method is used merely as an effort to make the judicial debate clearer and to enrich the argumentation of the proposed solutions. In fact, the present study does not have as a purpose either to cover the whole domain of administrative contracts, or to constitute a textbook of administrative contracts. It simply hopes to be a contribution in the general theory of administrative contracts. In the first chapter, the author treats the administrative contract as a means of exercising public administration. In the first place he studies the relationship between the contract and the unilateral administrative act and then the limits of administrative action imposed by means of contracts. Afterwards, the contracts of public service are studied as contracts concluded either between a public authority and an individual or between two public authorities (Chapter II), separately from other administrative contracts which are considered in France as administrative (public works, contracts of public services etc.) and which, for this reason, are the subject of Chapter III. Finally, because traditionally the administrative contract is distinguished from the contracts of private law originated by the Administration, a last Chapter IV is devoted to the purpose of indicating the foundation of this distinction.

La présente étude du contrat administratif, qui s'occupe parallèlement des droits français, allemand et hellénique, n'a pas comme but en soi la comparaison. La méthode comparative n'est utilisée que dans un effort de rendre plus claires les débats juridiques et d'enrichir la problématique des solutions proposées. D'ailleurs, la présente étude n'a pour but ni de couvrir tout le domaine des contrats administratifs, ni de constituer un traité des contrats administratifs. Elle souhaite simplement être une contribution à la théorie générale des contrats administratifs. Dans le premier chapitre, l'auteur traite du contrat administratif en tant que mode d'exercice de l'administration publique. Il étudie, d'abord, le rapport entre contrat et acte administratif unilatéral, puis les limites à l'action administrative susceptibles d'être imposées par la voie contractuelle. Ensuite est étudié le contrat de service public comme un contrat passé soit entre une personne publique et un particulier, soit entre deux personnes publiques (Chapitre II), séparément des autres contrats administratifs qui sont considérés en France comme administratifs (marchés publics, contrats de service public etc.) et qui, pour cette raison, font l'objet du Chapitre III. Enfin, puisque traditionnellement le contrat administratif se distingue du contrat de droit privé de l'administration, un ultime Chapitre IV est consacré dans le but de préciser le fondement de cette distinction.

Die vorliegende Studie der Verwaltungsverträge, die zugleich das französische, das deutsche sowie das griechische Recht einbezieht, hat nicht die Rechtsvergleichung zum Selbstzweck. Die rechtsvergleichende Methode wird lediglich als Versuch genutzt, um die juristische Debatte klarer zu machen und die vorgeschlagenen Lösungen argumentativ zu bereichern. Tatsächlich bezweckt die vorliegende Studie weder den ganzen Bereich der Verwaltungsverträge abzudecken, noch einen Gesetzestext für Verwaltungsverträge zu verfassen. Sie hofft lediglich darauf, einen Beitrag zur allgemeinen Theorie der Verwaltungsverträge zu leisten. Im ersten Kapitel behandelt der Verfasser den Verwaltungsvertrag als Handlungsform der öffentlichen Verwaltung. Vorrangig untersucht er das Verhältnis zwischen dem Vertrag und den einseitigen Verwaltungshandlungen und anschliessend die Grenzen, die der Verwaltung durch die Handlungsform des Vertrages auferlegt werden. Hiernach werden die Verträge im Rahmen des öffentlichen Dienstes als Veträge behandelt, entweder zwischen einer öffentlichen Behörde und einer Privatperson, oder zwischen zwei öffentlichen Behörden (Kapitel II), getrennt von anderen Verwaltungsverträgen, die in Frankreich als der Verwaltung zugehörig angesehen werden (öffentliche Arbeiten, Verträge der Behörden) und aus diesem Grunde Gegenstand des Kapitels III sind. Wegen der traditionellen Trennung der Verwaltungsverträge von den privatrechtlichen, die von der Verwaltung geschlossen werden, ist schliesslich ein letztes Kapitel dem Hinweis auf den Grund dieser Unterscheidung gewidmet.

Il presente studio dei contratti amministrativi, che si occupa in parallelo del diritto francese, tedesco e greco, non ha come obiettivo la comparazione in sè. Il metodo comparativo è usato piuttosto al fine di chiarificare il dibattito giuridico ed arricchire la problematica delle soluzioni proposte. In effetti, il lavoro non intende trattare l'intero campo dei contratti amministrativi nè costituire un manuale della materia. Semplicemente, mira a contribuire alla teoria generale dei contratti amministrativi. Nel primo capitolo, l'autore analizza il contratto amministrativo come modo di esercizio dell'amministrazione pubblica. Considera, in primo luogo, il rapporto tra contratto ed atto amministrativo unilaterale, e, poi, i limiti all'azione amministrativa che possono essere posti attraverso i contratti. Successivamente, il contratto di servizio pubblico viene analizzato sia come contratto concluso tra un soggetto pubblico ed uno privato che come contratto concluso tra due soggetti pubblici (capitolo II), separatamente dagli altri contratti considerati amministrativi in Francia (appalti pubblici, contratti di servizio pubblico, ecc.) e che, per questa ragione, formano l'oggetto del capitolo III. Infine, dato che il contratto amministrativo è tradizionalmente distinto dal contratto di diritto privato dell'amministrazione, un quarto ed ultimo capitolo è dedicato a precisare il fondamento di questa distinzione.

TRADUCCIÓN DE LOS RESÚMENES POR

S. Anastasyadis, Rechtsanwältin zugelassen am Landgericht Hamburg
E. Chiti, Researcher at the European University Institute of Florence/
Investigador en el Instituto de la Universidad Europea de Florencia
Dr. G. Gerapetritis, Lawyer, Piraeus Bar Association/
Abogado, Asociación de Abogados de El Pireo
H. Fourteau, Docteur en Droit, Chargé de cours au CNFPT/
Doctor en Derecho, A cargo del curso en el CNFPT
M. E. Peña, Traductora Pública Certificada, Ministerio de Justicia de
Venezuela, miembro de la A.T.A. (American Translators Association)
K. Zacharaki, Avocat, Barreau d'Athènes/Abogado, Asociación de Abogados
de Atenas

BIBLIOGRAFÍA

OBRAS - Monografías en griego

ANDROULIDAKI-DIMITRIADOU I., *Les obligations du crédit transactionnel*, Athènes, 1971.

ANTONIOU N.D., MARKAKIS K.P. (sous la dir. de), *La jurisprudence des travaux publics*.

BALIS G., *Principes généraux du droit civil*, 8e éd., Athènes, P. Sakkoulas frères, 1961.

Conclusions de la jurisprudence du Conseil d'Etat, Athènes, 1961.

DAGTOGLOU P.D., *Droit administratif général*, 2e éd., Athènes, A.N. Sakkoulas, 1984.

DAGTOGLOU P.D., *La responsabilité de l'Etat pour un dommage né d'un acte législatif injuste*, Athènes, 1962.

DORIS E.PH., *Le domaine public, administration, gestion, affectation, vente, protection*, tome 1, Athènes, P. Sakkoulas frères, 1980.

FILIOU P., *Droit général des obligations*, Athènes, A.N. Sakkoulas, 1987.

FLOGAITIS TH.N., *Dictionnaire juridique*, tome 1, Athènes, G.D. Phéxis, 1898.

FLOGAITIS S.I., *Aspects contemporains d'intervientionnisme étatique*, Athènes, A.N. Sakkoulas, 1984.

FLOGAITIS S.I., *Notions fondamentales de l'organisation administrative*, Athènes, A.N. Sakkoulas, 1981.

FLOGAITIS S.I., *Préparation aux examens. Droit administratif*, Athènes, Editions Universitaires Helléniques, 2e éd., 1990.

GAZIS A.A., *Principes généraux du droit civil*, tome 2, *Les actes juridiques*, Athènes, 1973.

GAZIS A.A., *Principes généraux du droit civil*, tome 3, *Les actes juridiques*, Athènes, 1973.

GÉORGIADIS A., *Manuel de droit réel*, tome 1, Athènes, 1980.

GÉORGIADIS A., *Droit réel*, I, Athènes, A.N. Sakkoulas, P. Sakkoulas frères, 1991.

KORSOS D., *Le contrat de droit administratif*, Athènes, 1961.

KORSOS D., *La théorie du fait du prince*, Athènes, 1969.

KOUMANTOS G., *La bonne foi subjective*, Athènes, 1958.

PAPACHRISTOU A., *L'acte quasi juridique*, Athènes-Komotini, A.N. Sakkoulas, 1989.

PAPANICOLAÏDIS D.CH., *Le droit des contrats administratifs*, Athènes, 1966.

PAPANTONIOU N., *Principes généraux du droit civil*, 3e éd., Athènes, P. Sakkoulas frères, 1983.

PAPANTONIOU N., *La bonne foi en droit civil*, Athènes, 1957.

PAPPAS S., *in*: GÉORGIADIS A., STATHOPOULOU M., *Code civil*, tome 5: *Droit réel*, Athènes, P. Sakkoulas frères, 1985.

PAVLOPOULOS P., *La consécration constitutionnelle du recours en annulation*, Athènes, A.N. Sakkoulas, 1982.

PAVLOPOULOS P., *La responsabilité civile de l'Etat*, Athènes, A.N. Sakkoulas, 1989.

ROVLIAS D., *La législation des travaux publics*, Athènes-Komotini, A.N. Sakkoulas, 1987.

SARMAS I., *La jurisprudence constitutionnelle et administrative du Conseil d'Etat*, Athènes, A.N. Sakkoulas, 1990.

SIMANTIRAS K., *Principes généraux du droit civil*, 14e éd., Athènes-Komotini, A.N. Sakkoulas, 1988.

SPILIOTOPOULOS E., *Manuel de droit administratif*, Athènes, A.N. Sakkoulas, 1991.

SPILIOTOPOULOS E., *Questions de compétence réglementaire*, Athènes, 1968.

STASSINOPOULOS M., *Etudes Juridiques*, Athènes, 1972.

STATHOPOULOS M., *Droit général des obligations*, II, Athènes, 1983.

STATHOPOULOS M., *in*: GÉORGIADIS A., STATHOPOULOU M., *Code civil*, tome 2: *Droit des obligations*, Athènes, Sakkoulas frères, 1979, article 388.

XYPOLIAS K., *Le contrat obligatoire*, Athènes, 1971.

En otros idiomas

ACHTENBERG N., PÜTTNER G., *Besonderes Verwaltungsrecht*, Band I, Heidelberg, C. F. Müller, 1990.

ANTOINE M., *Le Conseil du roi sous le règne de Louis XV*, Paris, Genève, Droz, 1970.

AUBY J.-M., *L'inexistence en droit administratif*, Thèse, Paris, Pedone, 1947.

BADURA P., *Staatsrecht*, München, Beck, 1986.

BAUDOT E., *Recherches sur les rapports entre administrations publiques en droit administratif*, Thèse, Nancy, 1913.

BAUERMEISTER U., *Ökonomische und administrative Probleme der kommunalen Konzessionabgabe*, Frankfurt am M., Lang, 1984.

BERLIOZ G., *Le contrat d'adhésion*, 2e éd., Paris, LGDJ (Bibliothèque de droit privé), 1976.

BERNARD-DOUCHEZ M.H., *Recherche sur la coopération entre personnes publiques*, Thèse, Toulouse, 1979.

BETHGE H., *Zur Problematik von Grundrechtskollisionen*, München, Beck, 1977.

BETTINGER CH., *La concession de service et de travaux publics*, Paris, Berget-Levrault, 1978.

BLOCH G.-PH., *La notion de travail public* (Préface Eisenmann), Paris, Librairies Techniques, 1965.

BÖCKENFÖRDE E.-W., *Gesetz und gesetzgebende Gewalt*, 2e éd., Berlin, Duncker und Humblot, 1981.

BÖCKENFÖRDE E.-W., *Recht, Staat, Freiheit*, Frankfurt, Suhrkamp, 1991.

BLUMANN C., *La renonciation en droit administratif français*, Paris, LGDJ, 1974.

BONNARD R., *Précis de droit administratif*, 6e éd., Paris, LGDJ, 1943.

BOSSE W., *Der subordinationsrechtliche Verwaltungsvertrag als Handlungsform öffentlicher Verwaltung*, Berlin, Duncker und Humblot, 1974.

BRAIBANT G., *Le droit administratif français*, Paris, PFNSP/Dalloz, 2e éd., 1988.

BRAMSCHE I., *Rechtsfolgen verwaltungsrechtlicher Gesetzesverstösse*, Gelsenkirchen, Mannhold, 1986.

BÜCHNER V., *Die Bestandskraft verwaltungsrechtlicher Verträge*, Düsseldorf, Wissenschaftlicher Fachverlag 1979.

BURCKHARDT W., *Die Organisation Rechtsgemeinschaft, Untersuchungen über die Eigenart des Privatrechts, des Staatsrechts und des Völkerrechts*, Basel, 1927.

CARBONNIER J., *Droit civil*, Tome IV, Thémis, 12e éd., Paris, PUF, 1985.

CASSESE S., *Le basi del diritto amministrativo*, Torino, Einaudi, 1989.

CHAPUS R., *Responsabilité publique et responsabilité privée, Les influences réciproques des jurisprudences administrative et judiciaire*, Paris, LGDJ, 1954.

CHAPUS R., *Droit administratif général*, II, 4e éd., Paris, Montchrestien, 1988.

CHEVALLIER J., *L'élaboration historique du principe de répartition de la juridiction administrative et de la juridiction active*, Paris, LGDJ, 1970.

CORAIL, J.-L. DE, *La crise de la notion juridique de service public en droit administratif français*, Paris, LGDJ, 1954.

DARESTE R., *La justice administrative en France ou Traité du contentieux de l'administration*, Paris, A. Durant, 1862.

DAUMARD J., *Les marchés industriels de la défence nationale*, Paris, LGDJ, 1963.

DELAISY M., *Le quasicontrat en droit administratif*, Thèse, Paris, 1931.

DELCROS B., *L'unité de la personnalité juridique de l'Etat*, Thèse, Paris, 1974.

DELVOLVÉ P., *Le principe d'égalité devant les charges publiques*, Thèse, Paris, 1966, êáé LGDJ, 11e éd., 1990.

DELVOLVÉ P., *L'acte administratif*, Paris, Sirey, 1983.

DEMENTON H., *Traité du domaine de l'Etat*, Paris, Dalloz, 6e éd., 1964.

Demichel A., *Le contrôle de l'Etat sur les organismes privés, Essai d'une théorie générale*, Paris, LGDJ, 1960.

Douence J.-C., *Recherches sur le pouvoir réglementaire de l'administration*, Paris, LGDJ, 1968.

Duez P., *Indépendance des authorités législatives et réglementaires*, Thèse, Lille, 1914.

Duez P. êáé Debeyre G., *Traité de droit administratif*, Paris, Dalloz, 1952.

Dufau J., *Le domaine public*, Paris, Moniteur, 1977.

Dufau J., *Les concessions de service public*, Paris, Moniteur, (Collection Actualité Juridique), 1979.

Duguit L., *Traité de droit constitutionnel*, 3e éd., Paris, E. de Boccard, Volume É, 1927 et III, 1930.

Duguit L., *L'Etat, le droit objectif et la loi positive*, I, Paris, Fontemoing, 1901.

Dupuis G., *Les principes de l'administration*, Thèse, Paris, 1962.

Efstratiou P.-M., *Die Bestandskraft des öffentlichrechtlichen Vertrags, Eine vergleichende Untersuchung zum griechischen, französischen und insbesondere deutschen Verwaltungsvertragsrecht*, Berlin, Duncker und Humblot (Schriften zum öffentlichen Recht, Band 535), 1988.

Ehlers D., *Verwaltung in Privatrechtsform*, Berlin, Duncker und Humblot, 1984.

Eisenmann Ch., *Cours de droit administratif*, Volume II, Paris, LGDJ, 1982.

Emmelmann O., Gerecte H., Römer K., *Textbuch des Staats- und Verwaltungsrechts* Baden-Württemberg, 10e éd., Heidelberg, C.F. Müller, 1988.

Emmerich V., *Das Wirtschaftsrecht der öffentlichen Unternehmen*, Bad Homburg, Berlin, Zürich, Gehlen, 1969.

Erichsen H.-U., *Staatsrecht und Verfassungsgerichtsbarkeit*, I, 3e éd., Frankfurt, Athenäum, 1982.

Erichsen H.-U., Martens W., *Allgemeines Verwaltungsrecht*, 8e éd., Berlin, New York, 1988.

Eyermann E., Fröhler L., *Verwaltungsgerichtsordnung*, 9e éd., Beck, München, 1988.

Faber H., *Verwaltungsrecht*, 2e éd., Tübingen, J.C.B. Mohr (P. Siebeck), 1989.

Feber A., *Schadensersatzansprüche bei der Auftragsvergabe nach VOB/A*, Düsseldorf, Wierner Verlag, 1987.

Flamme M., *Traité théorique et pratique des marchés publics*, 2 vol., Bruxelles, Bruylant, 1969.

Flamme M., *Les marchés de l'administration, Analyse du droit positif et essai doctrinal sur les contrats de fournitures et de travaux publics*, Bruxelles, Bruylant, 1955.

Flecher-Bourjol D., *La politique contractuelle dans l'administration locale*, Thèse, Montpellier, 1978.

FLEINER F., *Institutionen des deutschen Verwaltungsrechts*, 4e éd., Tübingen, J.C.B. Mohr (P. Siebeck), 1919.

FLEURIET M., *Les techniques de l'économie concentrée*, Paris, 1974.

FLOGAITIS S., *Administrative Law et Droit Administratif*, Paris, LGDJ, 1986.

FLUCK J., *Die Erfüllung des öffentlich-rechtlichen Verpflichtungsvertrages durch Verwaltungsakt*, Berlin, Duncker und Humblot, 1985.

FLUME W., *Allgemeiner Teil des bürgerlichen Rechts*, Band II, Das Rechtsgeschäft, 3e éd., Berlin, Heidelberg, New York, Springer, 1979.

FORSTHOFF E., *Lehrbuch des Verwaltungsrechts*, Band I, Allgemeiner Teil, 10e éd., München, Beck, 1973.

FORSTHOFF E., *Rechtsstaat im Wandel*, Stuttgart, Kohlhammer, 1964.

FORTSAKIS TH., *Conceptualisme et empirisme en droit administratif français*, Paris, LGDJ, 1987.

FRIAUF K.-H., Polizei- und Ordnungsrecht, *in*: INGO VON MÜNCH, *Besonderes Verwaltungsrecht*, 8e éd., Berlin, New York, de Gruyter, 1985.

FRIESENHAHN E., *Die rechtsstaatlichen Grundlagen des Verwaltungsrechts*, Stuttgart, Köln, Kohlhammer, 1950.

FROMONT M., *La répartition des compétences entre les tribunaux civils et administratifs en droit allemand*, (Préface Jean Rivero), Paris, LGDJ, 1960.

GARCIA DE ENTERRIA E., T.-R. FERNANDEZ, *Curso de Derecho Administrativo*, I, 5e éd., Madrid, Civitas, 1988.

GAUDEMET Y., *Les méthodes du juge administratif*, Paris, LGDJ, 1972.

GHESTIN J., (sous la direction de), *Droit civil*, II: Les obligations, Paris, LGDJ, 1982.

GIANNINI M.S., *Diritto Amministrativo*, 2e éd., Milano Giuffrè, 1989.

GIANNINI M.S., *Il pubblico potere*, Bologna, Il Mulino, 1987.

GIERKE O. VON, *Die Genossenschaftstheorie und die deutsche Rechtssprechung*, Berlin, 1887.

GIERKE, O. VON, *Deutsches Privatrecht*, Leipzig, (Binding's Handbuch der Deutschen Rechtswissenschaft) 1895-1905.

GÖTZ V., *Allgemeines Polizei- und Ordnungsrecht*, 9e éd., Göttingen, Vanderhök und Ruprecht, 1988.

HÄBERLE P., *Öffentliches Interesse als juristisches Problem, Eine Analyse von Gesetzgebung und Rechtsprechung*, Bad Homburg, Athenäum, 1970.

HABERMAS J., *Strukturwandel der Öffentlichkeit*, Frankfurt, Suhrkumf, 1990.

HAURIOU M., *Principes de droit public*, 2e éd., Paris, Sirey, 1916.

HAURIOU M., *Précis de droit administratif*, 11e éd., Paris, Sirey, 1927, 12e éd., Paris, 1933.

HECQUART-THÉRON M., *Essai sur la notion de réglementation*, Paris, LGDJ, 1977.

Hegen, E. v., *Das staatstheoretische und rechtstheoretische Problem des Beliehenen*, Berlin, Duncker und Humblot, 1973.

Herig N., *Die Auftragsvergabe der öffentlichen Hand als Mittel zur Durchsetzung rechtlicher und technischer Vertragsbedingungen im Bereich der Bauverwaltung*, Dissertation, München, 1984.

Hesse K., *Grundzüge des Verfassungsrechts der BRD*, 17e éd., C. F. Müller, Heidelberg, 1990.

Heymann A., *Les villes nouvelles*, Paris, Berger-Levrault, 1974.

Huber E.-R., *Deutsche Verfassungsgeschichte*, Band II, Stuttgart, Berlin, Köln, Kohlhammer, 1960.

Hubrecht H.-G., *Les contrats de service public*, Thèse, Bordeaux, (multigr.), 1980.

Imboden M., *Das Gesetz als Garantie rechtsstaatlicher Verwaltung*, Basel, Stuttgart, Helbing und Lichtenhahn, 1954.

Imboden M., *Der Verwaltungsrechtliche Vertrag*, Basel, Helbing und Lichtenhahn (Basler Studien zur Rechtswissenschaft, Heft 48), 1958.

Ingenstau H., Korbion H., *VOB, Teile A und B, Kommentar*, 10e éd., 1984, 11e éd., 1989.

Isaak G., *La procédure administrative non contentieuse*, Paris, LGDJ, 1968.

Isensee J., Kirchhof P., *Handbuch des Staatsrechts der BRD*, C. F. Müller, Heidelberg, III, 1988.

Jellinek G., *System der subjektiven öffentliche Rechte*, 2e éd., Tübingen, J.C.B. Mohr (P. Siebeck), 1905.

Jellinek W., *Verwaltungsrecht*, 3e éd., 1931 (réédition Bad Homburg, Gehlen, 1966).

Jesch D., *Gesetz und Verwaltung, Eine Problemstudie zum Wandel des Gesetzmässigkeitsprinzipes*, Tübingen, J.C.B. Mohr (P. Siebeck), 1961.

Jèze G., *Les principes généraux du droit adminsitratif*, 3e éd., I, Paris, Giard, 1925.

Josse P.L., *Travaux publics et expropriation*, Paris, Sirey, 1958.

Kaiser G., *Das Mängelhaftungsrecht der VOB/B*, 5e éd., Heidelberg, C.E. Müller, 1986.

Kantorowicz E.H., *The king's two bodies - A study in Medieval political theology*, Princeton, University Press, 1957.

Karehnke H., *Die rechtsgeschäftliche Bindung kommunaler Bauleitplannung, Zugleich ein Beitrag zur Wirksamkeit und Rückabwicklung öffentlich-rechtlicher Verträge*, Diss., Frankfurt, 1983.

Kempen B., *Die Formenwahlfreiheit der Verwaltung, Die öffentliche Verwaltung zwischen öffentlichem und privatem Recht*, München, Franz Vahlen, 1989.

Kirchhof P., *Verwalten durch «mittelbares» Einwirken*, Köln, Berlin, Bonn, Heymann, 1977.

KNACK H.J., *Verwaltungsverfahrensgesetz, Kommentar*, 3e éd., Köln, Berlin, Bonn, München, Heymanns Verlag, 1989.

KNEMEYER F.-L., *Polizei- und Ordnungsrecht*, München, Beck, 1990.

KÖCHLIN H.-F., *Compétence administrative et compétence judiciaire de 1800 à 1830*, Thèse, Paris, Rousseau, 1950.

KOPP F.O., *Verwaltungsverfahrensgesetz*, 4e éd., Ìünchen, Beck, 1983.

KOPP F.O., *VwGO*, 8e éd., Beck, München, 1989.

KORMANN K., System der rechtsgeschäftlichen Staatsakte, *Verwaltungs- und prozessrechtliche Untersuchungen zum allgemeinen Teil des deutschen Rechts*, Berlin, Springer, 1910.

KRAUTZBERGER M., *Die Erfüllung öffentlicher Aufgaben durch Private, Zum Begriff des staatlichen Bereichs*, Berlin, Duncker und Humblot, 1971.

KREBS W., *Vorbehalt des Gesetzes und Grundrechte*, Berlin, Duncker und Humblot, 1975.

LABAND P., *Das Staatsrecht des deutschen Reiches*, 5e éd., Tübingen, J.C.B. Mohr (P. Siebeck), 1911-1914.

LAFERRIÈRE E., *Traité de la juridiction administrative et des recours contentieux*, II, Paris, Berger-Levrault et Librairies Editeurs, 1888, (LGDJ, 1989).

LAUBADÈRE, A. DE, MODERNE F., DELVOLVÉ P., *Traité des contrats administratifs*, 2e éd., Paris, LGDJ, Tome I: 1983, Tome II: 1984.

LAUBADÈRE, A. DE, VÉNÉZIA J.-C., GAUDEMET Y., *Traité élémentaire de droit administratif*, 11e éd., 1990.

LAUBINGER H.W., *Der Verwaltungsakt mit Doppelwirkung*, Göttingen, O. Schwartz, 1967.

LEGUAY J.P., *La ville de Rennes au XVème siècle à travers les comptes des Miseurs*, Thèse, Lettres, Rennes, 1968.

LERCHE P., *Ordentlicher Rechtsweg und Verwaltungsrechtsweg*, Berlin, Köln, Heymann, 1983.

LERCHE P., *Übermass und Verfassungsrecht*, Köln, Berlin, München, Heymann, 1961.

LLORENS F., *Contrat d'entreprise et marché de travaux publics, Contribution à la comparaison entre contrat de droit privé et contrat administratif*, Paris, LGDJ, 1981.

LOCHER H., *Das private Baurecht*, 3e éd., Düsseldorf, Werner Verlag, 1983.

MADIOT Y., *Aux frontières du contrat et de l'acte administratif unilatéral: recherches sur la notion d'acte mixte du droit public français*, Paris, LGDJ, 1971.

MAITLAND F.W., The Crown's corporate sole, *in: Selected Essays*, Cambridge, University Press, 1936.

MALBERG, R. CARRÉ DE, *La loi, expression de la volonté générale*, réédition: Paris, Economica, (Collections «Classiques»), 1984.

MARTRES J.-L., *Caractères généraux de la police économique*, Thèse, Bordeaux, Tome I, 1964.

MARTY G., RAYNAUD P., *Traité de droit civil*, II 1: Les obligations, Paris, Sirey 1962.

MATTHÉOU P., *La théorie des actes juridiques à l'épreuve de l'interventionnisme économique et social*, Thèse, dactylographiée, Paris II, 1990.

MAURER H., HÜTHER B., *Die Praxis des Verwaltungsvertrags im Spiegel der Rechtsprechung*, Konstanz, Hartung-Gorre Verlag, 1989.

MAURER H., *Allgemeines Verwaltungsrecht*, 7e éd., München, Beck, 1990.

MAYER O., *Le droit administratif allemand*, (édition française par l'auteur), Tome I, Paris, Giard et Brière, 1903, Tome IV, 1906.

MESTRE A., *De l'autorité compétente pour déclarer l'Etat débiteur*, Thèse, Paris, 1899.

MESTRE J.-L., *Introduction historique au droit administratif français*, Paris, PUF, 1985.

MESTRE J.-L., *Un droit administratif à la fin de l'ancien régime: le contentieux des Communautés de Provence*, Paris, LGDJ, 1976.

MOMMSEN TH., *Abriss des deutschen Staatsrechts*, 2e éd. (K. BINDING, *Systematisches Handbuch des deutschen Rechtswissenschaft*, Erste Abteilung, Dritter Teil), Leipzig, Duncker und Humblot, 1907.

MONSARRAT G., *Concessions des communes et des syndicats de communes*, Paris, 1948.

MOREAU J., *Droit administratif*, Paris, PUF (Collection: Droit Fondamental), 1989.

NÉGRIN J.-P., *L'intervention des personnes morales de droit privé dans l'action administrative*, Paris, LGDJ, 1971.

NICKLISCH F., WEICK G., *Verdingungsordnung für Bauleistungen, VOB, Teil B, Kommentar*, München Beck, 2e éd., 1990.

NIPPERDEY H.K., *Allgemeiner Teil des bürgerlichen Rechts*, Band II, 1, 15e éd., Ôübingen, J.C.B. Mohr (P. Siebeck), 1960.

OBERMAYER K., EHLERS D., LINK CHR., *Kommentar zum Verwaltungsverfahrensgesetz*, 2e éd., Neuwied und Frankfurt, 1990.

ODENT R., *Contentieux administratif*, Paris, Institut d'Etudes Politiques, 1977-1978.

OSSENBÜHL F., *Grenzen der Mitbestimmung im öffentlichen Dienst*, Baden-Baden, Nomos, 1986.

OSSENBÜHL F., *Verwaltungsvorschriften und Grundgesetz*, Bad Homburg, Berlin, Zürich, Gehlen, 1968.

OTT E., *Abänderung der VOB durch Allgemeine Geschäftsbedingungen*, München, Florentz Verlag, 1986.

PAPANICOLAÏDIS D., *Introduction à la théorie générale de la police administrative*, Thèse, Paris, 1958.

PÉQUIGNOT G., *Théorie générale du contrat administratif*, Paris, Pedone, 1945.

PESTALOZZA CHR., *«Formenmissbrauch» des Staates*, München, Beck, 1973.

PICARD E., *La notion de police administrative*, Paris, LGDJ (Préface Roland Drago), 2 Tomes, 1984.

PIETZCKER J., *Der Staatsauftrag als Instrument des Verwaltungshandelns, Recht und Praxis der Beschaffungsverträge in den Vereinigten Staaten von Amerika und der Bundesrepublik Deutschland*, Tübingen, J.C.B. Mohr (P. Siebeck), 1978.

PISER-KOUCHNER E., *Les fondements de la notion de service public dans l'œuvre de Léon Duguit*, Paris, LGDJ, 1972.

PRAXENTHALER H., *Die Bundesanstalt für Strassenwesen, Strasse und Autobahn*, Paris, LGDJ, 1972.

PREU P., *Die Polizeibegriff und Staatszwecklehre, Die Entwicklung des Polizeibegriffs durch die Rechts- und Staatswissenschaften des 18. Jahrhunderts*, Göttingen, Vanderhök und Ruprecht, 1983.

PÜTTNER G., *Die öffentlichen Unternehmen*, 2e éd., Bad Homburg, Berlin, Zürich, Gehlen, 1985.

PÜTTNER G., *Allgemeines Verwaltungsrecht*, 5e éd., Düsseldorf, Werner Verlag, 1979.

PÜTTNER G., *Handbuch der kommunalen Wissenschaft und Praxis*, 2e éd., Tome 5, Berlin, Springer, 1986.

PÜTTNER G., *Das Recht der kommunalen Energieversorgung, Zur Problem der besonderen öffentlichen Aufgaben der Gemeindeunternehmen*, Stuttgart, Berlin, Köln, Mainz, Kohlhammer, 1967.

REDEKER K., ÖRTZEN H.-J. V., *Verwaltungsgerichtsordnung*, 9e éd., Stuttgart, Berlin, Köln, Mainz, Kohlhammer, 1988.

REGLADE, M. DE, *De la nature juridique de l'acte d'association*, Thèse, Bordeaux, 1920.

RIALS S., *Le juge administratif français et la technique du standard*, Paris, LGDJ, 1980.

RIVERO J., *Droit administratif*, 9e éd., Paris, Dalloz, 1980, 13e éd., 1990.

ROLLAND L., *Précis de droit administratif*, 10e éd., Paris, Dalloz, 1951.

RONGÈRE P., *Le procédé de l'acte-type*, Paris, LGDJ, 1968.

ROUBIER P., *Droits subjectifs et situations juridiques*, Paris, Dalloz, 1963.

ROUJOU DE BOUBÉE G., *Essai sur l'acte juridique collectif*, Paris, LGDJ (Bibliothèque de droit privé), 1961.

ROUSSET M., *L'idée de puissance publique en droit administratif*, Paris, Dalloz, 1960.

RÜFNER W., *Formen öffentlicher Verwaltung im Bereich der Wirtschaft*, Berlin, Duncker und Humblot, 1967.

SALZWEDEL J., *Die Grenzen der Zulässigkeit des öffentlich-rechtlichen Vertrages*, Berlin, de Gruyter, 1958.

SAVIGNY, F.-K. VON, *System des heutigen römischen Rechts*, Band II, (réimpression par Scientia Verlag, Aalen, 1973) et Band III, Berlin, Veit und Comp., 1840 (réimpression par Scientia Verlag, Aalen, 1973).

SCHICK W., *Vergleiche und sonstige Vereinbarungen zwischen Staat und Bürger im Steuerrecht*, München, Beck, 1967.

SCHIMPF CHR., *Der Verwaltungsrechtliche Vertrag unter besonderer Berücksichtigung seiner Rechtswidrigkeit*, Berlin, Duncker und Humblot, 1982.

SCHMIDT-ASSMANN E., KREBS W., *Rechtsfragen städtebaulicher Verträge, Vertragstypen und Vertragsrechtslehre*, Schriftenreihe «Forschung» des Bundesministeriums für Raumordnung, Bauwesen und Städtebau, Heft 460, 1988.

SCHMITT GLAESER W., *Verwaltungsprozessrecht*, 10e éd., Stuttgart, München, Hannover, Boorberg, 1990.

SCHÜLE A., *Koalitionsvereinbarungen im Lichte des Verfassungsrechts*, J.C.B. Mohr (P. Siebeck), Tübingen, 1964.

SFEZ L., *Essai sur la contribution du doyen Hauriou au droit administratif*, Paris, LGDJ, 1966.

SINGER J., *L'intervention des collectivités locales en matière économique*, Paris, Afranipe, 1956.

SKOURIS W., *Verletztenklagen end Interessentenklagen im Verwaltungsprozess*, Köln, Berlin, Bonn, München, Heymann, 1979.

SPILIOTOPOULOS E., *Manuel de droit administratif hellénique*, Paris, LGDJ, 1991.

STASSINOPOULOS M., *Traité des actes administratifs*, Athènes, Paris, 1958.

STELKENS R., BONK H.J., LEONHARDT K., *Verwaltungsverfahrensgesetz, Kommentar*, 3e éd., München, Beck, 1990.

STOLLEIS M., *Geschichte des öffentlichen Rechts in Deutschland, Erster Band: Reichspublizistik und Policeywissenschaft 1600-1800*, München, Beck, 1988.

TIPKE K., LANG J., *Steuerrecht*, 12e éd., Köln, Schmidt, 1989.

TOCQUEVILLE, A. DE, *L'ancien régime et la Révolution*, réédition, Paris, Gallimard, 1967.

TRIEPEL H., *Völkerrecht und Landesrecht*, Leipzig, Hirschfeld, 1899.

TRUCHET D., *Les fonctions de la notion d'intérêt général dans la jurisprudence du Conseil d'Etat*, LGDJ, Paris, 1977.

TSCHASCHING I., *Die Nichtigkeit subordinationsrechtlicher Verträge nach dem Verwaltungsverhafrensgesetz*, Frankfurt, Bern, New York, Nancy, P. Lang, 1984.

TURPIN C., *Government contracts*, Handsworth (Middlesex) Penguin Books, 1972.

VEDEL G., *Droit administratif*, Paris, PUF (Thémis), 1e éd., et 11e éd., 1990.

VIER C.L., *Le procédé contractuel dans l'administration économique*, Thèse, Paris II, 1972.

VINCENT F., *Le pouvoir de décision unilatérale des authorités administratives*, Thèse, Rennes, 1964.

VYGEN K., *Bauvertragsrecht nach VOB und BGB, Handbuch des privaten Baurechts*, Wiesbaden und Berlin, Bauverlag, 1984.

WALINE M., *Traité de droit administratif*, 9e éd., Paris, Sirey, 1963.

WINDSCHEID, K. ZU, *Pandektenrecht*, I, 9e éd., Frankfurt, (Literarische Anstalt Hütten und Löning), 1966.

WINKLER W., *Verdingungsordnung für Bauleistungen, VOB, Gesamtkommentar*, 6e éd., Braynschweig/Wiesbaden, Vieweg, 1986.

WOLFF H.-J., BACHOF O., *Verwaltungsrecht, I*, 9e éd., München, Beck, 1974, *Verwaltungsrecht II*, 4e éd., München, Beck, 1976.

Artículos en griego

ANASTOPOULOS J., Commentaire à l'arrêt 2655/1987, *EDD*, 1988.

CHRYSSANTHAKIS CH., Formes de solution contractuelle des litiges fiscaux, *D*, 1986.

DAGTOGLOU P.D., Annulation et abolition de règles de droit. La théorie de l'imprévisible du droit des contrats administratifs. Consultation, *EEN*, 1967.

DAGTOGLOU P.D., Problèmes d'interprétation des contrats administratifs. Consultation, *NoB*, 1978.

FLOGAITIS S., Travaux publics, Nature juridique du contrat d'exécution de travaux publics, Juridiction des cours, Commentaire d'Arrêt, *NoB*, 1987, p. 1633.

GÉORGIADIS A., PAVLOPOULOS P., La responsabilité des personnes publiques judiciaires, en droit des contrats administratifs, *NoB*, 1987.

GRIGORIOU G., La nature juridique des contrats d'exécution de travaux publics conclus par des entreprises publiques, *NoB*, 34.

KÉRAMEUS K., Conditions de modification de contrat administratif ratifié par la loi, *EDDD*, 1977.

KORSOS D., La jurisprudence récente des tribunaux ordinaires, connexe à la matière des contrats administratifs, *EDDD*, 1963.

KORSOS D., La théorie du fait du prince en droit administratif français et hellénique. Contribution à l'étude des influences du pouvoir étatique sur les contrats administratifs, *EDDD*, 1969.

KORSOS D., L'évolution des relations contractuelles dans le domaine du droit administratif, *EDDD*, 1968.

KORSOS D., Remarques générales sur le contrat de droit administratif, *EDDD*, 1960.

KYRIAKOPOULOS E., La théorie de l'imprévisible et la jurisprudence du Conseil d'Etat, *EEN*, 1935.

MARIDAKIS G.S., Consultation, *Thémis*, 55.

MASSOURIDIS N., Les contrats de l'Administration devant le Conseil d'Etat, *EDDD*, 1958 et 1959.

OIKONOMOPOULOU A., Observations sur CA adm. d'Athènes 85/1988, *EDD*, 1989.

PAPANICOLAÏDIS D.CH., Le contrat de travail de droit public, *DD*, 1990.

PAVLOPOULOS P., Commentaire sur l'arrêt 497/1987 de la Cour adm. d'Athènes, *EDD*, 1989.

Tsitséklis A., Les contrats administratifs, Traits distinctifs et effets, *Néon Dikaion*, 1958.

Tzévélékakis J., Contrats de l'Administration et contentieux en annulation, *NoB*, 1989.

Végléris F., Le contrat administratif, *Dictionnaire juridique, de l'administration et de la police*, tome 7, 1933.

En otros idiomas

Achtenberg N., Der öffentlich- rechtliche Vertrag, *JA*, 1979.

Alexy R., Ermessenfehler, *JZ*, 1986.

Amselek P., La qualification des contrats de l'administration par la jurisprudence, *AJDA*, 1983.

Amselek P., Une méthode peu usuelle d'identification des contrats administratifs: l'identification directe, *Rev. Adm.*, 1973.

Amselek P., La qualification des contrats de l'administration par la jurisprudence, *AJDA*, 1983.

Auby J.-M., La notion de concession et les rapports des collectivités locales et des établissements publics de l'électricité et du gaz dans la loi du 8 avril 1946, *Cahiers de documentation juridique*, 1949.

Auby J.-M., Actualité de l'affermage de service public, *Mélanges Péquignot*, Montpellier, Centre d'études et de recherche de l'Université de Montpellier, 1984.

Bachof O., Die Dogmatik des Verwaltungsrechts von der Gegenwartsaufgaben der Verwaltung, *VVDStRL*, 1972.

Barate C., Les relations contractuelles Etat-collectivités locales, *Rev. Adm.*, 1977.

Battifol H., La crise du contrat et sa portée, *Archives de philosophie du droit*, 1968.

Bauer H., Altes und Neues zur Schutznormtheorie, *AöR*, 1988.

Beer-Cabel J., L'exécution du service public hospitalier par des établissements privés, *AJDA*, 1979.

Benoit F.-P., De l'inexistence d'un pouvoir de modification unilatérale dans les contrats administratifs, *J.C.P.*, 1963.

Bersi G., L'atto amministrativo complesso, *Studi senesi*, Vol. XX, Torino, Fratelli Bocca, 1902.

Bethge H., Grundrechtsträgerschaft juristischer Personen, Zur Rechtssprechung des Bundesverfassungsgerichts, *AöR*, 1979.

Binding K., Die Gründung des Norddeutschen Bundes, *Festgabe für Windscheid*, Leipzig, 1888.

Bonnard R., La nature juridique de la nomination des fonctionnaires publics dans le droit positif français, *Revista de drept public*, 1930.

BONNEAU H., Marché de travaux publics, *J.C.A.* fasc. 520.

BOURJOL M., La coopération interrégionale, *B.I.I.A.P.*, 1975.

BRAND Y., Le mandat comme fondement des contrats administratifs entre personnes privées, *J.C.P.*, 1981.

BROHM W., Die Dogmatik des Verwaltungsrechts von der Gegenwartsaufgaben der Verwaltung, *VVDStRL*, 1972.

BRONDI F., L'atto complesso nel diritto pubblico, *Studi giuridici offerti a F. Schupfer: Diritto odierno*, Torino, Fratelli Bocca, 1898.

BULLINGER M., Das Ermessen der öffentlichen Verwaltung, *JZ*, 1984.

BULLINGER M., Leistungsstörungen beim öffentlichrechtlichen Vertrag, *DöV*, 1977.

BURKMEISTER J., Der Begriff des Fiskus in der heutigen Verwaltungsrechtsdogmatik, *DöV*, 1975.

BURON C., Les contrats d'aménagement conclus entre l'Etat et les villes moyennes, *AJDA*, 1976.

CATHELINEAU J., Diversité et particularisme des concessions de travaux publics, *C.J.E.G.*, 1968, doct. 27.

CHAPUISAT J., Les affaires communales, *AJDA*, 1976.

CHAPUS R., Le service public et la puissance publique, *RDP*, 1968.

CHARLIER R., Les contrats comportant occupation du domaine public d'après le décret-loi du 17 juin 1938, *J.C.P.*, 1943.

CHEVALLIER J., Essai sur la notion juridique de service public, *Publications de la Faculté de Droit de l'Université d'Amiens*, no 7, 1977.

CHEVALLIER J., Les transformations du statut de l'établissement public, *J.C.P.*, 1972.

COCÂTRE-ZILGIEN A., L'usager du service public industriel ou commercial en droit français, *Rev. trim. droit comm.*, 1960.

COLIN J.-P., La nature juridique des marchés de travaux passés par les sociétés d'économie mixte concessionnaires de travaux publics, *AJDA*, 1966.

COUDEVYLLE A., La notion de mandat en droit administratif, *AJDA*, 1979.

DAUMARD J., Les sous-traitants dans les marchés industriels, *AJDA*, 1962.

DUGUIT L., De la situation des usagers particuliers à l'égard des services publics, *RDP*, 1907.

DUGUIT L., Collective act as distinguished from contracts, *Yale Law Journal*, 1918.

DEBBASCH R., L'intervention économique des collectivités locales après les lois de décentralisation, *RDP*, 1986.

DEGENHART C., Der Verwaltungsvorbehalt, *NJW*, 1984.

DELVOLVÉ P., Les concessions de transport et de distribution de gaz, *C.J.E.G.*, 1969.

DELVOLVÉ P., De la nature juridique des sociétés d'économie mixte et de leurs marchés de travaux, *RDP*, 1979.

DELVOLVÉ P., Jurisprudence en matière de contentieux administratif, *D.* 1979.

DELVOLVÉ P., Les arrêts relatifs à la 5ème et à la 6ème chaînes de télévision et la théorie de la concession de service public, *RFDA*, 1987.

DOUENCE J.C., Les conventions entre personnes publiques, *Mélanges Stassinopoulos*, Athènes, Paris, LGDJ, 1974.

DRAGO R., Paradoxes sur les contrats administratifs, *Etudes offertes à Jacques Flour*, Paris, *Répertoire du notariat Defrenois*, 1958.

DUFAU J., Le pouvoir de modification unilatérale de l'Administration et les contrats de concession de service public, *AJDA*, 1965.

DUFAU J., Marché de travaux publics, *J.C.A.*, fasc. 520.

DUFAU J., Concessions de service public, *J.C.A.*, fasc. 530.

DUFAU J., Le pouvoir de modification unilatérale de l'Administration et les contrats de concession de service public, *AJDA*, 1965.

DUFAU J., Les concessions de service public, Paris, *Moniteur*, 1979.

DUPUIS G., Sur la concession de service public, *D.* 1978, chr.

DUPUIS G., Définition de l'acte unilatéral, *Mélanges Charles Eisenmann*, Paris, C.C.I., 1975.

DUPUIS G., DUPUIS J., VINCENT J.Y., Acte administratif, *Juriscl. adm.*, fasc. 107.

EBERLE C.-E., Gesetzesvorbehalt und Parlamentsvorbehalt, *DöV*, 1984.

EHLERS D., Rechsstaatliche und prozessuele Probleme der Verwaltungsprivatrechts, *DVBl*, 1983.

FAVOREU L., Les conventions de recherche de la D.G.R.S.T. et de la D.R.M.E., *AJDA*, 1963.

FAVOREU L., Les marchés publics de prestations intellectuelles, Colloque Nanterre (Association pour le droit public de l'entreprise), 1981, Paris, *Moniteur*, 1982.

FERRARI P., VIER C.L., La réforme régionale, loi du 5 juillet 1972 portant création et organisation des régions, *AJDA*, 1972.

FERRARI P., Essai sur la notion de co-auteur d'un acte unilatéral en droit administratif français, *Mélanges Charles Eisenmann*, Paris, C.C.I., 1975.

FLECHER-BOURJOL D., Essai de typologie fonctionnelle des contrats passés entre l'Etat et les collectivités locales et établissements publics territoriaux, *B.I.I.A.P.*, 1976.

FLEISCHER H., Die Bedeutung der VOB für die Vergabe öffentlicher Bauverträge, *DVP*, 1979.

FORSTHOFF E., Die Bindung an Gesetz und Recht, *DöV*, 1959.

FOURTUNE Y., La rémunération de l'ingénierie publique, *Mon trav. publ.*, 1977.

FRANK G., Wichtigkeit des substituierenden Verwaltungsvertrages nach dem VWVfG, *DVBl*, 1977.

FRIAUF K.-H., Zur Problematik des verfassungsrechtlichen Vertrages, *AöR* 88 (1963).

GAZIER F., LONG M., La notion d'acte administratif inexistant, *AJDA*, 1954.

GÉNY F., Les bases fondamentales du droit civil en face des théories de L. Duguit, *RtDC*, 1922.

GEORGEL J., Offres de concours, *J.C.A.*, fasc. 535.

GERVAIS A., Le régime juridique des offres de concours, *RDP*, 1954.

GÖLDNER D., Gesetzmässigkeit und Vertragsfreiheit im Verwaltungsrecht, *JZ*, 1976.

GÖTZ V., Hauptprobleme des verwaltungsrechtlichen Vertrages, *JuS*, 1970.

GUSY CHR., Die Bindung privatrechtlichen Vertragshandelns an das öffentliche Recht, *DöV*, 1984.

GUSY C., Der Vorrang des Gesetzes, *JuS*, 1983.

HATSCHEK J., Die rechtlicher Stellung des Fiskus im Bürgerlichen Gesetzbuch, *Verw. Arch.* Bd 7.

HAURIOU A., L'utilisation en droit administratif des règles et principes du droit privé, *Receuil d'études sur les sources du droit en l'honneur de F. Gény*, III, Paris, Sirey, 1934.

HEUSSNER H., Vorbehalt des Gesetzes und «Wesentlichkeitstheorie», *Festschrift für Erwin Stein*, Verlag Gehlen, Bad Homburg vor der Höhe, 1983.

HOURTICQ J., La loi du 5 juillet 1972 portant création et organisation des régions, *Rev. Adm.*, 1972.

HUILLIER, J. L', Commentaire de la loi du 8 avril 1946, Paris, Sirey, lois annotées, 1946.

HUILLIER, J. L', Les contrats administratifs tiennent-ils lieu de loi à l'Administration? *D.* 1953, chron.

JÈZE G., Notes de jurisprudence, *RDP*, 1907.

JOSSE P.L., Travaux publics *in*: *Répertoire de droits public et administratif*.

JOSSE P.-L., Coup d'arrêt à la dégradation continue de la notion de marché de travaux publics, *E.D.C.E.*, 1956.

KAHN J., La notion juridique de marché public, *Marchés publics*, octobre 1968.

KIRCHHOF F., Der Verwaltungsakt auf Zustimmung, *DVBl*, 1985.

KISKER G., Neue Aspekte im Streit um den Vorbehalt des Gesetzes, *NJW*, 1977.

KLEIN H., Eingriffsverwaltung, *EvStL*.

KLÖPFER M., Vorbehalt des Gesetzes im Wandel, *JZ*, 1984.

KNIESCH J., Gesetzmässigkeit und Rechtsmässigkeit der gesetzesakzessorischen und der gesetzesfreien Verwaltung, *NJW*, 1961.

KNOLL E., Gutachten zum 41. Juristentag, Das Verfahren zur Geltendmachung von Ansprüchen auf Ausgleich von Schäden, welche durch die Wahrnehmung von Hoheitsrechten enstanden sind, 1955.

KREBS W., Konsensuales Verwaltungshandeln im Städtebaurecht, *DöV*, 1989.

KREBS W., Zum actuellen Stand der Lehre vom Vorbehalt des Gesetzes, *Jura*, 1979.

KREBS W., Zulässigkeit und Wirksamkeit verträglicher Bindungen kommunaler Bauleitplanung, *Verw. Arch.*, 1981.

KUNZE J. E., Der Gesamtakt, ein neuer Rechtsbegriff, *Festgabe für Otto Müller*, Leipzig, Verlag von Veit, 1892.

LAMARQUE J., Le déclin du critère de la clause exorbitante, *Mélanges M. Waline*, Paris, LGDJ, 1974.

LAMSON F., Les marchés industriels, *R.P.D.A.*, 1955, chron.

LATOURNERIE R., Etude sur la classification des diverses situations juridiques, *RDP*, 1933.

LATOURNERIE R., Essai sur les méthodes juridictionnelles du Conseil d'Etat, *Livre jubilaire, pour le 150ème anniversaire du Conseil d'Etat*, Paris, Sirey, 1952.

LAUBADÈRE, A. DE, Administration et Contrat, *Mélanges J. Brette de la Gressay*, Bordeaux, Brière 1967.

LAUBADÈRE, A. DE, L'administration concertée, *Mélanges Stassinopoulos*, Paris, LGDJ, 1974.

LAUBADÈRE, A. DE, Du pouvoir de l'administration d'imposer unilatéralement des changements aux dispositions des contrats administratifs, *RDP*, 1954.

LEROUSSEAU B., La responsabilité des personnes privées gérant un service public administratif, *AJDA*, 1977.

LLORENS F., Le pouvoir de modification unilatérale et le principe de l'équilibre financier dans les contrats administratifs (commentaire de l'arrêt du Conseil d'Etat du 2 février 1983, Union des transports publics régionaux et urbains), *R.F.D.A.*, 1984.

MAISL H., Les concessions d'autoroutes, *RDP*, 1973.

MAURER H. et SCHNAPP F., *VVDStRL*, 43 (1985).

MAYER O., Zur Lehre vom öffentlichrechtlichen Vertrage, *AöR*, 1888 et *REDP/ERPL*, vol. 1, no 2, 1989.

MAZÈRES J.-A., Le service public hospitalier à la croisée des interventions publiques et privées, *R.T.D.S.S.*, 1974.

MAZÈRES J.-A., La participation des établissements privés à but non lucratif au service public hospitalier, *R.T.D.S.S.*, 1979.

MAZÈRES J.-A., Que reste-t-il de la jurisprudence Sté entreprise Peyrot?, *Mélanges P. Couzinet*, Toulouse, Université des sciences sociales, 1975.

MENGER C.-F. / ERICKSEN W., Höchstrichterliche Rechtsprechung zum Verwaltungsrecht, *Verw. Arch.*, 1970.

MODERNE F., Les marchés d'ingénierie et d'architecture, *Collectivités locales*, II.

MODERNE F., Collectivités locales, *Répertoire Dalloz*.

MODERNE F., Les engagements quasi-contractuels des collectivités locales, *Collectivités locales, Répertoire Dalloz*.

MODERNE F., Les arrêts et le contentieux de la concession de service public, *RFDA*, 1987.

MODERNE F., Les contrats des collectivités locales, II: Les procédures pseudo-contractuelles, *Répertoire Dalloz, Collectivités locales*.

MORAND J., Le statut des agglomérations nouvelles en France, *J.C.P.*, 1971.

MORANGE G., La règle de l'égalité devant l'impôt, *D.* 1951, chron.

MOREAU J., La nature juridique des contrats de plan Etat-région en droit français, *REDP/ERPL*, vol. 1, no 2, 1989.

MOREAU J., De l'interdiction faite à l'autorité de police d'utiliser une technique d'ordre contractuel, Contribution à l'étude des rapports entre police administrative et contrat, *AJDA*, 1965.

MUTIUS, A. VON, Unbestimmter Rechtsbegriff und Ermessen im Verwaltungsrecht, *Jura*, 1987.

NICKLISCH F., Funktion und Bedeutung technischer Standarts in der Rechtsordnung, *BB*, 1983.

OPPERMANN TH., Gutachten C zum 51. Deutschen Juristentag, C.H. Beck, München, 1976.

OSSENBÜHL F., Daseinsvorsorge und Verwaltungsprivatrecht, *DöV*, 1971.

OSSENBÜHL F., Vorrang und Vorbehalt des Gesetzes, *in*: J. ISENSEE, P. KIRCHHOF, *Handbuch des Staatsrechts der BRD*, C.F. Müller, Heidelberg, III, 1988.

OSSENBÜHL F., Zur Erziehunskompetenz des Staates, *Festschrift für F.W. Bosch*, 1976.

PAULICK H., Steuervereinbarungen und Vergleiche in Steuerrecht, *JuS*, 1966.

PIETZCKER J., Rechtsbindungen der Vergabe öffentlicher Aufträge, *AöR*, 1982.

PIETZCKER J., Vorrang und Vorbehalt des Gesetzes, *JuS*, 1979.

PIMONT I., Les contrats de plan, *R.S.F.*, 1971.

PREVOST J.F., A la recherche du critère du contrat administratif, La qualité des contractants, *RDP*, 1971.

QUESTIAUX N., La notion de travail public en tant que critère de compétence du juge administratif, *E.D.C.E.*, 1962.

RAINAUD J.-M., Le contrat administratif: volonté des parties ou lois de service public? *RDP*, 1985.

REDEKER K., Die Regelung des öffentlich-rechtlichen Vertrages im Musterentwurf, *DöV*, 1966.

RENCK L., Verwaltungsakte gegen Gesamtschuldner, *JuS*, 1977.

RIALS S., Sur une distinction contestable et un trop réel déclin: à propos d'un récent article sur le pouvoir normatif du juge, *AJDA*, 1981.

RICHER L., Le marché public: Problèmes actuels de définition, *C.J.E.G.*, 1986.

RIPERT H., Des rapports entre les pouvoirs de police et les pouvoirs de gestion dans les situations contractuelles, *RDP*, 1905.

RIVERO J., Hauriou et l'avènement de la notion de service public, *Etudes offertes à Achille Mestre*, Paris, Sirey, 1956.

RIVERO J., Existe-t-il un critère du droit administratif?, *RDP*, 1953.

RIVERO J., Jurisprudence et doctrine dans l'élaboration du droit administratif, *E.D.C.E.*, no 9.

RIVERO J., Hauriou et le droit administratif français, *Annales de la Faculté de Toulouse*, 1968.

RIVERO J., Le juge administratif français: un juge qui gouverne? *D.* 1951, chr.

RUPP H., Zum Anwendungsbereich des Vewaltungsrechtlichen Vertrages, *JuS*, 1961.

SASSE CH., Koalitionsvereinbarungen und GG, *JZ*, 1961.

SCHENKE W.-R., Der rechtswidrige Verwaltungsvertrag nach dem Verwaltungsverfahrensgesetz, *JuS*, 1977.

SCHMIDT W., Der Verwaltungsvorbehalt ein neuer Rechtsbegriff, *NVWZ*, 1984.

SCHMIDT-ASSMANN E., Art. 19 Abs. IV, *in*: TH. MAUNZ, C. DÜRIG, R. HERZOG, *Grundgesetz, Kommentar*, München, Beck, Band II, 1990.

SCHMIDT-ASSMANN E., Kommunalrecht, *in*: I. VON MÜNCH, *Besonderes Verwaltungsrecht*, 8ème éd., Berlin, New York, de Gruyter, 1988.

SCHMIDT-ASSMANN E., Verwaltungsorganisation zwischen parlamentarischer Steuerung und exekutivischer Organisationsgewalt, *Festschrift für Hans Peter Ipsen*, Tübingen, J.C.B. Mohr (P. Siebeck), 1977.

SCHRÖDER M., Der Verwaltungsvorbehalt, *DVBl*, 1984.

SEPE O., Contratti della pubblica amministrazione, *Enciclopedia del Diritto*, Vol. 9, Milano, Giuffrè, 1961.

STETTNER R., Der Verwaltungsvorbehalt, *DöV*, 1984.

TIMSIT G., Les contrats fiscaux, *D.* 1964, chron.

TOURET B., Le régime juridique des concessions d'autoroutes, *AJDA*, 1972.

ULE C.-H., SELLMANN K.-A., Zum Stand der Vereinheitlichung des Verwaltungsverfahrensrechts, *DVBl*, 1967.

UMBACH D., Das Wesentliche an der Wesentlichkeitstheorie, *Festschrift für H.J. Faller*, C.H. Beck, München, 1984.

VEDEL G., Remarques sur la notion de clause exorbitante, *Etudes offertes à Achille Mestre*, Paris, Sirey, 1954.

VENÉZIA J.-C., Puissance publique, puissance privée, *Mélanges Eisenmann*, *op. cit.*

VIRGA P., Contratto (diritto amministrativo), *Enciclopedia del Diritto*, Vol. 9, Milano, Giuffrè, 1961.

Waline M., De la situation juridique de l'usager d'un service public, *Revue critique de législ. et de jurisp.*, 1933.

Waline M., La notion de régie intéressée, *RDP*, 1948.

Weil P., Une résurrection: la théorie de l'inexistence en droit administratif, *D.* 1958, chron.

Weil P., Le critère du contrat administratif en crise, *Mélanges M. Waline*, Paris, LGDJ, 1974.

Werner F., Verwaltungsrecht als konkretisiertes Verfassungsrecht, *DVBl*, 1959.

Zezschwitz, F. von, Rechtsstaatliche und prozessuele Probleme des Verwaltungsprivatrechts, *NJW*, 1983.

Zoller E., La crise des concessions d'autoroutes, *RDP*, 1979.

Zuleeg H., Die Andwendungsbereiche des öffentlichen Rechts und des Privatrechts, *Verw. Arch.* 73 (1982).